U0872688

应用型系列法学教材

婚姻家庭继承法

主　编　张　华　蒙　柳

副主编　严郁洁　段　葳

参　编（按姓氏笔画排列）

石　超　兰　婉　张　瑶　周星宇　俞严璐茜　颜永欣

WUHAN UNIVERSITY PRESS

武汉大学出版社

图书在版编目(CIP)数据

婚姻家庭继承法/张华,蒙柳主编.—武汉:武汉大学出版社,2016.7
应用型系列法学教材
ISBN 978-7-307-18200-4

Ⅰ.婚… Ⅱ.①张… ②蒙… Ⅲ..①婚姻法—基本知识—中国 ②继承法—基本知识—中国 Ⅳ.D923

中国版本图书馆 CIP 数据核字(2016)第 144996 号

责任编辑:胡 荣　　责任校对:汪欣怡　　版式设计:马 佳

出版发行:**武汉大学出版社**　(430072 武昌 珞珈山)
(电子邮件:cbs22@whu.edu.cn 网址:www.wdp.com.cn)
印刷:湖北民政印刷厂
开本:787×1092 1/16　印张:13.25　字数:311 千字　插页:1
版次:2016 年 7 月第 1 版　2016 年 7 月第 1 次印刷
ISBN 978-7-307-18200-4　定价:29.00 元

前　言

婚姻家庭与继承法学是以研究我国婚姻家庭与继承法法律制度为主要研究对象，是当今世界各国施行的国与家并治的重要的民事基本法，也是民事审判实践中适用性最为普遍的法律之一。婚姻家庭与继承法作为集理论知识和实践操作于一体的法学课程，既是民商法学科的重要组成部分，又具有相对独立的研究特色和部门法学地位，在我国社会主义法学体系中占有十分重要的地位。婚姻家庭与继承法是法学、社会工作等专业的专业基础课程。通过本课程的学习，熟悉婚姻家庭与继承法的基本概念、基本理论和基本制度；系统掌握当前我国婚姻家庭与继承法的内容及有关法律规范；同时，学会用法治的思维方式分析当前婚姻家庭生活中的法律现象，并提高运用所学婚姻家庭与继承法的知识解决婚姻家庭与继承法律现象的能力。

家庭是社会的细胞，属于社会中的最私领域，国家若能明晰与家庭领域的权责关系，将极大地促进中国社会的协调与持续发展。而作为规范家庭关系的基本法律，婚姻家庭与继承法在分散的法律政策中最能体现对家庭的影响。随着家庭结构小型化、少子老龄化、婚姻稳定性下降、成员个体意识增强、家庭流动性增加、婚配形式多样化、单身及未婚同居、闪婚闪离、家庭暴力、生育矛盾、离婚财产分割、夫妻共同债务和啃老族等现象大量增多，法律体制也在相应作出调适，以应对变迁所引发的不适。正因为如此，法律本身需要与时俱进。在婚姻法经历了“两修三解释”、继承法、收养法的制定后，对当今社会婚姻家庭观念产生了巨大变化，尊重私权观念的日益浓厚，使得婚姻家庭与继承法律制度更加体现出浓厚的私权性质和实践性质。特别值得一提的是，中共中央十八届四中全会通过的《中共中央关于全面推进依法治国若干重大问题的决定》、五中全会上的“全面放开二胎”以及 2016 年 3 月 1 日正式施行《中华人民共和国反家庭暴力法》等系列政策法规的陆续出台，一方面使得全社会民众的法治观念、权益观念进一步得到加强，另一方面也正是国家不断自我调适婚姻家庭与继承法的法律规范、适应社会变迁的真实写照，也为婚姻家庭与继承法更好地服务于群众增添了更多的新鲜元素。因此，为更好培养服务和谐婚姻家庭、服务社会的专业应用型法律人才、社会工作者，我们组织了一些多年从事婚姻家庭与继承法教学研究工作一线的专业老师编写了这本教材，希望该教材不仅能作为高等院校法学专业、社会工作专业的教材和参考资料，而且可以作为司法实务人员以及社区民政人员的参考读物。

本教材以现行婚姻法治理念为指导，充分吸收当前婚姻家庭与继承法的最新研究成果，结合当前司法实务与实践，全面彰显最新婚姻家庭与继承法立法动态。本教材创新之处主要有三点：一是内容力求取材新颖，全面反映我国婚姻家庭法制的最新面貌。因此，关于婚姻家庭法具体法律制度的阐述都依据最新法规与司法解释。二是篇章体系结构力求严谨，让本书的编写具有较强的科学性、逻辑性。三是理论与实践相结合，章节后附有最新司法考试题目，使学生通过司考题对婚姻家庭法有更深入的了解。本教材分为十四章，内容涵盖婚姻家庭制度、婚姻家庭法立法基本原则、结婚制度、婚姻的效力、婚姻的终止、亲属、继承法概述、法定继承、遗嘱、遗赠、遗赠扶养协议及最高人民法院的司法解释等相关具体内容。

本教材由张华、蒙柳任主编，严郁洁、段葳任副主编。本教材的出版得到了黄冈师范学院、武汉工程大学及中南财经政法大学等单位领导和老师的大力支持，在此一并表示谢意。

本教材内容参考了大量相关教材和论著、论文，在书中难以一一注明，在此谨致谢忱。同时，由于本书的写作时间较紧，加之作者水平有限，本书中的缺失和错误是难免的，诚恳期待专家、读者给予批评和指正。

编写组

2016 年 4 月

目　　录

第一章　导　　言

【本章学习重点提示】婚姻家庭的自然属性与社会属性；婚姻家庭制度的历史沿革。

第一节　婚姻家庭的概念和社会本质

一、婚姻家庭的概念

“婚姻”和“家庭”在社会中使用广泛，对普通人来说是两个再熟悉不过的词语，但是在漫长的历史发展过程中我们却很难对其进行精准的定义。那些基于伦理、宗教、自然属性所作出的定义在今天看来已经是不科学的。作为科学的唯物主义者，我们应该认识到“婚姻”和“家庭”是基于社会发展需要，由社会历史发展到一定阶段的产物，处于不断变化的进程之中。因此我们必须用动态发展的眼光来看待它。众所周知，法律的调整对象是不同的社会关系，在法律的概念中，“婚姻”与“家庭”可以合并为“婚姻家庭”，是人与人之间体现两性结合和血缘关系的社会形式。

(一)婚姻家庭的一般概念

在我国古代，“婚姻”经常被称为“昏姻”。《礼记》中对婚姻的解释是：“婿曰婚，妻曰姻。”因此古代关于婚姻含义的解释相当丰富，包括夫妻之间的称谓、嫁娶的礼仪、夫妻之间的姻亲关系等。

在现代，我们普遍认同婚姻的概念是为当时社会制度所确认的制度下男女两性互为配偶的结合方式。目前在我国还不承认同性婚姻，因此同性结合不称之为婚姻；其次婚姻的成立和生效必须为当时法律规定所承认，事实婚姻也不称之为婚姻。

家庭是婚姻的产物，家庭是以婚姻、血缘、收养和共同经济生活为前提而形成的亲属团体和经济单位。对于家庭的理解我们需要明确：家庭尽管有不同的结构形式和成员规模，但必须以婚姻关系和血缘关系或收养关系为前提。此外，家庭必须有共同的经济生活，以家庭为单位进行组织生产和消费。亲属是家庭内成员的统称，同一家庭成员一般都为亲属，但亲属并不一定生活在同一个家庭内。

在学术研究领域内，婚姻和家庭有广义概念和狭义概念之分。广义的解释认为婚姻泛指原始社会后期群婚制形成后的婚姻形式，包括群婚制、亚群婚制、对偶婚制、一夫一妻制等；家庭则是根据上述婚姻形式所衍生的血缘组织。狭义的解释认为婚姻仅指封建社会建立以后形成的个体婚和个体家庭。本书采狭义个体婚的观点，主要对家庭产生的条件提出异议，根据马克思辩证唯物主义经济基础决定上层建筑的观点，原始社会中基本的生产单位是原始公社和氏族，并不能为经济共同体和生活单位的家庭提供社会条件，因此在严格意义上不能称为家庭。

(二)婚姻家庭的法律概念

古往今来，许多学者都曾试图从法律上对婚姻家庭作出自己的解释。罗马法上的通说认为：婚姻是一夫一妻的终生结合，彼此之间发生神事与人事的共同关系。基督教的婚姻观继受了这种主张，后又随着时代的变化，通过婚姻契约说加以改造。我们认为以往法律概念上的婚姻和家庭都带有浓重的宗教和皇权色彩，不能科学地反映现代社会中的婚姻家庭实际情况。根据上文所述的婚姻家庭的一般概念，我们可以将婚姻家庭的法律概念大致表述如下：婚姻，是男女双方以永久共同生活为目的，以夫妻的权利义务为内容的合法结合。家庭，是共同生活的，其成员间互享法定权利、互负法定义务的亲属团体。

婚姻家庭的法律概念与一般概念并不冲突，一般概念针对婚姻家庭这种宽泛的社会关系，适用于社会学、哲学、人类学、伦理学等人文科学。法律概念针对于法律领域内的婚姻家庭法律关系，明确规定了婚姻双方和家庭成员的法律权利与义务。在理解婚姻家庭的法律概念时我们应当注意两点：(1)婚姻的成立必须具备合法性，婚姻关系在法律上具有稳定性和长期性。在法治社会中合法性是婚姻成立的基本要求，稳定性和长期性则符合婚姻法的基本原则。(2)婚姻家庭法律关系具有权利义务上的一致性，这也是民法权利义务相一致原则的基本要求。

二、婚姻家庭的社会本质

(一)婚姻家庭的自然属性

婚姻家庭之所以能成为现代生活中的基本生产单位，必须具有婚姻家庭赖以形成的自然因素。从生物学的角度来看，男女两性的差别和人类固有的性的本能，是婚姻的生理学上的基础；而女性通过生育繁衍而与后代形成的血缘关系，是家庭的生物学上的特征。这也是婚姻家庭法律关系有别于其他法律关系的基本特征。

自然规律在人类进化和人类社会的进化史上都有着极其重要的作用，自然选择规律的作用在主动排斥近亲通婚的发展十分明显。恩格斯在论及亚血缘群婚制时指出：“不容置疑，凡血亲婚配因这一进步而受到限制的部落，其发展一定要比那些依然把兄弟姊妹之间的结婚当作惯例和义务的部落更加迅速，更加完全。”①恩格斯在论及对偶婚时又说：“在这种越来越排除血缘亲属结婚的事情上，自然选择的效果也继续表现出来。”②原始社会中两性和血缘关系社会形式的演变，是自然选择规律适用的结果，从长期角度看有利于人类在体质上、智力上进化成更为健全的人种。

(二)婚姻家庭的社会属性

婚姻家庭的社会属性是随着人类群居范围的扩张形成国家与社会后，比自然属性更为深刻地作用于婚姻家庭的因素，由于婚姻家庭关系是人类社会所特有的社会关系，我们应当认为婚姻家庭的社会属性比自然属性更能揭示婚姻家庭的社会本质。

马克思曾说过，人的本质是一切社会关系的总和。社会性是人类的根本属性，也是婚

---

① 《马克思恩格斯全集》第21卷，人民出版社1965年版，第49页。

② 《马克思恩格斯全集》第21卷，人民出版社1965年版，第58页。

姻家庭的根本属性。作为婚姻家庭社会关系所特有形式的婚姻家庭，依存于一定的社会构造，具有一定的社会内容。婚姻家庭的起源、性质、特点及其发展变化等过程都不是它的自然属性所能说明的。在原始社会崩溃以来的数千年中，人类从生物学进化的角度来看并没有发生多少重大变化，却出现了各种性质不同、各具特点的婚姻家庭形态，这只能从不同国家的社会物质生活条件和社会制度的发展变化中寻找科学的、正确的答案。

就物质的社会关系而言，婚姻双方和家庭成员的经济关系无非是社会生产关系在婚姻家庭领域的具体表现。由于生产资料所有制的不同，生产组织形式的不同，婚姻家庭领域的经济关系的性质和特点也是各不相同的。从奴隶制社会到封建制社会、资本主义社会和社会主义社会，婚姻家庭关系随着生产资料从私有制向公有制的转变朝着更为平等自由的方向发展。通过婚姻家庭中的生育行为来实现的人口再生产也是在一定的物质社会关系中进行的。

就思想的社会关系预言，作为婚姻家庭关系主体的个人不仅仅出于法律制度的规定，其前提具有情感、道德等因素。列宁曾经说过，思想社会关系只是不以人们的意志和意识为转移而形成的物质社会关系的上层建筑。一般而言，这些属于思想社会关系的因素直接或间接地反映了物质社会关系的要求，它们是同一经济基础的上层建筑。婚姻家庭中的思想社会关系和物质社会关系在总体上是一致的，但有时也会出现不相一致的情形，在社会制度、婚姻家庭制度发生重大变革的时代，表现得尤为明显。

第二节　婚姻家庭制度及其历史类型

一、婚姻家庭制度概述

婚姻家庭制度是社会法律制度的组成部分，由各种相关的社会法律规范构成。在法律不调整婚姻家庭关系之前，人们普遍靠道德和习惯的要求来约束婚姻。在法律制度调整婚姻关系以后，婚姻家庭制度便具备了一定的法律形式，婚姻家庭制度是婚姻家庭法中重要的内容。

(一)婚姻家庭制度的性质

婚姻家庭制度从社会制度中提炼而来，具有社会制度的共性。婚姻家庭制度是在特定社会所确立的关于婚姻家庭社会关系规范和婚姻家庭行为规范的一种综合系统，在一定社会中带有普遍性、统一性和稳定性。

1. 婚姻家庭制度是社会制度的组成部分，是建立在一定经济基础上的上层建筑

从马克思的辩证唯物主义观点来看，所有的社会制度一定建立在一定生产要素的组合上。例如，原始社会中体现两性和血缘关系的社会形式是原始公有制经济基础的产物；封建社会中的一夫多妻婚姻制度制是生产资料私有制经济基础的产物；现代社会中的一夫一妻制是生产资料公有制经济基础的产物。社会经济基础的变革必然引起所有上层制度的变革，包括婚姻家庭制度。

2. 婚姻家庭制度也同其他上层建筑一样能动地反作用于经济基础

在历史进程中，政治、宗教、道德、法律等因素都通过不同方式影响了婚姻家庭制度

的发展。政治制度是经济基础的集中体现，不同阶级社会中对婚姻家庭制度的要求不同；宗教在法律未形成的古代时期对婚姻家庭有着强大的支配作用，宗教法在很多国家也是婚姻家庭法的渊源之一；道德与法律不同，它没有国家强制性作为后盾，而是依靠传统信念和社会舆论的力量去引导和约束人们的行为。总之，其他上层建筑对婚姻家庭制度有着多方面的制约和影响作用。婚姻家庭制度是婚姻家庭自然属性与社会属性的有机结合。婚姻家庭的自然属性来源于人这一哺乳动物繁衍生息的需要，满足人类个体本能的需要，通过固有的自然规律反映两性和血缘关系的自然属性，这样才能得到大多数人的认同和遵守。同时，婚姻家庭制度作为一种社会制度又必须对作为个体的人的本性进行适当的引导和约束，使婚姻家庭的自然属性向对社会有利的方面实现，以保证婚姻家庭所代表的社会利益和统治阶级利益得到最大实现。总的来说，婚姻家庭的自然属性和社会属性相互作用才能促进婚姻家庭制度不断演化发展。

二、婚姻家庭制度的历史类型

如上文所述，婚姻家庭制度是一定经济基础的产物，因此划分婚姻家庭制度的历史类型标准应当是不同经济基础下的不同社会制度。

恩格斯指出："群婚制是与蒙昧时代相适应的，对偶婚制是与野蛮时代相适应的，以通奸和卖淫为补充的一夫一妻制是与文明时代相适应的。"①这里所说的蒙昧时代是阶级社会产生之前的时代，由于历史过于久远，我们很难有清晰的认识。这里从野蛮时代——阶级产生后的时代为界限，将人类婚姻家庭制的历史类型分为三种：奴隶制的婚姻家庭制度、封建制的婚姻家庭制度、现代婚姻家庭制度。

(一)奴隶制的婚姻家庭制度

1. 群婚制

群婚制又被称为集团婚制，是人类社会最早的婚姻家庭形态。其表现形式为原始社会中一定范围的一群男子与一群女子互为夫妻的婚姻形式。按照库尔根在《古代社会》中提出的婚姻家庭进化模式，群婚制大致可划分为血缘群婚制和亚血缘群婚制两个阶段。血缘群婚制将两性关系按照世代来划分，排除了不同辈分的直系血亲之间的两性关系，不同辈分的异性之间有着严格的婚姻禁例。亚血缘群婚制又称普那路亚群婚，这种群婚制不仅排除了不同辈分之间的两性关系，还排除了同辈中的兄弟姐妹，包括同胞的兄弟姐妹和堂兄弟姐妹或从兄弟姐妹。

(1)血缘群婚制

血缘群婚是群婚制的低级形态，排除了前辈与后辈之间的两性交配，将通婚范围限制在同性之间。恩格斯在研究远古婚姻制度时曾指出："在这里，婚姻集团是按照辈数来划分的：在家庭范围以内的所有祖父和祖母，都互为夫妻；他们的子女，即父亲和母亲，也是如此；同样，后者的子女，构成第三个共同夫妻圈子。而他们的子女，即第一集团的曾孙和曾孙女们，又构成第四个圈子。这样，这一家庭形式中，仅仅排斥了祖先和子孙之间、双亲和子女之间互为夫妻的权利义务(用现代的说法)。同胞兄弟姊妹、从(表)兄弟

---

① 《马克思恩格斯全集》第21卷，人民出版社1965年版，第88页。

姊妹、再从(表)兄弟姊妹和血缘更远一些的从(表)兄弟姊妹，都互为兄弟姊妹，正因为如此，也一概互为夫妻。”①由于一个女子可以有多个丈夫，所生的子女往往将所有父辈都称为父亲，父母的姐妹也都是父亲的妻子，因此亲属称谓只有兄弟姐妹、父母、子女、孙子女、祖父母、外祖父母，而没有姑母、姨母、外甥、侄子、岳父母、公婆等。

(2)亚血缘群婚制

亚血缘群婚制又被称为伙婚制、亚血缘家庭或普那路亚群婚制，是原始社会时期的高级阶段所存在的群体婚姻家庭形态。它在同辈男女之间的两性关系中排除了兄弟姐妹群婚，起初排除了同胞兄弟姐妹，后来又逐步排除了血缘关系较远的兄弟姐妹，因而是群婚制的高级形式。

亚血缘群婚制是人类的社会组织形式更为细化，要求个人更精准地把握自己的血缘关系要求的产物，“按照夏威夷的习俗，若干数目的姊妹——同胞的或血统较远的即从(表)姊妹，再从(表)姊妹或更远一些的姊妹——是她们共同丈夫的共同妻子，但是在这些共同的丈夫之中，排除了她们的兄弟；这些丈夫彼此已不再互称兄弟，他们也不再必须是兄弟了，而是互称普那路亚。……同样，一列兄弟——同胞的或血统较远的——则跟若干数目的女子(只要不是自己的姊妹)共同结婚，这些女子也互称普那路亚”。② 正因每个人只知其母，不知其父，使亚血缘群婚制中产生了最初的原始社会中的氏族组织，“看来，氏族制度，在绝大多数场合下，都是从普那路亚家庭中直接发生的”③。

氏族组织出现之后，人类社会便逐渐向另一种社会形态演进，即出于共同的女性祖先、按照母系关系确定其血缘关系的后裔所组成的社会集团。因此，婚姻双方必须分别属于两个不同女性祖先的母系氏族，本氏族的一群男子只能与另一氏族的同辈女子互为婚配对象，同一氏族的男女基于共同的母系血统而被禁止两性行为的亚血缘群婚制排除了横向之间的兄弟姐妹间的两性关系，是人类婚姻史上的一重大进步。

(3)对偶婚制

对偶婚制是指一男一女在一段时间内保持相对稳定的偶居生活的婚姻形式。它是由群婚制向一夫一妻婚制转变的过渡形态或中间环节，产生于原始社会晚期。其主要表现形式为一个男子在许多妻子中有一个主妻，一个女子在许多丈夫中有一个主夫，主夫主妻之间一定程度地脱离群体过着相对稳定的同居生活。这种成对配偶相对稳定地结合演变为常态化的对偶婚制，经历了一个漫长的形成发展过程。这种相对稳定的配偶生活的家庭还不能称为现代意义上的“家庭”，因为在氏族家庭式的公有经济基础上，配偶家庭不能成为一个经济单位。但对偶婚制的进步意义在于配偶家庭中父亲的角色逐渐稳定，它逐渐使母系氏族社会转化为父系氏族社会，为以男子为中心的婚姻家庭关系的形成构成了前提和基础。

2. 一夫一妻制

一夫一妻制，又称为个体婚制，是指一男一女根据法律规定结为夫妻，任何人在同一

---

① 《马克思恩格斯全集》第21卷，人民出版社1965年版，第47~48页。

② 《马克思恩格斯选集》第4卷，人民出版社1995年版，第36页。

③ 《马克思恩格斯全集》第21卷，人民出版社1965年版，第52页。

时间内不得有两个或两个以上配偶的婚姻制度。这也是我们最为熟悉的婚姻制度，它从对偶婚制中演化而来，婚姻的双方必须是单个的男性或女性（世界上已有一些国家在法律上承认同性婚姻，但我国尚不承认），婚姻关系具有稳定性。

一夫一妻制以对偶婚制为前奏，产生于原始社会后期。由于生产力的进一步发展，男子逐渐取代女子成为社会财富的主要创造者和掌控者，男子需要废除母权制，取代为妇从父居的父权制，这种婚姻制度也是建立在私有制经济基础和阶级剥削制度之上的。可以说从它萌芽到最后形成的过程，就是人类从无阶级社会进入阶级社会的过程，一夫一妻制的稳定标志着人类进入文明时代。

具体来看一夫一妻制的形成过程，也从侧面反映了人类经济基础条件的转变过程。"在成对配偶制中，群已经减缩到它的最后单位，仅由两个原子组成的分子，即一男和一女。自然选择已经通过日益缩小婚姻关系的范围而完成了自己的使命；在这一方面，它再也没有事可做了。因此，如果没有新的、社会的动力发生作用，那末，从成对配偶制中就没有任何根据产生新的家庭形式了。但是，这种动力开始发生作用了。"①这里所说的动力就是原始社会末期随着生产力的发展积累的私有财产。恩格斯指出："一夫一妻制是不以自然条件为基础，而以经济条件为基础，即以私有制对原始的自然长成的公有制的胜利为基础的第一个家庭形式。"②这是一夫一妻制产生的物质条件；而后因为父权制的形成，男子需要将自己的财富传承给下一代，这种私有财产的继承制度成为一夫一妻制的直接诱因："随着财富的增加，它便一方面使丈夫在家庭中占据比妻子更重要的地位；另一方面，又产生了利用这个增强了的地位来改变传统的继承制度使之有利于子女的意图。"③可以说，一夫一妻制从起源到发展和稳定都是围绕着私有财产的固定和流转来进行。因此从一开始就是片面的、名不符实的苛求女性的婚姻制度。无论在何种不同社会形态的一夫一妻制中都存在以下两个共性：婚姻形态十分稳固，婚姻关系的解除取决于私有财产的拥有者——男性手中；婚姻稳固的要求片面针对于女性，对男子并不严苛限制，女性在婚姻关系中地位低下。实际上理解为"一夫多妻"制更为合理。

（二）封建制的婚姻家庭制度

封建社会生产关系的基础是封建地主阶级占有生产资料，不完全占有生产者——农奴和农民。在此基础上确立的婚姻家庭制度同奴隶制社会中的婚姻家庭制度大体相当，但残暴程度有所缓和。这一时期的婚姻制度特点是婚姻对女性来说不自由、奉行强迫包办婚姻和买卖婚姻，父母之命、媒妁之言是婚姻的主要形式，门当户对、聘财买卖是婚姻的实际内容；一夫多妻、专权离婚、妻子没有离婚权是婚姻的基本要求。由于这一时期相对稳定的国家已经形成，各个国家封建制的婚姻家庭制度发展进程中又有着不同的特点。欧洲封建社会长期受总宗教教义统治，婚姻家庭制度带有浓厚的宗教特点。中国封建社会是人类最早期的封建社会形态，深受儒家文化影响，"三纲五常"中的"妻为夫纲"是这一时期婚姻家庭制度的总体要求，更要求女子"三从四德"，《诗经》中的"六礼"、"聘娶婚"则是最

① 《马克思恩格斯全集》第21卷，人民出版社1965年版，第65页。
② 《马克思恩格斯全集》第21卷，人民出版社1965年版，第77页。
③ 《马克思恩格斯全集》第21卷，人民出版社1965年版，第67页。

普遍的婚姻形式。

(三)现代婚姻家庭制度

1. 资本主义社会的婚姻家庭制度

在资本主义社会，生产关系的基础是资本家的生产资料私有制，生产者拥有商品的剩余价值。在此基础上，婚姻家庭领域已不再具有过去那种明显的人身依附性质。由于资产阶级向封建阶级要求自由、平等、民主、法制等社会变革的结果，资本主义社会的婚姻家庭制度完成了从身份到契约、从宗教到世俗、从封建到民主的演变和发展，确立了男女平等、婚姻自由、过错离婚等现代性的法律原则。但早期的资本主义婚姻家庭制度在一定程度上带有封建社会落后制度的残余，反映出其资本主义革命的不彻底性，所以在相当长的一段时间内这种制度下实际运行的仍是用形式上的婚姻自由代替以往家长对于婚姻的强迫包办和买卖，用形式上的男女平等代替以往的男尊女卑，通奸、卖淫等行为仍未断绝。西方社会在这一时期出现了大量呼吁女权主义，为女性婚姻自由和家庭幸福发声的文学作品。

2. 社会主义婚姻家庭制度

与私有制社会中的婚姻家庭制度具有根本不同，社会主义社会的婚姻家庭制度是真正的一夫一妻制婚姻家庭制度，它以婚姻自由、男女平等、一夫一妻制及保护妇女、儿童和老人的合法权益为基本原则和本质特征。这些特征因社会主义的公有制为经济基础，因社会主义的政治文明和社会规范而具备了制度保证，因社会主义精神文明建设而具备了文化、思想基础，因而具有历史的进步性和现实的优越性。恩格斯在 19 世纪就断言："我们现在正走向一种社会变革，那时，一夫一妻制的迄今存在的经济基础……不可避免地都要消失。"①

新中国成立以来，社会主义婚姻家庭制度经过近 50 年的变革、发展已经日益成熟。但是，我们必须意识到当今中国仍处于社会主义初级阶段，一方面现代的社会主义婚姻家庭制度已经全面建立，另一方面在婚姻家庭领域里，一些封建传统思想和旧的落后习惯尚没有被完全消灭，也不可能在短时间内消除。社会主义婚姻家庭制度也必须与社会主义的经济基础相匹配，我们只有加强社会主义物质文明、政治文明和精神文明的建设才能为巩固和发展社会主义婚姻家庭制度进一步打下基础。

第三节 婚姻家庭法的沿革

婚姻家庭法的沿革轨迹总体上与婚姻家庭制度的变迁相一致，而由法律来调整婚姻家庭制度的历史在封建社会才系统出现，我们将其划分为三个阶段：诸法合一的古代婚姻家庭法；近现代国家婚姻家庭法；新中国社会主义婚姻家庭法。

一、古代婚姻家庭法

在整个古代，不论是奴隶社会，还是封建社会，中外各国在立法上均采取刑民不分、

① 《马克思恩格斯全集》第 21 卷，人民出版社 1965 年版，第 88 页。

诸法合体的形式。一部法典性质的规范文件中既规定犯罪与刑罚，又规定行政制度和司法制度，同时也包含有关财产关系、亲属关系的部分内容，实体法与程序法亦混杂在一起，没有明确具体的部门划分。古巴比伦王国的《汉谟拉比法典》、古罗马帝国的《十二铜表法》和后来的《查士丁尼国法大全》、《古希伯来法》和《日耳曼法》、欧洲中世纪的寺院法等都带有这一特色，反映了历史上语法合体的共性。我国古代婚姻家庭法经历了奴隶制和封建制时期，在奴隶制时代，婚姻家庭制度由统治者和奴隶主的习惯调整；封建制时期已经形成了较为完备的法律体系，婚姻家庭制度载入诸法合一的统一法典。总体而言，中国古代婚姻家庭法具有礼法相结合，以礼为主、以律为辅的特点。下面主要介绍我国古代的婚姻家庭法制度。

（一）奴隶制时代的婚姻家庭法

在先秦时代中国有关婚姻家庭的制度主要以"礼法"的形式呈现。婚姻家庭制度作为宗法制度的一个基本组成部分主要是调整奴隶主阶级的婚姻家庭关系，奴隶本身的婚姻自由不受保护。《礼记·昏义》中指出："夫礼，始于冠，本于昏，重于丧祭，尊于朝聘，和于射乡。"其中冠、昏、丧祭、朝聘等都是奴隶主阶级要遵守的婚礼和家礼。具体关于婚姻嫁娶方面的礼仪则是规定聘娶婚及嫁娶程序的"六礼"与婚姻离异方面的"七出"和"三不去"。这些礼仪名目繁多，内容繁杂，但总体以《礼记》所倡导的"亲亲"、"尊尊"、"长长"等礼法教条为主要内容。奴隶制时期的婚丧嫁娶礼仪为后来的封建时期的律法所吸收。

（二）封建时期的户婚律

最早关于婚姻家庭制度的成文法在战国时期的《法经》中可见一斑。汉律九章中以《户律》规定婚姻家庭制度和配套规定，汉代时期以"七弃"作为休妻的理由，妻擅自改嫁或夫死未葬而改嫁都要处以重刑。后代三国、两晋、南北朝基本沿用，直到唐律以《户婚》较为系统地规定了当时的婚姻家庭法制度。唐律中对主婚权、禁婚条件、嫁娶程序、"七出"、"和离"、"义绝"等制度都作了具体规定，其目的依旧是为了以法律形式维护封建主义的伦理纲常制度。

我国封建时期的婚姻家庭制度虽然已经有了系统法规，但对婚姻家庭关系的调整非常不全面。一方面，户婚律主要是规定与刑法相关的内容，是对违反禁止性规定作出的惩罚；另一方面，户婚律仍是为了弥补礼之不足，礼法皆备的维护封建统治阶级的利益。

二、近现代国家婚姻家庭法

（一）近现代资产阶级国家婚姻家庭法

随着近代资本主义国家的建立和发展婚姻家庭法有了进一步的细化。由于社会化大生产带来的生产力发展和社会分工的细密，社会关系日益复杂，利益冲突愈来众多，不可以再用统一的法典来调整众多的社会领域。因此，资本主义国家建立之后，法律体系开始了由诸法合体的形式向各个法律部门分支独立的演变。其中以德、法等为代表的大陆法系国家主张将婚姻家庭法为基本内容的亲属法编入法典；以英、美为代表的英美法系国家则以单行法形式构成婚姻家庭法。

1804 年颁布的《法国民法典》中关于亲属法的章节是世界上首次宣告资本主义婚姻家

庭制度建立的法律文本。该法典建立了以个人为本位的资本主义婚姻家庭制度，规定了未经当事人同意不得成立婚姻、夫妻在婚内必须互负忠实、扶助、救援等义务，双方可以订立夫妻财产契约等条款，与封建制的婚姻家庭制度相比大大削弱了妻对夫的人身依附关系，但还不能完全将男女平等的信条贯彻于法典中。1900 年施行的《德国民法典》可谓是集资本主义国家婚姻家庭法之大成。两部法典的婚姻家庭法部分在颁布后都经历过修改与完善。

英国在中世纪以来一直以普通法和衡平法来调整婚姻家庭关系，在婚姻家庭法现代化的过程中，英国的立法改革也十分缓慢，在 20 世纪初基本上形成完备的婚姻法体系，包括《已婚妇女财产法》、《婚姻案件法》、《婚姻法》、《收养法》等；美国在建国初期受英国法律影响较深，并由于联邦制的政治体制，美国的婚姻家庭法以各州立法为本位，除《统一结婚离婚法》外，统一颁行的法律较少，主要由各州自行制定单行规范。

（二）现代社会主义国家婚姻家庭法

20 世纪初随着俄国十月革命的胜利，以前苏联为代表的社会主义国家诞生，社会主义婚姻家庭法首次作为独立的法律部门出现了。第二次世界大战前，前苏联的苏维埃婚姻家庭法是唯一的社会主义国家婚姻家庭法，受其影响，第二次世界大战以后东欧成立的社会主义国家，如南斯拉夫、罗马尼亚等都采用了这种立法形式。新中国则在 1950 年颁布了《婚姻法》，社会主义国家的婚姻家庭法基本上都效仿前苏联模式。

前苏联的法律体系中婚姻家庭法独立于民法部门以外，各个联邦国有着自己的婚姻家庭法。1968 年，苏联颁布了《苏联和各加盟共和国婚姻家庭立法纲要》，1969 年俄罗斯联邦根据上述纲要颁布了新的婚姻家庭法典，此后保加利亚于 1973 年、古巴于 1975 年、阿尔巴尼亚于 1982 年都颁布了新的婚姻家庭法（各国关于婚姻家庭法规的名称不尽相同，有称亲属法或家庭法的）。

社会主义婚姻家庭法之所以一开始即成为独立的法律部门，是马克思主义要求解放妇女、保护妇女权益的法律要求，具有深刻的理论意义、社会意义、文化意义和法制意义，反映出当时历史条件下的合理性和进步性。我国最初也将婚姻家庭法列为独立的法律部门，《婚姻法》实施 20 多年来，中国社会从宏观到微观发生了巨大变化，法制建设全面铺开并向纵深拓展。随着民法立法活动的成熟与完善，《民法通则》的颁行即正式宣告了婚姻家庭法向民法的回归，确认了婚姻家庭法在立法体制上应属于广义民事法律部门的组成部分这一事实。

三、新中国社会主义婚姻家庭法

新中国成立后我国先后于 1950 年和 1980 年颁布了两部《婚姻法》。1950 年《婚姻法》是新中国颁布的第一部具有基本法性质的法律，一方面我们沿袭前苏联的立法体制将其列为单独的部门法；另一方面婚姻家庭法与人民群众具有密切的联系，广大妇女群众在成立新的国家之后迫切需要在婚姻家庭生活中摆脱封建束缚。因此，1950 年《婚姻法》在第 1 条就规定：“废除包办强迫、男尊女卑、漠视子女利益的封建主义婚姻制度，实行男女婚姻自由、一夫一妻、男女权利平等、保护妇女和子女利益的新民主主义婚姻制度。”这条规定从根本上废除了旧的封建婚姻制度，为我国建立社会主义婚姻家庭制度奠定了立法基础。该法虽然名称是“婚姻法”，但它实际是婚姻家庭法。法律内容以调整婚姻关系为主，同时也涉及家庭关系的一些问题。1953 年中共中央和国务院又通过一系列文件发出了贯彻执行婚姻法的重要指示，在一系列贯彻婚姻法的运动下旧社会遗留的过时的婚姻家庭关系得到了纠正，我国在这一时期初步建立了社会主义的婚姻家庭制度。

1980 年我国颁布了《中华人民共和国婚姻法》，这部法律出于文化大革命后对婚姻家庭关系拨乱反正的需要而制定，进一步巩固和发展了社会主义婚姻家庭制度，并保障了公民婚姻家庭的权益。它重申了 1950 年《婚姻法》中的基本原则和行之有效的规定，同时又根据新时期调整婚姻家庭关系的实际需要，在内容上作了必要的修改和补充。该法共分为 5 章，各章依次是：总则、结婚、家庭关系、离婚和附则。与旧的《婚姻法》相比，1980 年的《婚姻法》主要在以下几个方面进行了修改与补充：

(1)增加基本原则。增加了关于保护老人合法权益和实行计划生育原则的规定。

(2)修改结婚条件。在法定婚龄上将原法规定的男 20 周岁，女 18 周岁，提高至男 22 周岁，女 20 周岁。将原法中的规定改为禁止直系血亲和三代以内的旁系血亲结婚。

(3)扩大家庭关系的法律调整。将祖孙关系、兄弟姊妹关系也纳入婚姻家庭法的调整范围。在夫妻财产制、扶养、抚养、赡养、收养、继父母继子女关系、对未成年子女的管教和保护等方面，修订后的条款都比原规定更为细化。

(4)增加离婚条款。对于一方提出的离婚，规定在程序上可由有关部门进行调解或直接向人民法院提出离婚诉讼；增加了“夫妻感情确已破裂”作为法院判决离婚的法定理由。在离婚后子女的抚养、教育、财产和生活等问题上，也根据新情况作了适当增补。

在 1980 年《婚姻法》颁行的 20 年中，一方面制定了许多涉及婚姻家庭关系的新法律规则，婚姻家庭法律体系内容日趋丰富；另一方面，法学界关于修改《婚姻法》的研究逐渐深入和成熟，法律实务界对修改《婚姻法》的期盼和呼声不断增强，社会现实生活对修改《婚姻法》的客观要求日趋迫切。2001 年颁行的《中华人民共和国婚姻法(修正案)》(以下简称新婚姻法)可以说是我国婚姻法立法史上的一大进步。新婚姻法增补了 15 条，删除了 1 条，修改了 22 条，完整保留了 14 条，增加了一章“救助措施与法律责任”，共计 6 章(共 51 条)。这次修正案达到历史修改幅度之最。就修正案的内容来看，主要有以下几个方面：

(1)总则中增设了保障婚姻法原则实施的禁止性条款内容：补充了“禁止有配偶者与他人同居”和“禁止家庭暴力”的规定；第 4 条新增规定“夫妻应当相互忠实，互相尊重；家庭成员间应当敬老爱幼，互相帮助，维护平等、和睦、文明的婚姻家庭关系”。明确了婚姻双方和家庭成员的共同责任。

(2)在结婚制度中补充了五项内容：从文字和形式上删除了“患麻风病未经治愈”者禁止结婚的规定；维护婚姻登记制度，补救事实婚姻，补充了“未办结婚登记的，应当补办登记”的规定；补充了婚姻无效的规定，具体包括婚姻无效和可撤销的原因，撤销请求权人和请求权行使的时间以及婚姻无效的法律后果，正式确定了无效婚姻制度；创设了可撤销婚姻制度。

(3)在家庭关系中修改、增补了七项内容：较为明确地规定了夫妻共同财产制、夫妻个人财产制、约定财产制三类财产关系的建立和运行方式；在父母子女关系中补充了“禁止弃婴”的规定；将父母在未成年子女对国家、集体或他人造成损害时有“赔偿经济损失”的义务修改为父母有“承担民事责任”的义务；将“非婚子女的生父应负担子女必要的生活费和教育费的全部或一部分，直至于女能独立生活为止”修改为“不直接抚养非婚生子女的生父或生母，应当负担子女的生活费和教育费，直至子女能独立生活为止”；修改规定“有负担能力的祖父母、外祖父母，对于父母已经死亡或父母无力抚养的未成年的孙子女、外孙子女，有抚养的义务”，补充规定“有负担能力的孙子女、外孙子女，对于子女已经死亡或子女无力赡养的祖父母、外祖父母，有赡养的义务”；补充规定“由兄、姐扶养长大的有负担能力的弟、妹，对于缺乏劳动能力又缺乏生活来源的兄、姐，有扶养的义务”；增加了“子女应当尊重父母的婚姻权利，不得干涉父母再婚以及婚后的生活。子女对父母的赡养义务，不因父母的婚姻关系变化而终止”的规定。

(4)在离婚制度中对准予离婚的法定理由进行了列举式的规定，明确了离婚条件，使该部分法律更有操作性，在离婚后子女的抚养问题和财产处理问题上增加了探望权和经济损害赔偿的规定。

(5)在增设的“救助措施与法律责任”一章中补充了六项内容：针对家庭暴力或虐待行为，明确规定了受害人的救济请求权和社会救治责任与渠道；针对不履行扶养义务、遗弃家庭成员的行为，受害人有权提出请求，居民委员会、村民委员会以及所在单位应当予以劝阻、调解，人民法院应当根据受害人的请求依法作出支付扶养费、抚养费、赡养费的判决；针对重婚、实施家庭暴力或虐待、遗弃家庭成员构成犯罪的行为，规定“受害人可以依照刑事诉讼法的有关规定，向人民法院自诉”，公安机关应当依法侦查，人民检察院应当依法提起公诉”；针对因一方有过错而导致的离婚，引入民事责任制度，赋予无过错方民事损害赔偿请求权；将离婚中发生的侵犯夫妻共同财产权的行为纳入了民事制裁范畴；明确规定：“其他法律对有关婚姻家庭的违法行为和法律责任另有规定的，依照其规定”；将原《婚姻法》第 35 条的规定修改为：“对拒不执行有关扶养费、抚养费、赡养费、财产分割、遗产继承、探望子女等判决或裁定的，由人民法院依法强制执行。有关个人和单位应负协助执行的责任。”

【思考题】

1. 简述婚姻家庭的自然属性和社会属性。
2. 婚姻家庭法有哪些调整对象？
3. 我国 2016 年颁布《反家暴法》关于婚姻家庭法的部分有哪些？

第二章　婚姻家庭概述

【本章学习重点提示】婚姻家庭法的概念；调整对象。

第一节　婚姻家庭的概念和调整对象

一、婚姻家庭的概念

（一）婚姻的概念与特征

对于婚姻的概念，在不同的历史时期均具有不同的解释，并无统一的定论。对婚姻的概念学术界存在着许多种说法，例如"神权说"、"契约说"、"共同生活说"、"社会制度说"等。自从我国进入近现代时期以来，对于"婚姻"一词来说，一般存在着两方面的含义：一是指缔结婚姻关系的行为；二是指婚姻关系本身。婚姻概念在现代的基本观点，也是本书观点，即婚姻是指男女双方自愿以共同生活为目的而缔结的，并具有公示的夫妻身份的两性结合行为。根据这一概念，得出婚姻具有以下特征：

第一，婚姻是男女两性的结合。男性和女性之间的性差别和天然的男女性本能是婚姻成立的自然要件。尽管已有一些国家通过立法允许同性结合、享有与异性夫妻相同的法律地位，但大多数国家仍不承认同性结合具有婚姻的效力，我国也是如此。

第二，婚姻结合的目的一定是男女两性以夫妻身份共同生活。婚姻成立的主观条件就是指婚姻成立的目的性。如果男女双方的结合不具有这样的目的性，便不构成婚姻。男女双方在结合的时候存在着与对方以夫妻名义共同生活的目的。凭着这一特征将婚姻与有配偶者与他人同居及其他非婚同居关系相区别开来。

第三，婚姻必须具有公示性。"公示性"是指男性和女性以夫妻名义共同生活的状态为一定范围内的群众所知晓。并且当事人要以夫妻名义公开同居生活，双方共同前往法定婚姻登记机构登记结婚、以夫妻名义至法定机关登记户口、以夫妻名义访亲探友、公开举行结婚仪式等都是表现形式之一。凭借着这些公开的行为，引导男女双方的亲朋好友以及一定范围内的群众认定他们是夫妻关系，进而得到社会大众的认可。

（二）家庭的概念与特征

家庭是由特定范围内的相关亲属所组成的共同生活单位。家庭的出现是为适应人类社会发展的客观需要而产生的，其从产生之际便承担着其他社会组织无法代替的重要功能。这些功能将家庭和社会休戚相关的联系在一起，亦是家庭的本质与作用在社会生活生产中的具体体现。其社会职能包括扶助职能、生产职能、教育职能和生育职能。家庭具有以下特征：

第一，共同生活、共同消费。生活在同一家庭的成员，有劳动能力的人要将其在社会分配中所得的收入，用于家庭成员的消费之中。消费是指安排一家人的生活和其他消费，对一个家庭来说，共同生活包含了父母对子女的抚养教育、夫妻间的扶养、子女对父母的赡养扶助等，使得家庭承担起养老育幼的家庭责任和社会责任。

第二，家庭成员间有共同的财产关系。在每个家庭之中，家庭财产是由夫妻共同财产、家庭成员个人财产以及家庭成员共同财产所共同构成的。

第三，家庭成员间互相享有法定的权利和法定的义务。根据法律规定，家庭成员之间的权利义务是平等的，义务人不履行义务，权利人有权要求其履行，还可以向人民法院提起诉讼，请求强制义务人履行义务。家庭成员间权利与义务的正常有序运行是实现家庭职能的重要保证。

(三)婚姻与家庭的关系

婚姻与家庭这两种社会关系之间是既有联系又有区别，并且难以割离的。

一方面，从本质上而论，婚姻与家庭均是一种社会关系。通过社会规范确认和稳定男女两性之间的结合，是形成婚姻家庭的社会机制。个人对于两性生活以及父母子女等亲属关系的社会承认与保护的需要，社会对于人类再生产与新一代社会化和老人保证的需要，是形成婚姻家庭的两种共同的基本动力。因而在本质上，婚姻和家庭都是一种社会关系。在婚姻与家庭两者之间，家庭是婚姻成立的结果，亦是婚姻的结构载体，而婚姻是家庭确立的基础。

另一方面，婚姻与家庭是有区别的。由于婚姻当事人本人就是家庭的最初成员，婚姻与家庭不可能有实质的区别。但是，婚姻中的夫妻关系与其他家庭成员一起组成的家庭关系毕竟是两种不同的社会关系，有着不同的产生基础和利益追求，因此，两者的不同也是存在的。具体的差异取决于家庭结构的变迁。在传统的大家庭中，与小农经济相适应，婚姻利益服从于家庭利益，由婚姻而形成的夫妻关系只是家庭关系之一；在现代社会化大生产背景下的核心化小家庭中，婚姻利益具有相对应的独立主导地位。在该类型下，家庭关系的核心是夫妻关系。一般来说，婚姻关系包括在家庭关系之内，家庭成员的法定权利义务包括夫妻权利义务。在人类发展史上，个体化的婚姻是造就家庭的基本动力之一，没有个体婚姻，则难于形成个体家庭。正因为如此，婚姻稳定与否，影响到家庭是否稳定，婚姻质量的好坏决定着家庭的命运的好坏。

(四)婚姻家庭的属性

婚姻家庭同时具有着社会和自然双重属性。婚姻家庭的自然属性指的是形成婚姻家庭的自然因素。这些自然因素包括男性和女性之间的生理差别、通过人类繁衍而形成的血缘联系以及人类固有的性本能等。对于婚姻家庭的自然属性，必须要认识到以下三点：第一，婚姻家庭关系相异于其他社会关系的重要特征是自然属性。如果不具有自然属性，也就没有婚姻家庭，因为两性之间的生理差别和人类所天然具有的性本能，是构成婚姻的生理学基础。而人类种族的繁衍、家庭成员间的血缘联系则是家庭生物学上的功能。因此，综上而述，婚姻家庭这种社会关系是以男女两性结合和血缘联系为其自然条件的社会关系。第二，在生物学和生理学领域内，自然规律对婚姻家庭所起到的作用，也是以自然属性为依据的。例如，自然选择规律逐步限制、排除近亲通婚，推动了原始社会婚姻家庭形态的演变，也提高了人种的体质和智力。第三，在任何性质的阶级社会中，立法者都不能无视家庭的自然属性。例如，法定婚龄的规定必须考虑男女两性的生理发育程度，禁止近亲结婚是基于优生的考虑等。

婚姻家庭的社会属性，是指婚姻家庭的本质属性。它具有两个方面的含义：第一，婚姻家庭的存在和发展，是由一定社会的生产关系决定的。作为社会关系的特定形式，婚姻家庭不能脱离社会而独立存在，其必须依存于一定的社会结构，是一定的社会现象的缩影。故此而论，存在着什么样的社会就会存在着什么样的社会生产关系，就会存在着什么样的社会制度，就会存在着什么样的婚姻和家庭形态。也只有从社会制度的性质及其变化中，才能明确婚姻家庭的本质和发展规律。第二，婚姻家庭的发展和变化，必然会受到上层建筑等诸多因素的影响和制约。因为生产关系对婚姻家庭的作用，基本上都是通过上层建筑的影响和制约来实现的。所以，上层建筑和意识形态等诸因素，构成了生产关系和婚姻家庭之间的中介，对婚姻家庭的发展变化起决定性的促进或阻碍作用。

对于婚姻家庭的属性，有人将其分出主次。本书认为，所有一切高等或较为高等的动物之间均普遍存在着两性之间的生理差别、亲族血缘联系和天然性本能等自然因素。但婚姻家庭却是为人类所特有的社会现象。婚姻家庭持续不断地由低级形态向高级形态发展，其原因归根结底是由社会因素所决定的，而并不是由自然因素决定的。所以说，只有将社会属性作为婚姻家庭的本质属性，才能充分论证说明婚姻家庭的产生和发展变化原因。

二、婚姻家庭法的概念与特点

（一）婚姻家庭法的概念

婚姻家庭法是调整婚姻家庭关系的各种法律规范的总和。在法学研究领域中，学术界通常将婚姻家庭法划分成各种不同的类型。主要有以下两种：

1. 狭义的婚姻法和广义的婚姻法

婚姻法按其调整对象的范围，可以将其分为狭义和广义两种。狭义的婚姻法指的是仅调整婚姻关系的法律规范的总和。也就是说，狭义的婚姻法只规定婚姻成立、婚姻终止、婚姻效力和及其法律后果等事项，并不涉及家庭成员间的权利义务。狭义的婚姻法通常用“婚姻法”命名。如《美国统一结婚离婚法》、《英国婚姻法》均是狭义婚姻法的典型例子。

广义的婚姻法是指不仅仅只调整婚姻关系，还调整家庭关系的所有法律规范的总和。广义的婚姻法基本上采用“家庭法”、“婚姻家庭法”或“亲属法”来命名。《中华人民共和国婚姻法》虽然是用婚姻法来命名的，但其调整对象除婚姻关系外，其规定依然包括家庭成员之间的权利义务，所以说本质上还是属于广义的婚姻法。

2. 形式意义的婚姻法和实质意义的婚姻法

无论是狭义的婚姻法还是广义的婚姻法，按照内容划分，都可以将其分为形式意义的婚姻法和实质意义的婚姻法。形式意义的婚姻法是指文本中对婚姻家庭关系的规定基本上是原则性或是概括性规定的法律规范。形式意义的婚姻法特点是极不具体，内容相对简单。现行《中华人民共和国婚姻法》具有形式意义的婚姻法的典型特征。

实质意义的婚姻法是指在文本中对婚姻家庭关系的内容作出了具体明确的规定的法律规范。也就是对婚姻家庭关系不仅规定了应当怎样办、禁止怎样办，也规定了违反后的后果和处理方式。由于《中华人民共和国婚姻法》是形式意义上的婚姻法，所以需要一系列的具有实质意义的法律法规加以补充完善，共同构建起我国实质意义上的婚姻法。具体来说，其范围包括：第一，全国性的单行法规。具体有《收养法》、《婚姻登记管理条例》等单行法规。第二，地方法规。即由地方立法机关或者是行政机关制定的适用于本行政区域的有关调整婚姻家庭关系的单行法规。第三，司法解释。国家权力机关、行政机关和司法机关对婚姻家庭关系中某些具体问题所作出的具有法律作用的规定、解释、指示和决定等。第四，国际条约。根据我国《民法通则》的规定，在处理涉外婚姻家庭关系时，与我国法律规定不同的，适用我国缔结或参加的国际条约。适用我国缔结或参加的国际条约时要注意将我国声明保留的条款排除在外。实质意义的婚姻法与形式意义的婚姻法相比较，其更为实用和具体。所以，不仅要重视形式意义的婚姻法，还更加要注重实质意义的婚姻法的研究和运用。

（二）婚姻家庭法的内容

婚姻家庭法的内容指的是婚姻家庭法律规范的整体。从规范的性质上说，婚姻家庭法的内容一般可以分为三大部分。

第一，婚姻家庭法律原则。任何有关婚姻家庭的法律，都以一定的方式体现着它的基本原则，也就是指导婚姻家庭生活的基本思想和立法依据。有的国家的法律中对原则有明确的表述，有的国家婚姻家庭法的原则体现在具体的法律规范或其他规范性文件之中，有的还可能是一种比较抽象的精神。在我国，现行的婚姻家庭法的基本原则是成文化的，是明确写在《中华人民共和国宪法》和《民法通则》的总则以及其他基本法律的总则之中的。婚姻家庭法律原则的根本意义在于体现特定的婚姻家庭制度的本质特征，反映国家对婚姻家庭关系的根本要求，并指导着一国的婚姻家庭立法活动。在任何一种法律体系之中，每项法律规则都不能与法律原则相抵触。同时，在没有法律规则可以遵循的情况下，法律原则可以作为判断某一行为合法性的依据。

第二，婚姻家庭行为规则。婚姻家庭行为规则是指公民从事婚姻家庭法律行为必须遵循的具体规范，表现为公民对婚姻家庭权利的享有和对应义务的履行。因此，婚姻家庭行为规则的核心就是对于法定的婚姻家庭权利义务的规定。

第三，婚姻家庭的法律适用、救助措施和法律责任。婚姻家庭法律适用主要指的是婚姻家庭法律法规的空间效力、对人效力和时间效力。在不同的国家对于该问题存在着风格迥异的立法方式，在我国，将该内容分散规定在《民法通则》、《婚姻法》和《收养法》之中。婚姻家庭法律责任是指当行为人违反了婚姻家庭法律规范，其所需要承担的法律后果，涵盖了民事责任、行政责任和刑事责任三种形式。救助措施是指基层组织、公安机关和司法机关在受害人提出请求时有进行社会救助、行政救助和司法救助的责任。这不仅赋予受害当事人更加广泛的请求权，也是从基层组织和行政管理以及司法审判的角度对法律责任规范的补充。

（三）婚姻家庭法的特点

将婚姻家庭法与其他部门法进行比较可以发现，婚姻家庭法具有其自身的特点：第一，婚姻家庭法的适用对象具有相当的广泛性。婚姻家庭法是调整人们婚姻家庭领域的行为规则。婚姻家庭权益问题是覆盖至每个公民和千家万户切身利益的问题。每个人从出生开始就受到婚姻家庭法的调整，成年后调整范围更大，有结婚、生育、离婚、扶养和赡养等问题，这些都要受到婚姻家庭法的调整。因此，婚姻家庭法是普遍适用于所有公民的普通法，其适用对象具有高度的广泛性。

第二，婚姻家庭法中所涵盖的内容具有明显的伦理性。婚姻家庭法属于身份法的范畴，无论是人身关系还是财产关系，其权利义务大都是根据人们长期形成的良好的伦理道德上升为法律关系的。例如婚姻法中规定夫妻应当互相尊重、互相忠实，就属于人们长期形成的道德原则上升为法律关系的表现形式之一。还有婚姻家庭法中对子女的抚养，对老人的赡养的规定，也是我国尊老爱幼的传统美德的体现。

第三，执行上具有强制性。强制性是一切法律的共同特点。婚姻家庭法明文规定了婚姻家庭关系的产生和终止条件、家庭成员之间相互的权利义务关系，当事人在建立或利用这些关系时禁止自行变更。因此，我国婚姻家庭法中的内容大多数都是强制性规范，条文大多数用“必须”、“应当”和“禁止”等肯定性语句。虽然有一部分内容是任意性规范，但并不影响其强制性。

三、婚姻家庭法的调整对象

关于婚姻家庭法的调整对象，可以从调整对象的性质或是范围两方面来进行考察。只有全面考察婚姻家庭法的调整对象，才能正确理解我国婚姻家庭法中的相关概念，加深对婚姻家庭法的总体认识。

(一)婚姻家庭法调整对象的范围

从调整对象的范围来看，我国婚姻家庭法的调整对象将婚姻和家庭两种关系均包含其中。婚姻关系和家庭关系之间存在着联系也有所区别，它们一经法律调整，就会在具有相应主体身份的人之间产生相应的权利义务关系，婚姻家庭法也正是通过这种方式对婚姻家庭关系的规定来实现其调整作用的。

婚姻关系因为结婚而成立产生，因配偶一方死亡或是双方离婚而终止。配偶身份的确定，是基于婚姻的效力。所以，结婚的条件和程序、夫妻间的权利义务、配偶死亡的法律后果、离婚的条件和程序、离婚的后果，均属于婚姻家庭法的调整范围。

家庭关系是指一个家庭中各成员之间的关系。家庭成员是由特定范围内一定的近亲属所组成的。家庭关系因结婚、出生和收养等原因而产生，因离婚、死亡和收养关系解除等原因终止。因此，对于家庭成员身份的取得和丧失条件，以及调整家庭成员间的权利义务均属于婚姻家庭法的调整范畴。夫妻关系不仅是单纯的婚姻关系，更是家庭关系中的重要组成部分。

(二)婚姻家庭法调整对象的性质

从婚姻家庭法调整对象的性质来看，我国婚姻家庭法的调整对象将人身关系和财产关系两种均包含其中。人身关系在婚姻家庭领域是起决定性作用的，财产关系是基于一定的人身关系而产生的，因此财产关系是从属于人身关系的。

婚姻家庭方面的人身关系，是指存在于具有特定身份的主体之间的关系，本身并不直接体现经济内容。无论是婚姻关系还是家庭关系，都不是出于经济上的目的而确立的。婚姻家庭主体依法享有和所担负的权利义务都是由特定的身份决定的，不具备这种身份便不具有相应的权利义务。因此，规定婚姻家庭方面的人身关系的发生和消灭的原因并确定其内容，才能更好地保障婚姻家庭关系，保证婚姻家庭主体的权利义务，这是婚姻家庭法的根本任务。

婚姻家庭方面所涉猎的财产关系，是直接体现特定的经济内容的。尽管财产关系是关乎主体之间的物质化利益，但利益的终止和发生却是以人身关系为前提的。所以，婚姻家庭中的财产关系是通过人身关系所引起的相应的法律后果。对婚姻家庭方面的财产关系的内容及其发生和终止的原因进行确定，才能有效保障婚姻家庭关系主体基于一定的人身关系而享有相应的财产权利，这与人身关系一样，都是婚姻家庭法的根本任务。

第二节　我国近代的婚姻家庭立法

一、中国半殖民地、半封建社会的婚姻家庭法

在经历了1840年鸦片战争后，中国就开始沦为半殖民地、半封建社会的历史。帝国主义在中国开工厂、筑铁路、开矿山、办商业，疯狂掠夺我国人民财富的同时也刺激了中国民族资本主义的兴起和缓慢发展，使传统的自给自足的小农经济受到了冲击。随着社会各方面条件的变化和随之而变化的社会观念，封建主义的婚姻家庭制度开始日渐没落。但帝国主义、封建主义、官僚资本主义的联合统治，并没有改变封建的经济基础和上层建筑的性质，封建的旧礼教、旧道德依然作用于婚姻家庭领域。而这个时期的婚姻家庭立法也没有对封建的婚姻家庭制度进行根本的变革，故此封建主义婚姻家庭制度依然占据着支配和统治地位。

(一)清末的婚姻家庭立法

清末时期，清政府宣布实行“新政”，并于1910年9月颁布了《大清现行刑律》。这部法律是在《大清律集解附例》的基础上删减修改而成的，是一部过渡性的暂时法律，仍采用诸法合体的立法形式，有关婚姻家庭方面的法律是亲属法中的主要内容。所不同的是将包括婚姻家庭在内的纯民事的条款分出，不再将民事条款和刑事条款混编在一起，以示“民刑分离”，但在内容上无异于大清律例的翻版，其封建性质依然十分浓厚。如再一次规定了亲属的服制，将不孝列为“十恶”之一，肯定包办婚姻和纳妾制度，以“七出”为法定离婚理由。这部法律颁布不久，清王朝即被辛亥革命推翻。但是《大清现行刑律》中规定的有关婚姻和其他民事方面的内容，被后来的北洋军阀政府一直沿用，并将该部分称为“民事有效部分”。

在1911年8月，清政府组织草拟了《大清民律草案》，该草案分为总则、亲属、继承、物权、债权五编。其在内容基本上都是在模仿日本民法和德国民法，并糅合了中国封建民事法律部分草创而成。由于清王朝的覆灭速度超出预想，该草案并未及时实施。这是中国历史上的第一部系统的民法典草案，是中国民法(包括婚姻家庭法)近代化的第一次尝试。现在仍不失其历史价值。

(二)北洋军阀政府时期的立法

北洋军阀政权建立后，调整婚姻家庭关系时仍援用《大清现行刑律》中的有关规定，

同时，又通过大理院制作大量司法解释和案例，以补法律不足。并于1915年和1926年分别起草了《民律亲属编草案》和《民律草案》两部草案，草案内均设置了亲属一编。这两部草案从内容上来说，基本上是抄袭资本主义国家的亲属法和《大清民律草案》中的部分内容，其封建色彩依然极其浓厚。但是由于受现实情况所迫，两草案均没有正式颁布实行，仅仅是北洋军阀政府司法部通令各级法院作为内部条例进行援用，所以对我国婚姻家庭制度产生的影响微乎其微。

（三）中华民国的民法亲属编

国民党政府统治时期，于1928年由国民政府法制局起草《亲属法草案》，共7章28条，但未公布。1930年12月26日公布《中华民国民法》，共5编1225条，亲属编为第四编，于1931年5月5日起实行。其中的亲属编共分为7章，即通则、婚姻、父母子女、抚养、监护、家和亲属会议，共计171条。该《中华民国民法·亲属编》部分内容一直沿用到1949年新中国成立，台湾地区仍沿用该编，只是做了一些小的修改。国民政府民法亲属编继续肯定包办买卖婚姻制度，用法定代理人对未成年子女婚事的"同意权"，代替以往律例中父母家长对子女的"主婚权"，又用专章规定家长制，以维护宗法等级制度，具有浓厚的封建性。在夫妻财产制等许多具体制度上，盲目的效仿和照搬资产阶级国家的婚姻家庭立法，希冀利用资产阶级国家的婚姻家庭立法来解决中国的婚姻家庭问题，这无疑使其立法形同虚设，其本质不过是通过一些空洞的规定，来继续维护封建主义婚姻家庭制度的存在。如一方面规定男女平等，另一方面又对已婚妇女的权利多加限制，其虚伪性极其明显。因此其资本主义性质和封建主义思想集中体现了半殖民地、半封建社会家庭婚姻的特征。国民党民法亲属编，是维护旧婚姻家庭制度的最后一部法律，它从形式上完成了由古代型婚姻家庭法向近现代型婚姻家庭法的转变，在中国的婚姻家庭立法史上具有一定的地位。

二、中国民主革命根据地的婚姻家庭法

（一）中华苏维埃共和国的婚姻条例和婚姻法

1927年8月以后，中国共产党领导的人民军队，在全国各地开始创建了许多革命根据地，并建立了工农革命政权。在中国共产党领导的各革命根据地，开始实行了一系列的社会民主改革，婚姻家庭制度改革和婚姻立法，也是其中的一项重要内容。各革命根据地的工农民主政权先后制定并颁布了许多有关于解放妇女权利和改革婚姻家庭制度的一系列决议和命令。1930年3月闽西根据地的第一次工农兵代表大会表决通过了《皖西婚姻法》和《保护妇女青年条例》。1931年7月，鄂豫皖边区的第二次苏维埃代表大会表决通过了《婚姻问题决议案》等。这些决议和法令均是婚姻家庭方面最初的法律文献，对取缔娼妓制度、解放奴婢、实行男女平等和禁止买卖婚姻均起到了积极有效的推动作用。

1931年11月7日，中华工农兵苏维埃第一次代表大会通过了《中华苏维埃共和国宪法大纲》，明确指出只有实行妇女解放、婚姻自由等保护妇女的办法，才能使妇女从事实上逐渐摆脱家务的现实基础，从而参加到社会生活中来。根据上述的这一情况，1931年12月1日，中央执行委员会颁布实施了《中华苏维埃共和国婚姻条例》，该条例分为总则、结婚、离婚、离婚后财产处理、离婚后子女抚养、非婚生子的抚养、附则7章，共计23

条。《中华苏维埃共和国婚姻条例》是中国历史上第一个充分体现劳动人民意志、实行婚姻自由、保护妇女利益的婚姻法，是马克思、列宁主义的婚姻家庭理论与中国实际相结合的产物。1934 年 4 月 8 日，依据实际情况和实践经验，中央执行委员会又对该条例进行了必要的修改，颁布了《中华苏维埃共和国婚姻法》，该法分 7 章，包括总则、结婚、离婚、离婚财产处理、离婚抚养处理、非婚生子的处理、附则，共计 21 条。这两部法律文件都适用于全国所有革命根据地。《中华苏维埃共和国婚姻法》主要包括以下内容：

第一，明确废除封建婚姻家庭制度。该法第 1 条规定："废除一切包办强迫和买卖的婚姻制度，禁止童养媳。"这一规定是我国历史上第一个用法律形式全面摒弃旧婚姻家庭制度的法律文献。

第二，确立了新民主主义婚姻家庭制度的基本原则。该法规定，"确定男女婚姻，以自由为原则"、"实行一夫一妻"。这从根本上确定了新民主主义婚姻家庭制度的基本原则。为了保障上述原则的实施，还特别规定了"男女结婚须经双方同意，不许任何一方或者第三者加以强迫"，"禁止一夫多妻与一妻多夫"。离婚时若结婚期限满 1 年，男女共同经营所增加的财产部分要男女平分，如有子女，按人口平分。

第三，确定了结婚条件。该法所规定的结婚条件是：结婚必须男女双方自愿；男方须满 20 周岁，女方须满 18 周岁；禁止三代以内具有亲族血统的结婚；禁止患花柳病、麻风、肺病等具有传染性的患者结婚，但经医生验明可以结婚的除外；禁止神经病以及疯瘫患者结婚。

第四，规定了婚姻登记制度。该法对于结婚和离婚登记均有规定。规定男女结婚，须男女双方一起到乡苏维埃或市区苏维埃进行结婚登记，并领取结婚证。并规定，凡男女实行同居者，不论登记与否，均以结婚论。离婚登记方面，规定离婚自由，双方中有一方坚决要求离婚的，准予离婚。离婚，须到乡苏维埃或市区苏维埃登记。离婚时，结婚满 1 年夫妻共同经营所增加的财产，双方平分，有子女的，按人口平分，所负的公共债务，由男方负责清偿。离婚后，若女方未再婚并缺乏劳动力或是没有固定职业，导致不能维持生活的，男方应帮助女方耕种土地或维持女方生活。离婚后双方所生子女归女方抚养，若女方不愿抚养，则归男方抚养。女方抚养子女的，由男方承担子女必需的生活费的三分之二直至 16 岁为止。

第五，保护革命军人婚姻。规定了红军战士之妻要求离婚的，须征得其夫同意。但在通信便利的地方，经过 2 年其夫无信回家者和在通信困难的地方，经过 4 年其夫无信回家者，可向当地政府请求登记离婚。

《中华苏维埃共和国婚姻法》为抗日战争和解放战争时期的婚姻立法奠定了基础，并对当时的婚姻制度的改革起到了重要的推动作用，该法的基本原则和各项具体制度深受人民大众特别是广大青年的普遍拥护。

（二）抗日战争和解放战争时期的婚姻家庭法

1937 年 7 月至 1949 年，随着中华人民共和国的成立，中国共产党所领导的抗日根据地和解放区，慢慢地遍及了中华大地。随着革命形势的不断推进与发展，婚姻家庭立法也随之发展和加强。各革命根据地、解放区为应对当时形势的要求和地区的实际情况，先后制定了一大批区域性的婚姻法。主要有 1939 年 4 月 4 日颁布的《陕甘宁边区婚姻条例》、

1940年4月1日颁布的《晋西北婚姻暂行条例》、1942年1月5日颁布的《晋冀鲁豫边区婚姻暂行条例》、1943年1月21日颁布的《晋察冀边区婚姻条例》等。这一时期的婚姻家庭立法，具有重要的历史作用，在新中国的局部地区以法律的形式废除了封建的婚姻家庭制度，确立了新民主主义婚姻家庭制度的基本原则，为新中国的婚姻家庭立法积累了经验，打下了基础。这些条例的基本精神，均体现了要废除封建主义婚姻制度，实行新民主主义婚姻制度的想法。其具体内容具有以下特点：

第一，条例的基本原则与中央苏区的婚姻立法是完全一致的。例如，《晋察冀边区婚姻条例》规定，男女婚姻须双方自主、自愿，任何人不得强迫，禁止童养媳、早婚及买卖婚姻；严格实行一夫一妻制，禁止重婚、纳妾、蓄婢，及类似一夫多妻、一妻多夫之各种婚姻。1946年版的《陕甘宁边区婚姻条例》规定，男女婚姻以自愿为原则，实行一夫一妻制；禁止强制包办及买卖婚姻。

第二，在结婚方面，作了更为灵活和具体的规定。各条例根据各地区的实际情况，在法定婚龄的规定上略有差异。如《晋察冀边区婚姻条例》规定，男方须满20岁、女方须满18岁；《晋冀鲁豫边区婚姻暂行条例》规定，男方须满18岁、女方须满16岁；《陕甘宁边区婚姻条例》起初规定为男方须满18岁、女方须满16岁，后在1942年变更为男方须满20岁、女方须满18岁。有些条例对结婚条件的规定相对于中央苏区更为具体。有的条例还增加了订婚的程序和条件、婚约的解除以及保障再婚自由等内容。

第三，在离婚方面，其规定更为详尽且具有时代特色。因当时的历史条件及斗争的需要，有的条例明确规定了一方充当汉奸，另一方可以作为请求离婚的法定理由。许多条例中有特别保护军人婚姻和婚约的规定，明确规定抗日军人的配偶提出离婚，须经军人本人同意。在书信断绝时，须经过法律规定的期限和要求，军人配偶才可以提出离婚。在离婚条件上，许多条例列举了一方要求离婚的法定理由；在程序上，一般都规定了双方自愿离婚须办理离婚登记，一方提出离婚的由政府或司法机关按诉讼程序处理。为了保护妇女儿童的利益，有些条例限制了男方的离婚请求权，规定了男方不得与孕妇或产妇离婚，即使具备法定离婚条件，也应于生产1年后提出。以上的规定都比中央苏区的规定更为完善。

新中国成立前革命根据地的婚姻家庭制度改革和婚姻家庭立法，为从法律上摧毁旧的婚姻家庭制度，实现由新民主主义婚姻家庭制度向社会主义婚姻家庭制度的过渡，创造了条件，其历史作用和意义不容忽视。

三、中华人民共和国婚姻法

新中国婚姻家庭法的变革，大致经历了三个不同的发展阶段。第一阶段，1950年《婚姻法》的颁行，使新中国从法律上废除了封建主义的婚姻家庭制度，社会主义婚姻家庭制度得以基本确立。第二阶段，因受时代影响，婚姻家庭方面的法制建设停滞不前，公民的婚姻家庭得不到应有的保障。第三阶段，党的十一届三中全会以后，婚姻家庭法制重新走上了健康发展的轨道。1980年《婚姻法》的实施，特别是2001年对该法的修正，加强了对婚姻家庭关系的法律调整，我国的婚姻家庭法律规范体系已基本形成。

(一)1950年《婚姻法》

1950年4月，中央人民政府委员会第七次会议通过了1950年婚姻法，同年5月1日起，该法公布施行。这是新中国成立以后颁行的第一部具有基本法性质的法律。1950 年《婚姻法》共分 8 章 27 条，依次为原则、结婚、夫妻间的权利义务、父母子女间的关系、离婚、离婚后子女问题、离婚后的财产问题、附则。该法批判包办强迫、男尊女卑、漠视子女利益的封建主义婚姻家庭制度，意在建立男女婚姻自由、一夫一妻、男女权利平等、保护妇女和子女合法权益的新民主主义婚姻制度。

为贯彻新中国的第一部婚姻法，保证婚姻家庭制度改革的顺利进行，1952 年 11 月 25 日和 1953 年 2 月 1 日中共中央和政务院分别发出了关于贯彻 1950 年《婚姻法》的重要指示，确定 1953 年 3 月为贯彻 1950 年《婚姻法》运动月。通过宣传贯彻 1950 年《婚姻法》的运动，使该婚姻法所倡导的基本精神和具体的立法内容得以普及。

(二)1980 年《婚姻法》

1980 年 9 月 10 日通过的 1980 年《婚姻法》于 1981 年 1 月 1 日起实施，是在 1950 年《婚姻法》的基础上，根据实践经验和当时婚姻家庭领域新的情况和问题制定的。1980 年《婚姻法》分为 5 章，共 37 条。第一章总则，是有关婚姻法的任务和原则的规定；第二章结婚，是有关婚姻成立的条件和程序的规定；第三章家庭关系，是有关夫妻、父母子女和其他近亲属间的权利义务规定；第四章离婚，是有关婚姻解除的程序和处理原则以及离婚后子女的抚养教育、财产和生活的规定；第五章附则，是有关制裁、执行和施行问题的规定。与 1950 年《婚姻法》相比，1980 年《婚姻法》的修改和补充主要有：

第一，对基本原则的补充。1980 年《婚姻法》除保留原婚姻法中的婚姻自由、一夫一妻、男女平等、保护妇女和子女合法利益等原则外，增加了保护老人合法权益的内容，并且将实行计划生育也列入基本原则。为了保证有关原则的实施，还在总结实践经验的基础上增加了禁止买卖婚姻、禁止家庭成员间的虐待和遗弃的规定。

第二，对法定婚龄和禁婚亲的修改。1980 年《婚姻法》将法定婚龄提高为男 22 周岁，女 20 周岁，将原婚姻法中关于禁婚亲的规定改为禁止直系血亲和三代以内的旁系血亲结婚。并在有关结婚登记的规定之后，增加了登记结婚的男女可根据双方的约定成为对方家庭成员的条文。

第三，扩大对家庭关系的法律调整。1950 年《婚姻法》只规定了夫妻间、父母子女间的权利义务，1980 年《婚姻法》则将祖孙和兄弟姐妹也列入了调整范围。在夫妻人身关系方面，1980 年《婚姻法》将实行计划生育作为双方的共同义务。在夫妻财产制、扶养、收养和继父母与继子女等关系问题上，1980 年《婚姻法》中的规定也比原法更为具体。同时，还增加了父母对未成年子女的管教、保护等规定。

第四，对离婚条款的增补。关于一方要求离婚的纠纷，1980 年《婚姻法》规定可由相关部门进行调解或直接向人民法院提出离婚诉讼。对于经由诉讼程序处理的离婚案件，1980 年《婚姻法》规定，如果双方感情确实已经破裂，调解无效，应准予离婚。这对保障离婚自由，防止轻率离婚都有很重要的意义。考虑到我国妇女经济地位的变化，以及保护当事人特别是妇女和子女权益的需要，在离婚后的子女、财产和生活问题上，1980 年《婚姻法》对原来的有关规定也作了适当的调整。

第五，在附则中增加了有关制裁和执行的条款，以维护法律的严肃性和权威性。1980 年《婚姻法》规定对违反婚姻法的行为应分别给予行政处分或法律制裁。对拒不执行人民法院有关抚养费、扶养费、赡养费、夫妻共同财产分割和遗产继承等具有财产内容的裁定、调解协议或判决者，人民法院可以依法强制执行。

(三)2001年后修正的《婚姻法》

1995年10月，第八届全国人大常委会第十六次会议将1980年《婚姻法》的修改列入了该次人大的立法规划。2001年4月，第九届全国人大常委会第二十一次会议通过了《关于修改〈中华人民共和国婚姻法〉的决定》。修改后的《婚姻法》对1980年《婚姻法》的修改和补充，主要有以下几点：

第一，总则中增加了禁止性和部分倡导性规定。如第3条规定，“禁止有配偶者与他人同居”、“禁止家庭暴力”。第4条原则性地规定了婚姻双方和家庭成员的共同责任。

第二，关于结婚制度，主要增设了无效婚姻和可撤销婚姻制度。对婚姻无效和被撤销的原因、程序、请求权人和请求权行使时间，以及婚姻无效和被撤销的法律后果等作了具体的规定。

第三，在夫妻财产制度中，明确了夫妻共同财产的范围，并增设了个人特有财产制度，对夫妻约定财产也做了相应完善。在父母子女关系中，增设了子女应当尊重父母的婚姻权利，不得干涉父母的婚姻自由。在亲子关系上，更加关注对子女利益的保护，首次规定不与子女共同生活的离异父母的一方，享有对子女的探望权，并且另一方有协助义务。

第四，对离婚的法定理由在重申“夫妻感情破裂”原则的同时，增设了若干列举情形。法定理由的具体化，增加了法律的可操作性。同时，进一步完善了离婚救济制度，在原有经济帮助的基础上，在《婚姻法》第40条增设了离婚家务劳动补偿制度。

第五，将救济措施和法律责任与总则中的禁止性规定相结合。修正后的《婚姻法》增设了救助措施和法律责任一章。该章对违反婚姻家庭行为的受害人规定了各种必要的救助措施；对违反婚姻家庭法的行为规定了相应的法律责任；还确立了离婚损害赔偿制度。

修正后的《婚姻法》于修正案通过之日起实行。最高人民法院于2001年12月24日发布了《关于适用〈中华人民共和国婚姻法〉若干问题的解释(一)》，2003年12月26日发布了《关于适用〈中华人民共和国婚姻法〉若干问题的解释(二)》，2011年7月4日发布了《关于适用〈中华人民共和国婚姻法〉若干问题的解释(三)》，对婚姻法新增设的相关制度和规定做了更加详尽的解释，以使人民法院更加准确地适用修改后的《婚姻法》。

第三节 婚姻家庭法在法律体系中的地位

婚姻家庭法作为我国社会主义法律体系的组成部分，和其他法律一样，都是社会主义经济基础的上层建筑，都是工人阶级和广大人民意志在法律上的集中体现，都是以马列主义、毛泽东思想为理论指导的。它们共同作用于我国社会生活的各个方面，为保障公民的合法权益，促进社会的安定和进步而服务。由于婚姻家庭法和其他法律都具有自己特定的调整对象和调整方法，所以，婚姻家庭法与其他法律存在着明显的差别。

按照传统法律观点，婚姻家庭法是“私法”的组成部分。在一个相当长的时期里，我国法学界曾经将婚姻家庭法看作是一个独立的法律部门。这一方面固然是受苏联模式的影响，另一方面也与我国长时间没有建立起完整的民法体系有关。1986年4月，第六次全国人民代表大会第四次会议通过了《中华人民共和国民法通则》，在法制委员会所作说明之中，明确将《婚姻法》列入“民事的或者与调整民事关系有关的”法律之列。因此，婚姻家庭法当然属于民法的范畴。

需要指出的是，上述讨论仅仅是从法律部门划分的角度将婚姻家庭法纳入民法体系，并不是否定其特殊性质。由于婚姻家庭法调整对象的特殊性，所以无论以什么形式出现，都必然具有不同于其他民事关系的原则和规则。因此，婚姻家庭法虽然属于民法的范畴，但还是具有其相对的独立性。

【思考题】

1. 婚姻家庭法的概念和特征是什么？
2. 婚姻家庭法的调整对象是什么？
3. 简述中华人民共和国婚姻家庭法的历史发展历程。
4. 如何理解婚姻家庭的本质属性是社会属性？

第三章　婚姻家庭法的原则

【本章学习重点提示】婚姻自由原则；一夫一妻原则的贯彻；家庭暴力的法律规定。

第一节　婚姻家庭法中的原则

一、婚姻自由原则

(一)婚姻自由的概念

婚姻自由是指婚姻当事人有权按照自己的意志，依法选择缔结或者是解除婚姻关系，有不受他人干涉的权利和自由。社会主义制度的建立为婚姻自由的普遍实现开辟了广阔的道路。婚姻自由是社会主义婚姻家庭制度的重要基石，是我国公民的基本权利，也是婚姻法最基本的原则。《中华人民共和国宪法》(以下简称《宪法》)第49条规定，禁止破坏婚姻自由。《民法通则》和《中华人民共和国婚姻法》(以下简称《婚姻法》)分别在第103条和第2条规定了婚姻自由。切实保障婚姻自由，对巩固和发展社会主义婚姻家庭制度，维护社会的安定团结，促进社会主义现代化建设有着非常重要的作用。

(二)婚姻自由的特征

第一，婚姻自由是受法律保护的一项权利。任何人，包括男女双方的父母、子女，都不得侵犯该项权利。如若暴力干涉，构成犯罪的，要承担相应的法律责任。

第二，婚姻自由的行使必须符合法律的规定。婚姻自由和公民的其他权利一样，不是绝对自由，而是相对自由。婚姻法对结婚和离婚的条件、程序都做了相应规定，当事人应根据规定合法行使自己的权利。

第三，婚姻自由是一项人身权利。这项权利只能由公民本人行使，不得转让和继承。同时婚姻法中也规定了结婚和离婚登记要双方本人前去办理，也就是说该项权利的行使也不得代理。

(三)婚姻自由的内容

婚姻自由包括结婚自由和离婚自由两方面。结婚自由包括三方面内容：第一，结合必须是男女双方基于自愿的，不是受任何人强迫或是以其他方式干涉而成的；第二，结婚必须是符合法定的程序和条件的；第三，结婚自由不论公民是未婚男女，还是离婚后的男女，均可以行使该权利。离婚自由是指当夫妻感情完全破裂，男女双方或者一方有权通过协议或诉讼程序来解除婚姻关系。离婚自由包括：第一，需要由夫妻双方共同作出离婚决定、达成离婚协议的权利；第二，夫妻感情完全破裂时，任何一方均有提出离婚的权利；第三，离婚必须符合法定的规定的相关条件，并履行法定的程序，还需承担相应的法律后果。

二、一夫一妻原则

一夫一妻制是指只能由一男一女结为夫妻，互为配偶的规则。也就是说，夫妻双方任何一人都不能同时有两个或者两个以上或公开或隐蔽的配偶。一夫一妻原则具有以下三种基本含义：第一，任何人都不得同时有两个以上配偶；第二，在配偶死亡或是离婚之前，不得再行结婚；第三，一切公开或隐蔽的一夫多妻或一妻多夫都是非法的，是要受到处理和制裁的。我国将一夫一妻确立为一项基本的婚姻原则，是充分尊重社会主义制度下婚姻关系的本质。这一原则也是实现男女平等和保证婚姻家庭关系稳定的需要，因为任何的多偶关系必然造成两性地位的差异，也必将会影响正常婚姻关系的和谐和稳定。

一夫一妻原则是当代世界各国婚姻制度中的一项基本原则，坚持一夫一妻制度的必要性主要有三个方面：第一，一夫一妻符合婚姻本质；第二，一夫一妻符合伦理本质；第三，一夫一妻符合婚姻家庭制度的社会属性。婚姻是社会的产物，每一种社会制度对婚姻的成立、效力等都有符合社会统治阶级意志的特定要求，男女的结合只有符合这种要求，才能为社会所认可。

三、男女平等原则

(一)男女平等原则的概念

男女平等原则，是指男女双方在婚姻家庭中平等地享有权利，平等地履行义务。男女平等原则直接鲜明地反映了我国婚姻家庭制度的社会主义本质特色，是社会主义婚姻家庭制度区别于男性为中心的旧婚姻家庭制度的最重要标志。婚姻家庭关系中的男女平等，不仅是宪法男女平等原则的重要组成部分，也是衡量男女平等的重要标志。《婚姻法》在第一章总则中将男女平等作为基本原则规定下来，是宪法中该原则的具体化表现。婚姻法中规定的男女平等原则的核心是指男女两性在婚姻关系和家庭生活的各个方面均是平等的权利义务。

(二)男女平等原则的内容

婚姻家庭关系中的男女平等，从类别上论，包括婚姻关系上的男女平等和家庭关系上的男女平等。婚姻家庭关系上的男女平等有两方面。一方面是男女婚姻权平等，指男女在结婚和离婚方面的权利平等，也就是，男女都有缔结或解除婚姻关系的权利，法律在制定结婚和离婚的条件上须规定男女双方平等。另一方面是夫妻地位、权利义务关系平等。男女结婚后，在家庭生活中，双方的地位是完全平等的，权利义务关系的内容也完全平等，真正实现男女由法律上到实际生活中的完全平等。

家庭关系上的男女平等，包括了夫妻关系在内的所有家庭成员之间的男女平等。主要包括：第一，夫妻在家庭中的地位平等。第二，父母子女关系平等。在父母子女关系中，母亲和父亲抚养教育子女的权利义务是平等的，儿子和女儿都有被抚养的权利。儿子和女儿都有赡养扶助父母的义务，父母均有被赡养的权利。在继承和父母离异后对子女的探望权方面，男女所享有的权利义务也是平等的。第三，其他家庭成员的关系平等。这主要是指祖孙关系和兄弟姐妹关系，具体指赡养、抚养和继承的过程中男女的权利义务相同。

四、保护妇女、儿童和老人的合法权益

保护妇女、儿童和老人和合法权益是婚姻家庭法的一项基本原则，也是社会主义精神文明的一个重要标志。《婚姻法》第 2 条规定："保护妇女、儿童和老人的合法权益。"

(一)保护妇女的合法权益

是否保护妇女，是衡量一个国家文明程度高低的天然尺度。在现实生活中，还存在着妨碍妇女行使平等权利的消极因素，侵害妇女人身权和财产权的现象也时有发生。我国婚姻法不仅规定了男女平等原则，还从实际出发，对妇女的权益给予了特别保护。保护妇女的合法权益，是对妇女实施特殊保护的原则，是妇女独享的一项基本权利，是男女平等原则的重要补充和有力保障。妇女的法律地位体现了一个国家的文明与进步。

在我国，保护妇女的合法权益具体来说有以下规定：第一，婚姻法总则中规定了禁止家庭暴力，禁止家庭成员间的遗弃和虐待，保护妇女免遭家庭暴力。第二，在离婚程序方面的特别保护。《婚姻法》第 34 条规定了女方在怀孕期间或分娩 1 年内或终止妊娠半年内，男方不得提出离婚。第三，在夫妻共同财产分割方面的特殊保护。《婚姻法》第 39 条规定了离婚时夫妻的共同财产由双方协议处理，协议不成的，可由法院以照顾子女和女方的权益为原则进行判决。第四，离婚时利益补偿的特殊保护。《婚姻法》第 40 条规定，夫妻书面约定婚姻关系存续期间所得的财产归各自所有，一方因抚育子女、照料老人、协助另一方工作等付出较多义务的，离婚时有权请求另一方给予补偿。现实中，多为女方付出较多义务，这项规定保障了妇女的合法权益。

(二)保护儿童的合法权益

儿童是祖国的未来，是国家现代化事业的接班人。保护儿童的合法权益，不仅是巩固和发展社会主义家庭关系的需要，也是建设国家和振兴民族的需要。保护儿童的合法权益是整个社会的任务，也是家庭的重要职能。在我国，儿童的法律地位和权益都受到了保护。《宪法》第 49 条规定："婚姻、家庭、母亲和儿童受国家的保护。……禁止破坏婚姻自由，禁止虐待老人、妇女和儿童。"国家对儿童权益的保护是多方面的，其中法律保护是一个重要的组成部分。

《婚姻法》对儿童合法权益的保护大致规定了以下几点：第一，禁止溺婴、弃婴和其他残害婴儿的行为。第二，不同类型的子女在法律地位上一律平等。在我国，婚生子、非婚生子、养子女和形成抚育关系的继子女，在法律地位上都是平等的。第三，子女享有接受父母抚养的权利。规定了父母对子女的抚养义务，不履行的，子女有要求的权利。第四，父母对未成年子女有保护和教育的权利义务。父母对未成年人的保护和教育还体现在，在未成年子女对国家、集体或他人造成损害时，父母有承担民事责任的义务。第五，父母对子女的抚养教育义务不因父母离婚而消除。离婚后，父母双方仍有抚养教育子女的义务。第六，未成年人抚养权的实现具有替补性保障措施。对于父母死亡或是无能力抚养的，有能力的祖父母、外祖父母和兄弟姐妹，有抚养的义务，为儿童生存权提供了确切的保障。

(三)保护老人的合法权益

尊敬老人是中华民族的传统美德，保护老年人的合法权益也是社会和家庭的一项重

要责任。老年人晚年生活的保障已经成为世界性的社会问题。为此，子女们对老人在经济上给予帮助，在生活上给予关照，在精神上给予安慰，使他们能够幸福地安度晚年，不仅是道德规范的要求，也是法律义务。《中华人民共和国宪法》第 45 条规定："中华人民共和国公民在年老、疾病或丧失劳动能力的情况下，有从国家和社会获得物质帮助的权利。"

我国《婚姻法》对老年人合法权益的保护体现在：一是老人有接受子女或其他家庭成员赡养的权利。包括子女对父母有赡养义务，孙子女、外孙子女对祖父母、外祖父母有赡养的义务。二是禁止遗弃和虐待老人。《婚姻法》第 3 条明确规定了禁止家庭成员间的虐待和遗弃。保护老年人合法权益，除了运用民事手段之外，对虐待老人情节恶劣或有赡养义务而拒绝赡养并情节恶劣的，还应依法追究行为人的刑事责任。

五、计划生育原则

计划生育原则是指有计划地调节人口增长速度和提高人口素质。我国计划生育以降低人口增长速度、提高人口素质为目标，基本要求是少生、优生、晚生、优育。这项基本国策利国利民，破除了传统的陈腐思想，树立以计划生育为荣、生男生女都一样的社会新风尚。家庭担负着人口再生产的职能，因此，我国《婚姻法》明确规定了夫妻双方都有实行计划生育的义务。

目前我国对于计划生育的政策已经从推行、奖励一胎，严格控制二胎，杜绝、惩罚三胎转变为全面实施一对夫妇可生育两个孩子的政策。2015 年 10 月 26—29 日，中国共产党第十八届中央委员会第五次全体会议审议通过了《中共中央关于制定国民经济和社会发展第十三个五年规划的建议》。全会提出，坚持计划生育的基本国策，完善人口发展战略，"全面实施一对夫妇可生育两个孩子政策"。中国从 1980 年开始，推行了 35 年的城镇人口独生子女政策被宣告终结。2015 年 12 月 21 日，十二届全国人大常委会第十八次会议初次审议了《人口与计划生育法修正案(草案)》。该草案提出，本修正案自 2016 年 1 月 1 日起施行，这意味着独生子女政策将正式宣告终结，强制避孕节育也将成为历史。但计划生育仍是基本国策，是重要的基本原则。

六、维护平等、和睦、文明的婚姻家庭关系原则

2001 年修订的《婚姻法》从法律的导向性与宣言性功能出发，在总则第 4 条规定："夫妻应当互相忠实，互相尊重；家庭成员间应当敬老爱幼，互相帮助，维护平等、和睦、文明的婚姻家庭关系。"这项规定本是道德要求，但在婚姻家庭关系中需要法律与道德互相依存、互相补充、互相转化、相辅相成、相得益彰。《婚姻法》补充这一规定，对抵制婚姻家庭生活中的不良行为和违法行为，建立平等、和睦、文明的婚姻家庭关系具有积极的引导作用。

夫妻在共同生活中互相忠实、互相尊重是夫妻关系的基本准则，对夫妻关系具有导向性。夫妻相互忠实是指夫妻间应忠于爱情，坦诚相待以及互敬互爱。互相尊重是指夫妻之间应当以礼相待，不得侮辱对方，并应尊重对方的独立人格及其独立权利。家庭成员间应当敬老爱幼、互相帮助，是处理家庭关系道德准则的法律化。这意味着不仅要切实保护儿

童和老人合法权益，而要在家庭生活的各个方面给予老人充分的尊重，给予成年人诚挚的关爱。它同时要求正确处理家庭成员间的关系，不仅不能侵害其他家庭成员的法律权利，而且应当互相关心，互相帮助，同舟共济，和睦相处。

第二节　保障原则实施的禁止性规定

一、禁止包办、买卖婚姻和其他干涉婚姻自由的行为

这项规定是为了保障婚姻自由原则的切实贯彻执行。包办、买卖婚姻和其他干涉婚姻自由的行为侵害了公民合法的婚姻自由权。包办婚姻是指对婚姻当事人具有一定支配力的第三人不顾当事者本人的意愿，强制代为决定其婚姻关系的行为。买卖婚姻是指第三人以获取钱财为目的，采取强迫、威胁等手段包办他人婚姻的行为。其他干涉婚姻自由的行为指除了包办、买卖婚姻以外的非法干涉公民独立行使婚姻自由权利的行为，比如干涉寡妇或离异者再婚、干涉老年人再婚、干涉他人依法离婚等。这些行为都被法律严格禁止，根据情节和后果的轻重，行为人应当承担相应的民事或者行政法律责任，如果使用了暴力手段，构成以暴力干涉他人婚姻自由罪的，则应依法追究刑事责任。

二、禁止借婚姻索取财物

借婚姻索取财物是指一方或者一方的亲属，以索取一定数量的财物作为结婚条件的行为。在这种情况下，男女双方结婚基本上是自愿的，但一方向另一方索要大量财物，以此作为结婚的条件。这种婚姻虽然基本上是自主意愿的，但是它设定了一方支付一定财物为婚姻关系成立的条件，将财产关系作为人身关系的前提，同样不符合婚姻自由原则的要求，不利于建立以感情为基础的社会主义婚姻关系，因此也为我国法律所禁止。在执行这项法律规定的时候，应当注意划清借婚姻索取财物与正常赠与之间的界限，注意对借婚姻“索取财物”与借婚姻关系“骗取财物”加以区分。

在现实生活中，借婚姻索取财物的行为远远比买卖婚姻更为普遍，涉及面更广，其危害性不可忽视。对于借婚姻索取财物的人，应当进行严肃批评教育，如果在结婚后，一方要求离婚的，应按自主婚姻处理，经人民法院调解无效时，应按我国现行《婚姻法》第 32 条规定的原则判决是否准予离婚。离婚时，婚前一方向对方索要的财物，按最高人民法院司法解释的规定处理，即“借婚姻关系索取的财物，离婚时，如时间不长，或者因索要财物造成对方生活困难的，可以酌情返还。对取得财物的性质是索取还是赠与难以认定的，可按赠与处理”。

三、禁止重婚

重婚是指有配偶者又与他人结婚。这种行为公然违反一夫一妻原则，必须严加禁止。应当从实质意义上来理解重婚，不管是法律上的重婚还是事实上的重婚，都应当按照重婚认定。所谓法律上的重婚，是指一方或者双方现存的婚姻关系尚未终止即采取欺骗手段进行结婚登记、领取了结婚证而成就婚姻关系。所谓事实上的重婚，是指一方或者双方现存

的婚姻关系尚未终止，即以夫妻名义共同生活，形成被其他人所认可的婚姻关系。重婚属于犯罪行为，不但重婚的婚姻无效，而且应当追究行为的刑事责任。按照一般理解，在婚姻家庭法领域中，重婚行为的主体应当是有配偶的人。但是，在刑法范围内，重婚罪的主体除了有配偶而重婚的人以外，还包括明知他人有配偶而与之结婚的。这种人虽然本身没有存续的婚姻关系，但是由于他们故意与有配偶的人结婚，所以也构成了重婚犯罪。

四、禁止有配偶者与他人同居

有配偶者与他人同居，是指在婚姻关系存续期间，配偶一方与第三人建立相对稳定的同居关系。一般来说，同居有别于重婚之处在于双方并不以夫妻互待，不同于通奸之处在于它具有一定的持续性、稳定性和比较固定的处所，由于同居双方都不是以卖身为业，它当然也不同于卖淫嫖娼。有配偶者与他人同居严重违背夫妻应当互相忠实的原则，侵害当事人配偶的合法权益。修改后的《婚姻法》明确规定“禁止有配偶者与他人同居”，具有极强的针对性，目的在于维护社会主义婚姻制度，保证我国婚姻家庭关系的正常与稳定。

有配偶者与他人同居的行为，虽不构成犯罪，但也是一种严重破坏一夫一妻婚姻制度的违法行为，也有行政和民事方面的法律责任。在行政责任方面，对有配偶者与他人同居的行为，可根据情节轻重，依照《治安管理处罚法》和有关行政法规进行处理。在民事责任方面，根据我国现行《婚姻法》第 32 条的规定，配偶一方与他人同居，是法院裁判准予离婚的法定事由。依第 46 条的规定，有配偶者与他人同居而导致离婚的，无过错方有权请求损害赔偿。

五、禁止家庭暴力

家庭暴力是指发生在家庭成员之间的暴力行为。由于它们一般发生在日常生活中，行为人与受害人之间又具有特殊的身份关系，所以容易被忽略或者以各种理由加以辩解。而这种行为不但与社会上的暴力行为一样是对公民基本人身权利的侵害，而且不利于建立平等、和睦、文明的家庭关系。家庭暴力可以发生在夫妻之间、父母子女之间、祖父母(外祖父母)与孙子女(外孙子女)之间和兄弟姐妹之间；不排除女性对男性的暴力。我国《婚姻法》在总则中有该项禁止性规定，宣告一切家庭暴力行为的违法性。按照最高人民法院的司法解释，家庭暴力是指行为人以殴打、捆绑、残害、强行限制人身自由或者其他手段，给其家庭成员的身体和精神等方面造成一定伤害后果的行为。《中华人民共和国婚姻法》第 32 条将实施家庭暴力作为人民法院判决离婚的法定理由，第五章中具体规定了对严重家庭暴力受害人的救助措施以及行为人的法律责任。

值得指出的是，《中华人民共和国反家庭暴力法》于 2015 年 12 月 27 日第十二届全国人民代表大会常务委员会第十八次会议通过，2016 年 3 月 1 日起施行。该法是为了预防和制止家庭暴力，保护家庭成员的合法权益，维护平等、和睦、文明的家庭关系，促进家庭和谐、社会稳定而制定的法律。该法包括总则、家庭暴力的预防、家庭暴力的处置、人身安全保护令、法律责任和附则六章，详细规定了家庭暴力的处理和预防措施，是我国反家庭暴力事业的又一大里程碑。

六、禁止家庭成员间的虐待和遗弃

虐待是指以作为或者不作为的手段，例如打骂、冻饿、恐吓，限制人身自由，有病不准医治等，对家庭成员进行精神上和肉体上的折磨和摧残，使其遭受严重痛苦的行为。上述家庭暴力的各种状况，如果是经常性或是持续性的，就构成虐待。遗弃是指应当履行抚养、扶养、赡养义务的人故意不履行义务，使被害人的身心遭受严重损害的行为。被虐待和遗弃的受害人往往在家庭中处于弱势地位，他们本应得到更多的关爱和保护，却因行为人的不法行为而受到严重伤害。这是国家、社会和广大人民所绝对不能容忍的。禁止虐待和遗弃是我国《婚姻法》的一贯立场，对于虐待、遗弃家庭成员，情节特别严重，构成犯罪的还应依照《中华人民共和国刑法》的有关规定给予刑事制裁。

【思考题】

1. 简述六大保障原则实施禁止性规定的内容及其必要性。
2. 如何正确理解婚姻自由原则?
3. 我国婚姻法对实行男女平等作出了哪些规定?
4. 简述家庭暴力的概念和实行《反家庭暴力法》的意义。

第四章　亲属关系原理

【本章学习重点提示】亲属的分类；亲等的计算方法；我国“代”的计算方法。

第一节　亲属的概念和亲属制度的沿革

一、亲属的概念

“亲属”一词在日常生活中常常被提及，是人类亲密的社会关系之一。社会学意义上的亲属是指基于婚姻、血缘和法律拟制而形成的人与人之间特定的社会关系；法学意义上的亲属是指法律所调整的因婚姻、血缘和法律拟制而在自然人之间所产生的关系，由此关系而在主体之间形成的具有法律约束力的权利和义务的关系网。

在我国，“亲属”这一概念由来已久，早在《礼记·大传》中就有“亲者，属也”、“六世，亲属竭矣”等叙述；汉刘熙在《释名·释亲属》中解释道：“亲，衬也，言相隐衬也。属，续也，恩相连续也。”这表明亲属既是一种称谓，更承载着人与人之间的情分与恩情，但此时的亲是本，属是末，尚有亲疏之别。亲属自唐代以后才具有法律上的意义，并逐步出现亲与属合二为一的现象。《唐律疏议》有“亲属，谓本服缌麻以上亲及大功以上婚姻之家”、“诸征人冒名相代者，徒二年；同居亲属代者，减二等”等规定。至明清时期，亲属概念更为广泛地见于律令之中。而“亲戚”一词在古籍中泛指族内外的亲属，现今亲戚的涵盖范围也较亲属更宽，且不具有法律上的意义。

当然，如今的亲属关系在社会关系中的重要性较古时而言有所淡化，但仍然具有重要地位，同时婚姻家庭中权利义务关系都是围绕着亲属关系确定的，因而对亲属关系的学习了解对婚姻家庭法学的进一步学习大有裨益。

二、亲属的特征

(一)有固定的称谓和身份

任何亲属都有固定的对彼此特定的称谓，这些称谓表明相互之间的身份关系。恩格斯曾说：“这并不是一些毫无意义的称呼，而是实际上流行的对血缘亲属关系的亲疏异同的观点的表现。”①比如夫妻、父母子女之间的亲属关系就是最为亲密的亲属关系，而舅、姨、舅表、姨表兄妹等相对而言就是较为疏远的亲属关系。恩格斯还说道：“父亲、子女、兄弟、姊妹等称谓，并不是简单的荣誉称号，而是一种负有完全确定的、异常郑重的

---

① 《马克思恩格斯全集》第21卷，人民出版社1965年版，第39页。

相互义务的称呼，这些义务的总和便构成这些民族的社会制度的实质部分。”①不同的亲属关系代表着不同的亲疏远近的社会关系，这在古代决定着礼制、服制等，在现代社会则体现为不同的权利义务。比如父母子女间有抚养、赡养义务，同时又是彼此的第一顺位继承人，而表兄弟姐妹之间则没有这么紧密的亲属关系以及直接的权利义务关系。总而言之，不同的亲属关系既体现为称谓的不同，也体现在身份关系的不同，同时也承载着不同的权利义务关系。

亲属的称谓和身份产生的原因可能各有不同，可因出生自然地形成父母子女、兄弟姐妹等亲属关系；也可因婚姻缔结或其他法律拟制的原因而形成夫妻、公婆、养子女、继子女等亲属关系。亲属的称谓和身份一经形成，非经法定事由不能随意变更。对于因出生而形成的亲属关系一般情况下不能变更，如断绝父女关系的言论都是没有法律效力的；但是若因某些法律行为创造了更为亲近的亲属关系则可作出相应变更，如舅舅收养了父母双亡的外甥女，其间的称谓和身份关系即变为更为亲近的养父女关系。对于因婚姻或法律拟制而形成的亲属关系，依据特定的法律行为可更改，如离婚即解除了彼此间夫妻的称谓和身份关系。

（二）亲属因特定原因而产生

亲属关系的产生原因种类是法定的，仅限于婚姻、血缘关系和法律拟制三类。

因婚姻而产生的亲属关系主要指随着婚姻的缔结，婚姻双方当事人之间产生配偶关系，相互间拥有夫妻的称谓和身份，并且当事人与对方当事人的亲属之间也形成相应的姻亲关系，形成公婆与儿媳，岳父母与女婿等称谓和身份。

因血缘联系而产生的亲属关系均是自然血亲，这些亲属关系随着自然人的出生而自然而然形成以新生儿为圆心的亲属关系圈。例如父母与子女，兄弟姐妹之间等都是随着自然人的出生而产生的具有血缘的亲属关系。

因法律拟制而产生的亲属关系指的是即使没有婚姻关系或血缘关系，但当事人之间只要有某些法定的法律行为或法律事实存在，即可在当事人之间形成亲属关系。虽然婚姻和血缘联系建构起了亲属关系网络的基本框架，但也不可忽视依据法律拟制而产生的亲属关系，如因收养成立而产生的养父母与养子女之间的拟制亲子关系，因抚养关系而发生的继父母与继子女间的拟制亲子关系等。

（三）亲属之间有法律上的权利义务关系

不同的亲属关系既代表着身份上亲疏远近的差异，更代表着亲属之间不同的权利义务要求。亲属作为人类个体在社会生活中天然的最亲密的群体，相互间承担着特定的责任，这是人类社会中人文关怀的体现，也是法律制度实现对社会生活良性规制和有序干预的必要要求。但是应该看到，受法律调整的亲属范围远小于社会生活中的亲属范围，一般只在直系血亲以及三代以内旁系血亲之间才相互享有权利负有义务，对于那些因婚姻而产生的远房亲戚关系则不在法律调整范围内。

亲属之间的权利义务大致上是对等的，例如父母子女之间相互的抚养赡养权利义务；另外一些义务是为规范社会生活而设定的，如一定范围亲属之间的禁婚义务，特定行为的

① 《马克思恩格斯全集》第 21 卷，人民出版社 1965 年版，第 40 页。

回避义务等。在后文中会陆续介绍各类亲属间的权利义务。

（四）亲属作为人际互动关系，具有特定的组织形式或共同体结构

亲属关系在自然意义上为被两性结合和血缘纽带和其他人为因素连接在一起的个人，但处于社会生活中的亲属往往都以某种特定的组织形式呈现，并且这种组织形式随着人类历史的变迁而变化，从原始群体、氏族、家族逐步过渡到如今的家庭的形式。家庭作为如今唯一的实体性的亲属组织形式，它是人口繁衍以及培养教育的社会细胞，也是经济生产和社会生活最基础的单位；同时家庭单位内的亲属又是亲属关系中最为亲密的，家庭中的夫妻、亲子关系涵盖了现代亲属关系的绝大部分内容，并且现代法律意义上的亲属已基本集中浓缩于家庭之内，家庭是典型的普遍的亲属共同体结构。

三、相关词义辨析

为了准确把握亲属的概念意义，应注意对以下几组常见概念进行区别：

（一）亲属关系与亲属法律关系

亲属关系是一个极为广泛的社会网络，直系亲属受自然规律的限制不可能超越若干代，但旁系亲属关系则可能漫无边际，将所有亲属关系都纳入法律调整范围，既无可能也无必要。法律必须为市民社会的自我调整和运行有所保留，法律的触角不可能深入到人类社会的每一个角落，因而对于某些只在传统习俗、伦理上保留意义的亲属关系而言，就不适于再将其纳入法律规范之中。简而言之，亲属法律关系只是亲属关系的一部分，是受法律规范规制的那部分亲属关系，除此之外还有大量不受法律规制的民俗社会的亲属关系存在着。

（二）亲属与家属的区别

在设有家长制的法律中，家属是与家长相对应存在的称谓。在实行家长制的古代社会中，每个家庭都一般由男性尊长作为家长，而在家长之下与家长共同生活的家庭之中的其他成员就是家属。家属主要由两类成员组成：一类是与家长有亲属关系的固有家属，包括家长的妻子、儿女、儿媳、孙子等；二类是与家长没有亲属关系的其他共同生活的成员，包括妾、奴婢、童养媳等。因此，家属中只有那些与家长具有亲属关系的才是亲属，而那些与家长没有亲属关系的只有人身依附关系的成员就不是亲属；再者，亲属中也只有那些与家长共同生活的才为家属。简而言之，家属不一定是亲属，亲属也不一定是家属。

我国现行的《婚姻法》已废除了家长制，再无家长、家属的划分，都统一改称为家庭成员，虽然民间习惯上仍然沿用家长、家属的说法，但其内涵已与古代的家长、家属相去甚远，此类称谓也不再具有法律意义。

（三）亲属与家庭成员的区别

家庭成员是指同居一家、共同生活并且互有权利义务的亲属。我国古代提倡几代同堂的大家庭，家庭成员往往由血缘关系较为亲近的亲属及其配偶组成。但随着社会的发展，家庭的规模越来越小，几代同堂的家庭逐渐由父母及未成年子女构成的核心家庭为主，与旧时的大家庭相比，如今的家庭成员仅仅只是亲属中的一小部分。我国婚姻法规定的家庭成员通常只限于夫妻、父母子女、兄弟姐妹和子孙之间。因此，可以说家庭成员都是亲属，但亲属不一定是家庭成员。

(四)亲属与亲戚的区别

“亲戚”一词古已有之，至今也常常使用,《唐律疏议》有记载：“亲指族内，戚指族外。”如今通常即指家族内外的亲属，其所指范围比亲属更广。但是，无论是古代还是现代，“亲戚”一词一般都不用于法律之中，也没有严格的法律含义。

四、亲属制度历史沿革

亲属制度由来已久、源远流长。中国古代的亲属制度以宗法为本，以礼调整婚姻家庭关系，扬父系亲抑母系亲，并将亲属分为宗族和外姻两类，父党为宗族，母党、妻党均为外姻，这就是所谓的三党或三族。直至明清时另立妻族一类，礼与律中最终形成了宗亲、外亲和妻亲三分的亲属体制。此外，我国古代的婚姻家庭法还存在维护包办强迫婚姻制度、男尊女卑、夫权统治、家长专制等基本特点。

一方面，中国的亲属制度近现代化始于清朝末年，例如从清末到北洋军阀统治时期，在对日本的亲属制度借鉴下，各版本的民律草案中均将夫妻单独列为亲属类别之一；另一方面又墨守成规地仍将宗亲列为亲属类别之一，但由于夫妻属于宗亲的范围，因而这样的规定是自相矛盾的。尔后国民党政府颁布的亲属编才按照多国立法通例，将宗亲范围改为不包括配偶的血亲，解决了这一问题。

中华人民共和国成立以后，于1950年颁布了《中华人民共和国婚姻法》，这是新中国成立后颁布的第一部具有基本法性质的法律，规定了相关的结婚条件和程序。1980年颁布的《婚姻法》增加了计划生育和保护老人合法权益的基本原则，并修改了结婚条件，扩大了对家庭关系的调整，增加了准予离婚的法律原则等。2001年颁布的《婚姻法》增加了保证基本原则实施的措施，完善了结婚制度，增加了无效婚姻制度和可撤销婚姻制度，完善了夫妻财产制及离婚制度。尔后又陆续颁布了相关司法解释，逐步完善了我国婚姻家庭法律制度的建构与发展。

第二节 亲属的种类和范围

一、亲属的种类

世界各国在不同的历史时期，按照不同的划分标准，从不同的角度可以对亲属的种类进行不同的划分。按照男子或女子的血缘所联络亲属的不同可将亲属分为男系亲与女系亲、父系亲与母系亲；按照亲属纵横方向的联系可将亲属分为直系亲与旁系亲；按照亲属关系的亲疏远近，可划分为近亲属与一般亲属；按照亲属关系中辈分的高低，可划分为长辈亲、晚辈亲与同辈亲；按照亲属关系发生的原因不同，可划分为配偶、血亲和姻亲。下文将对亲属的种类划分进行具体论述。

(一)我国古代法律对亲属的分类

我国古代社会以宗法为本，重男轻女，在亲属制度的分类上也多依据此原则进行，至明清时律法在外亲中将妻族一类单独划分出来另立一项，故而从此亲属的划分方式主要为宗亲、外亲和妻亲三类。该种分类的意义在于，区分宗族内外亲属以确定宗族组织的范围，便于宗族会议等族内事物的处理，也利于礼制、服制等礼法区分的进行。

1. 宗亲

宗亲又称为内亲、本亲、宗族等，是以父系血缘为纽带所确定的亲属范围，主要包括以下四类：第一类是源自同一祖先的同姓男性血亲，在旧律中又称为本宗或正宗，包括祖父、父、伯父、兄、子、孙子等，这类亲属同姓同宗，同根同源。第二类是第一类中各男性血亲的配偶，如祖母、母、伯母、儿媳等。虽然该类女性本属外姓，但由于与本宗男子缔结婚姻而脱离原族加入夫家宗族，旧律称为“来归之妇”，但若被其夫休黜而终止婚姻就将脱离夫家宗族。第三类是本宗未嫁之女，是与本宗男系血亲同根同源的未缔结婚姻的女性血亲，如未婚的女儿、姐妹等，旧律称为“在室女”，该类女子一旦外嫁同样也将脱离原宗。第四类是原嫁出的本宗女性血亲，被丈夫休黜归家后又重新加入原宗，旧律中称为“大归女”。①

2. 外亲

外亲又称外姻、外族、外亲，是以女系血统相联系的亲属，主要包括以下两类：第一类是以母亲血缘所联系的亲属，亦称母党，包括外祖父母、舅、姨等。第二类是指出自同一祖先已结婚的女性血亲的夫族和该女性血亲的后代，以及女性后代的夫族等，在旧律中又称为“出嫁女”，包括姑父、女婿、姐妹夫、外甥子女、外孙子女等。另外，妻族在唐宋及其以前均包括在外亲范围内，明清后另立妻亲。

3. 妻亲

妻亲为妻的本族，是指夫与妻的血亲之间的亲属关系，旧律称为“妻亲”，包括妻的父母、兄弟姐妹及其子女等。但应注意的是，古时纳妾并非婚姻，故无亲属可言，妾的父母、兄弟姐妹不等视为亲属。

(二)现代各国法律关于亲属的分类

现代各国法律对亲属主要存有以下两种分类方法：一种是将亲属分为血亲和姻亲两大类，如德国、瑞士等国的民法典即对亲属作两分类，认为配偶为血亲、姻亲关系产生的基础和源泉，配偶之间既无亲缘关系可循，也无法对其进行亲系、亲等的划分，所以不应将配偶列入亲属范围，而将配偶与亲属相对而称，称为“配偶与最近亲属”等；另一种是将亲属分为血亲、姻亲和配偶三大类，如日本的民法典即对亲属作三分类，认为既然姻亲都可以归属于亲属，若不将作为血亲、姻亲产生源泉的配偶纳入亲属范围则不尽情理，再者配偶无论在日常生活上还是感情亲疏上都与本人更为亲密，相互间的权利义务也比其他任何一种亲属都多，故而应将配偶纳入亲属范围。

我国历来视配偶为亲属，夫妻相互为至亲，我国现代法律也将配偶作为亲属的一种，故而我国对亲属划分为血亲、配偶、姻亲三类。

1. 血亲

血亲指的是有血缘联系的亲属，包括父母、子女、叔伯、姑舅姨、兄弟姐妹、表兄弟姐妹等都是血亲。在氏族社会中血缘关系是整个社会组织的纽带，在现代社会中血亲仍是每一个家庭的重要组成部分。在对血亲的进行分类时，可将血亲按照是否具有真实的血缘

① 戴炎辉著：《中国法制史》，台湾三民书局2000年版，第214页。

关系划分为自然血亲和拟制血亲。

(1)自然血亲是指具有真实的血缘关系，因出生而产生的源于同一祖先的亲属关系。父母与子女、叔伯与侄子女、舅姨与外甥子女、兄弟姐妹之间都是自然血亲关系，现行法律也不再将自然血亲分为父系、母系，均平等视为自然血亲对待。在此需要强调的是自然血亲是因出生这一自然现象而产生的亲属关系，无论是婚生还是非婚生，也无论是全血缘(如同母同父的兄弟姐妹)还是半血缘(如同父异母或同母异父的兄弟姐妹)都是自然血亲。例如我国《婚姻法》第25条规定，“非婚生子女享有与婚生子女同等的权利”，这意味着非婚生子女从出生之日起即具有与婚生子女同等的法律地位，拥有同等的权利义务。

(2)拟制血亲又称“准血亲”、“法定血亲”或“假血亲”，是指本无血缘关系或无某种特定血亲应具有的血缘联系，而由法律确认其与自然血亲有同等权利义务的亲属关系，也就是说，拟制血亲不是自然形成的而是由法律创设的。不同社会、不同国家的法律确认的拟制血亲范围不同。根据我国现行《婚姻法》第26、27条的规定可以看出，婚姻法所确认的拟制血亲只限于两种类型：其一是养父母与养子女关系；其二是形成抚养关系的继父母子女关系。需要强调的是，拟制血亲之间不一定原本都没有血缘关系，有可能只是不具有某种特定的血缘关系，经由法律拟制承认创设后形成该种特定血缘关系的情况，比如舅舅收养外甥女就是在原本的血亲之间经过特定法律程序，新创设出的养父母与养子女关系。

2. 配偶

配偶即夫妻，是指因男女两性结婚的缔结而形成双方之间的亲属关系。在婚姻关系存续期间，夫妻双方互为配偶，配偶之间一般没有血缘关系，也不属于姻亲的范畴。一切亲属关系的产生都是以一定的婚姻关系为基础的，夫妻的结合是亲属关系的起点，夫妻间的生育繁衍形成了自然血亲的亲属关系，夫妻婚姻的缔结产生了相应的姻亲关系，所以说配偶是血亲和姻亲关系形成的基础和源泉，在亲属关系中起着承上启下的核心作用。因而从亲属的产生以及亲属的概念和亲属关系的历史发展情况来看，视配偶为亲属是有科学根据的，是符合我国历史传统和实际情况的。

3. 姻亲

姻亲是指除配偶之外以婚姻为中介而产生的亲属关系，男女双方婚姻缔结后，配偶一方即与对方的亲属产生姻亲关系，如儿媳与公婆、女婿与岳父母、姐夫与妻妹等。根据姻亲的发生原因，可以将姻亲分为以下四种类型：

(1)血亲的配偶，即本人的自然血亲或拟制血亲的配偶，比如儿媳、女婿、嫂、姐夫、姑父、舅母等。

(2)配偶的血亲，即本人配偶的血亲，比如公婆、岳父母、父的兄弟姐妹、妻的兄弟姐妹等。

(3)配偶的血亲的配偶，指的是本人与自己配偶的血亲的配偶之间的亲属关系，比如妯娌、连襟等。

(4)血亲的配偶的血亲，指的是本人与自己血亲的配偶的血亲之间的亲属关系，比如夫妻双方的父母之间的关系(俗称亲家)等。

但是应该看到以上分类方式所囊括的姻亲极其广泛，而多数国家在法律上予以承认的姻亲一般只限于前两类，即血亲的配偶以及配偶的血亲这两类亲属关系；同时姻亲需要承担法定的权利义务的情况更是极少，我国于2000年颁布的《最高人民法院关于审判人员严格执行回避制度的若干规定》第1条规定中将姻亲也纳入需要回避的亲属范围内，此外姻亲间的法定权利义务规定便不多见。

二、亲属的范围

社会学意义上的亲属关系十分广泛，法律法规没有必要也没有可能调整所有的亲属关系。亲属的范围指的是哪些亲属应列入法律调整的范围，从而相互之间具有法律上的权利义务关系。法律所予以调整的只会是一定范围的亲属关系，所规定的也只是其中某些需要法律来规制引导的事项，其他不由法律调整的亲属关系或某些不具有法律意义的具体事项需要通过道德、习俗等加以调整。世界各国关于亲属范围的规定不一，主要有以下两种立法模式：

（一）概况主义的立法模式

即在总则中以抽象概况的方式直接明确规定亲属的范围，除此范围之外的亲属关系则不属于法律调整对象，也不具有亲属的法律效力。例如，日本民法规定："下列人为亲属：六亲等以内的血亲；配偶；三亲等以内的姻亲。"①韩国民法中所列亲属范围更广，包括八亲等以内的父系血亲、四亲等以内的母系血亲、夫的八亲等以内的父系血亲、夫的四亲等以内的母系血亲、妻的父母、配偶。

（二）非概况主义的立法模式

非概况主义的立法模式也称为具体的限定法，即不从总体上概括限定亲属的范围，仅对亲属之间在法律上享有的权利或承担的义务作列举性的规定，诸如法国、我国均属此类立法模式，在禁婚、抚养、继承、监护、司法回避等法条规定中，具体列举出不同法律事项所针对的不同的亲属范围。

在我国历史上，亲属关系的调整范围是以礼与律为依据的，《唐律疏议》中以概况限定的方式确定了亲属的范围，规定："亲属，谓本服缌麻以上亲及大功以上婚姻之家。余条亲属，准此。"但目前我国现行《婚姻法》、《继承法》等法律法规对所调整的亲属范围尚无总体性的概况性规定，而采用了分别限定的立法模式。例如，根据我国《婚姻法》的规定，禁婚亲属范围为直系血亲和三代以内旁系血亲；有抚养关系的亲属范围为夫妻、父母子女、兄弟姐妹、祖父母、外祖父母、孙子女、外孙子女。根据《继承法》的规定，法定继承人的范围为配偶、父母子女、兄弟姐妹、祖父母、外祖父母，孙子女和外孙子女及其晚辈直系血亲为代位继承人，丧偶的儿媳对公婆和丧偶的女婿对岳父母尽了主要赡养义务的，可以作为第一顺位法定继承人。《民法通则》中对法定监护人的范围作了限定。另外，我国现行《刑法》、《刑事诉讼法》、《国籍法》等法律亦从不同角度对亲属的效力作了具体规定。

---

① 王书江译：《日本民法典》，中国法制出版社2000年版，第130页。

第三节 亲系和亲等

一、亲系

亲系是指亲属间的联系，按照不同的联系标准，亲属可以被划分为不同的系列，这各类亲系纵横交错、相互交织构成了庞杂的亲属网络。狭义上的亲系仅指具有血缘关系的联络系统，包括自然血亲和拟制血亲所涵盖和联络的亲属。广义上的亲系还包括姻亲的联络系统，姻亲指的是配偶一方与另一方血亲之间的亲属关系，虽以婚姻为媒介，但配偶双方与各自的血亲之间都具有血缘联系，都是有亲系可循的。按不同的联系标准，亲属可以分为不同的系列，如父系与母系、直系与旁系等，但应该注意的是，亲系的划分只适用于血亲和姻亲，但不适用于配偶。

(一)父系亲、母系亲

父系亲和母系亲是以父亲或母亲的血缘联络起来的两支不同的亲属，两者的区别主要体现为对应亲属在称谓上的差别。我国古代重男系亲而轻女系亲，故有此划分。法国民法典在继承问题上也对父系血亲和母系血亲也明确规定了各种差异。① 但现代男女平等的原则贯彻到了婚姻家庭的每一个角落，因而已无父系、母系的划分必要，现行法律中也无此类划分规定。

1. 父系亲

父系亲是指通过父亲一方的血缘关系而联络起来的亲属，包括祖父母、伯叔、姑等。

2. 母系亲

母系亲是指通过母亲一方的血缘关系所联络起来的亲属，包括外祖父母、舅、姨等。

(二)男系亲、女系亲

男系亲和女系亲是以家庭中男子或女子的血缘联络起来的亲属。男系亲与父系亲、女系亲与母系亲，既有联系又有区别。有时两者是重合的，如父亲的兄弟既是男系亲又是父系亲；有时两者不相重合，如姑母的儿子是父系亲，但却不是男系亲，因为其中有女性介入。与父系亲、母系亲类似，这样的分类是封建社会男尊女卑文化习俗的表现，现在已经被废除，这样的分类也不再具有现实意义。

1. 男系亲

男系亲是指通过男子的血缘关系而联络起来的亲属，包括兄弟、叔伯、侄子等。

2. 女系亲

女系亲是指通过女子的血缘关系而联络起来的亲属，包括姐妹、姨母、外甥女等。

(三)直系亲、旁系亲

直系亲和旁系亲分别是对因血缘或婚姻连接在一起的亲属从纵向或横向进行的划分。直系亲指的是和自己或者和自己的配偶有着直线型血缘关系的亲属，直系亲包括直系血亲和直系姻亲。旁系亲指的是与自己或配偶有着折线型血缘联系的亲属，旁系亲同样包括旁系血亲和旁系姻亲。

---

① 陈苇著：《外国婚姻家庭法比较研究》，群众出版社 2006 年版，第 40 页。

直系血亲指与自己有直接血缘联系的亲属，包括已身所从出和已身所出的两类血亲，已身所从出的血亲指的是生育已身的上下各代血亲，如父母、祖父母、外祖父母、曾祖父母、曾外祖父母等；已身所出的血亲指的是已身和其配偶所生育的后代，如子女、孙子女、外孙子女、曾孙子女、曾外孙子女等。在现行法律中，父与母、祖父与祖母、儿子与女儿等同辈的直系血亲对其他亲属具有等同的权利义务，在法律地位上是平等的，体现了男女平等的精神。同时，直系血亲除包括自然直系血亲外，还包括法律拟制的直系血亲，也就是诸如养父母与养子女、养祖父母与养孙子女以及有扶养关系的继父母与继子女之间也都是直系血亲关系。

直系姻亲指自己的直系血亲的配偶和自己配偶的直系血亲。前者一般指的是自己的后辈直系血亲的配偶，同时此处的直系血亲还包括法律拟制的直系血亲，诸如儿媳、女婿、养儿媳、养女婿、孙媳、孙女婿等。另外，没有扶养关系的继父母是一个例外，此时没有扶养关系的继父母作为自己的前辈，却因为不是直系自然血亲也不是直系拟制血亲，所以归类为己身直系血亲的配偶一类。同上所述，后者包括公婆、岳父母、无扶养关系的继子女等。

旁系血亲是与自己有着折线血缘关系的亲属，是除直系血缘亲属以外，其他与自己同出一源的血亲。如兄弟姐妹与自己同血缘于父母的血缘，但与自己又并无从出和所出的关系，故为旁系血亲；与此同理，叔伯姑、姨舅、堂兄弟姐妹、表兄弟姐妹都是旁系血亲。

旁系姻亲指自己旁系血亲的配偶和配偶的旁系血亲，也就是与自己有着折线型血缘联系的亲属的配偶，以及与自己配偶有着折线型血缘关系的亲属。前者包括嫂、弟媳、侄媳、侄女婿、伯母、姑父、姨夫、舅母等；后者包括夫的兄弟姐妹、妻的兄弟姐妹等。

二、辈分

辈分又称为行辈或辈行，是指亲属之间的世代第次。按照世代来划分出辈分，以一世代为一辈分，根据不同的辈分可以将亲属划分为平辈亲属、长辈亲属(旧称尊亲属)、晚辈亲属(旧称卑亲属)。再结合直系、旁系、血亲、姻亲可以得出更细致的亲属集合。

平辈亲属，是指与自己辈分相同、处于同一辈的亲属，可分为旁系平辈血亲和旁系平辈姻亲，前者包括兄弟姐妹、表兄弟姐妹、堂兄弟姐妹等；后者包括嫂、弟媳等。

长辈亲属，是指高于自己所属辈分的的亲属，可分为直系尊血亲、旁系尊血亲和直系尊姻亲、旁系尊姻亲。前两者包括父母、祖父母、叔伯、姨舅等；后两者包括公婆、岳父母、姐夫、嫂、婶等。

晚辈亲属，是指低于自己所属辈分的亲属，可分为直系卑血亲、旁系卑血亲和直系卑姻亲、旁系卑姻亲。前两者包括子女、孙子女、侄子女等；后两者包括儿媳、女婿、孙儿媳、侄媳等。

直系亲、旁系亲和辈分这两种划分方式分别从纵向和横向将繁杂庞大的亲属网络清晰地划分、描绘开来。需要指出的是，直系亲不可能属于同一行辈，配偶之间由于必然属于同辈，故也没有行辈的区别；另外在现实生活中，一般不再将辈分细分直系、旁系、血亲、姻亲，而都以平辈、长辈、晚辈同一称之。辈分的观念历来受到我国传统习俗观念的重视，古代礼法向来讲究尊卑有序，比如决定着婚配、立嗣的人选。在现代市民社会中，辈分仍旧起着重要的道德引导作用，比如尊老爱幼等道德观念的传承就十分可贵和重要；同时在现行法律上仍有一定法律意义，比如在《继承法》第 11 条规定，被继承人的子女的晚辈直系血亲有继承权。另外，在国外有些国家的民法典对尊亲属和卑亲属的继承顺序及份额也有具体的规定。①

三、亲等

亲等是计算亲属亲疏远近的单位，在衡量亲属关系远近时，亲等起着类似度量衡的作用。不同的血缘关系是确定亲等的客观依据，亲等数目小的，表示亲属关系较为亲近密切；亲等数目大的，表示亲属关系较为稀松疏远。同时，亲等以血亲为依准，通过换算也可准用于姻亲的亲疏计算。另外，亲等不适用于自己和配偶之间。国外通行的亲等的计算方法中，具有代表性的是罗马法的亲等计算法和寺院法的亲等计算法。

（一）罗马法的亲等制

罗马法亲等制是古罗马帝国法律所规定的计算亲属亲疏远近的方法，随着罗马法的传播而为多数欧洲国家接受并相继实行，罗马法亲等制较为科学，目前为世界上绝大多数国家所采用，其针对直系血亲、旁系血亲和姻亲有不同的计算方法。

1. 直系血亲亲等的计算

直系血亲亲等的计算方法是：从自己的上一代或下一代开始推算，不同辈分直系血亲之间所相差的代数数目就是亲等数。往上几代计算时，相较自己而言，父母为一亲等，祖父母、外祖父母是二亲等，曾祖父母、曾外祖父母是三亲等，高祖父母、高外祖父母是四亲等；往下几代计算时，相较自己而言，子女为一亲等，孙子女、外孙子女是二亲等，曾孙子女、曾外孙子女是三亲等，玄孙子女、玄外孙子女是四亲等。亲等数目越小的与自己的血缘关系越亲近，数目越大的则与自己的血缘关系越疏远，因而自己的父母、子女相对于自己的高祖父母、玄孙子女而言，与自己的血缘关系更为亲近。

2. 旁系血亲亲等计算

旁系血亲亲等的计算方法是：首先找到某一旁系血亲与自己同源的直系血亲处，然后按照直系血亲亲等的计算方法，计算出自己与那一同源的直系血亲之间的亲等数目，再计算出该旁系血亲与那一同源的直系血亲之间的亲等数目，最后将两边的亲等数目相加，所得之和就是该旁系血亲的亲等数。比如，要计算堂兄弟姐妹的亲等数，先找出自己与堂兄弟姐妹的同源直系血亲是祖父母，然后计算出自己与祖父母之间相差的亲等数目是二亲等，再计算出堂兄弟姐妹与祖父母之间相差的亲等数目同样是二亲等，两数目相加得出四亲等，因而自己与堂兄弟姐妹即为四亲等的旁系血亲。同理可得出自己与叔伯是三亲等的旁系血亲，不一而足。

3. 姻亲亲等的计算方法

姻亲亲等的计算方法是：姻亲的亲等数比照着自己的配偶与配偶的血亲之间的亲等数而定，也就是自己与各类姻亲的亲等数目就等同于自己的配偶与配偶血亲之间的亲等数目。例如，儿媳与公婆之间的亲等数目等同于其丈夫与其公婆之间的亲等数目，同样为二

① 陈苇主编：《婚姻家庭继承学》，群众出版社 2012 年版，第 38 页。

亲等亲属；侄子女与伯母的亲等数目同样等同于侄子女与大伯之间的亲等数目，均为三亲等亲属。

(二)寺院法亲等制

寺院法亲等制是欧洲中世纪基督教教会法计算亲属亲疏远近的亲等计算法，目前仅为少数国家所采用，但对了解亲等计算方式的演变和阅读欧洲中世纪文献很有帮助。

1. 直系血亲亲等的计算方法

寺院法亲等制的直系血亲亲等的计算方法与罗马法亲等制相同，都是从自己的上一代或下一代开始推算，不同辈分直系血亲之间所相差的代数数目就是亲等数。同样也是亲等数目越小的与自己的血缘关系越亲近，数目越大的则与自己的血缘关系越疏远，因而自己与父母、子女之间都是一亲等关系，因而在血缘关系上是一般亲近的；而自己与祖父母、孙子女是三亲等关系，因而自己与父母、子女的血缘关系相较祖父母、孙子女而言就更为亲近。

2. 旁系血亲亲等的计算

寺院法亲等制在对旁系血亲亲等的计算方法，在最后亲等数目的取舍上与罗马法亲等制有很大不同，其计算方法为：首先找到某一旁系血亲与自己同源的直系血亲处，然后按照直系血亲亲等的计算方法，计算出自己与那一同源的直系血亲之间的亲等数目，再计算出该旁系血亲与那一同源的直系血亲之间的亲等数目，最后如果两边所计得的亲等数目相同，则取一边的亲等数目作为旁系血亲的亲等数目；如果两边所计得的亲等数目不相同，则取亲等数目较大一边的亲等数目作为自己与该旁系血亲的亲等数目。例如要计算叔伯的亲等数，先找出自己与叔伯的同源直系血亲是祖父母，然后计算出自己与祖父母之间相差的亲等数目是二亲等，再计算出叔伯与祖父母之间相差的亲等数目是一亲等，由于两边所计得的数目不相同，因而只取其中数目较大的一边的亲等数目作为最终自己与叔伯的亲等，故而自己与叔伯为二亲等的旁系血亲。当计算堂兄弟姐妹的亲等数目时，依据上例步骤，计算出自己与同源祖父母之间相差的亲等数目是二亲等，再计算出堂兄弟姐妹与祖父母之间相差的亲等数目同样是二亲等，由于两边所计得的数目相同，因而只取其中一边的亲等数目作为最终自己与堂兄弟姐妹的亲等，故而自己与堂兄弟姐妹同样为二亲等的旁系血亲。但是依据常识就可以知道，叔伯与自己的血缘关系是要比堂兄弟姐妹而言是更亲近的，但是寺院法亲等制却没有体现出这一点。可以说在计算旁系血亲亲等时，寺院法亲等制不如罗马法亲等制科学。

3. 姻亲亲等的计算方法

寺院法亲等制对于姻亲亲等计算方法也与罗马法亲等制相同，姻亲的亲等数比照着自己的配偶与配偶的血亲之间的亲等数而定，例如，女婿与岳父母为二亲等亲属。

四、代数

我国古代的丧服制具有亲等计算的作用，指的是在丧礼中，依据与死者的亲疏远近，不同亲属所着丧服的规格、式样和穿着期限各异，简单来说，用粗布做的丧服为重服，着重服者表示亲属关系亲近；用细布做的丧服为轻服，着轻服者表示亲属关系疏远，但并不是严格意义上的亲等。这是由于在重视身份关系的旧时，亲属关系的亲疏远近并不单纯以血缘联系为依据，诸如身份、男女、尊卑、长幼和内外之别也起着十分重要的作用，比如由于儿媳入了自己宗族，是本家人，而出嫁的女儿则脱离了自己宗族入了他族，故在古时儿媳比出嫁女在亲属关系上更为亲近。另外，夫妻之间是有服亲且服制甚重，这与夫妻之间不存在亲等也不同，以上几点都突出体现了丧服制与亲等的不同。同时，由于丧服制不能客观科学地反映亲属关系的亲疏远近程度，早已被废除。

我国现行婚姻法是以“代”来表示亲属关系的亲疏远近的，例如《婚姻法》第 7 条所规定的“直系血亲和三代以内的旁系血亲禁止结婚”中的“代”即为表示亲属亲远关系的单位。计算亲属关系中的代数同样可以分为直系血亲、旁系血亲、姻亲三类来阐述。

(一)直系血亲代数的计算方法

我国婚姻法中直系血亲代数的计算方法为：从自己开始计算，自己这一辈为一代，往上代或下代推算并累计代数，直到数到所要计算的某一亲属时，其所属的代数就为自己与该亲属相隔的代数。往上几代计算时，自己为一代，则父母为二代，祖父母、外祖父母为三代，曾祖父母、曾外祖父母为四代，高祖父母、高外祖父母为五代；往下几代计算时，自己为一代，子女为二代，孙子女、外孙子女为三代，曾孙子女、曾外孙子女为四代，玄孙子女、玄外孙子女为五代。代数越小的与自己的血缘关系越亲近，代数越大的则与自己的血缘关系越疏远。

(二)旁系血亲代数的计算方法

我国婚姻法中旁系血亲代数的计算方法与寺院法计算旁系血亲亲等的方法类似，但要从自己开始计算，自己这一辈同样也计作一代。具体来说，首先找到某一旁系血亲与自己同源的直系血亲处，然后按照直系血亲亲等的计算方法，自己为一代，计算出从自己往上数到同源直系血亲的代数，再计算出同源直系血亲往下数至该旁系血亲时的代数，最后如果两边所计得的亲等数目相同，则取一边的亲等数目作为旁系血亲的亲等数目；如果两边所计得的亲等数目不相同，则取亲等数目较大一边的亲等数目作为自己与该旁系血亲的亲等数目。例如自己与姨舅为三代的旁系血亲，与表兄弟姐妹也为三代的旁系血亲。但是，与寺院法亲等制一样，代数计算方法在计算旁系血亲时并不十分科学，无法真正体现血缘亲疏。

(三)姻亲亲等的计算方法

我国婚姻法对于姻亲代数的计算方法同样也比照着自己的配偶与配偶的血亲之间的亲等数而定，在此不再赘述。

第四节　亲属关系的发生、终止及效力

一、亲属关系的发生和终止

亲属关系不是静止不变的，而是处于发展变化之中的。亲属关系既可基于一定的原因而发生，也可以基于一定的原因而终止，因此对于亲属关系不仅要作静态的研究，而且也要作动态的研究。同时，由于亲属关系种类的不同，其发生和终止的原因也不相同。

(一)配偶关系的发生与终止

配偶关系以婚姻正式缔结为发生原因，这是当代各国亲属立法的通例。按照我国《婚姻法》第 8 条的规定，符合结婚实质性要件的，经婚姻登记机关准予登记结婚，并发给结婚证，从而得以确立夫妻关系。因此，我国配偶关系发生的原因是登记结婚并取得结婚证这一系列行为，同时配偶关系发生的时间也是登记结婚并取得结婚证的这一时间。但存在例外情况，根据《最高人民法院关于适用〈中华人民共和国婚姻法〉若干问题的解释(一)》(以下简称《婚姻法解释(一)》第 5 条所规定的“1994 年 2 月 1 日民政部《婚姻登记管理条例》公布实施以前，男女双方已经符合结婚实质要件的，按事实婚姻处理”来看，在存在事实婚姻的情况下，夫妻间无须履行婚姻登记等形式程序即已确立配偶关系，同时配偶关系确立的时间为双方均符合婚姻法所规定的结婚的实质要件之时。

配偶关系的终止有两种原因，一是配偶一方或双方死亡，二是夫妻离婚。这里所说的“死亡”包括自然死亡和宣告死亡两种情况，但由于宣告死亡并不总是与自然死亡的事实相一致，若被宣告死亡的人并未真正死亡，死亡宣告被人民法院撤销后，如果其配偶尚未再婚的，夫妻关系从撤销死亡宣告之日起自行恢复；如果其配偶再婚后又离婚或者再婚后配偶又死亡的，则不得认定夫妻关系自行恢复。① 因而按照我国《婚姻法》和其他有关法律的规定，以配偶一方自然死亡的时间，人民法院宣告死亡的判决书生效的时间，准予离婚登记、取得离婚证的时间作为配偶关系终止的时间。

(二)血亲的发生和终止

1. 自然血亲的发生和终止

自然血亲由出生而产生，只要有出生这一事实，亲生儿就与其父母、兄弟姐妹、伯叔等亲属发生自然血亲关系。自然血亲关系随着自然人出生而产生，无须双方或一方认可；同时自然人出生也是自然血亲间产生亲属关系的唯一原因。

自然血亲双方或任一方的死亡是自然血亲关系终止的唯一原因，这里的死亡同样包括自然死亡和宣告死亡。除死亡之外，自然血亲关系不能通过其他手段或原因而人为地解除。例如，父母子女关系既不因父母离婚而消灭，也不因双方协议、一方声明或法院判决而解除；即使子女被他人所收养，也仅解除法律上双方的权利义务，但因繁衍生育这一自然原因而形成的父母子女间的血缘联系并不因此而消灭，同样要受法律上近亲不得结婚等条款的限制。

2. 拟制血亲的发生和终止

拟制血亲是依照法律规定而产生的亲属，法律拟制行为是拟制血亲产生的原因，根据拟制血亲种类的不同，其发生和消灭的原因也不同。

(1)养父母与养子女关系的发生和终止。

现行《收养法》第 15 条规定：“收养关系自登记之日起成立。”同时，自收养关系成立之日起，养父母与养子女之间以及养子女与养父母的近亲属之间也形成相应的权利义务关系，养子女与生父母及其他近亲属间的权利义务关系，因收养关系的成立而消除。

---

① 《最高人民法院关于贯彻执行〈中华人民共和国民法通则〉若干问题的意见(试行)》(部分废止)，第 37 条。

养父母与养子女的拟制血亲关系除因一方死亡或双方死亡而终止外，还可以因收养关系的协议解除而终止。当事人协议解除收养关系的，应当到民政部门办理解除收养关系的登记。收养关系解除后，养子女与养父母及其他近亲属间的权利义务关系即行消除，与生父母及其他近亲属间的权利义务关系自行恢复，但成年养子女与生父母及其他近亲属间的权利义务关系是否恢复，可以协商确定。

(2)有扶养关系的继父母与继子女关系的发生和消灭

继父母与继子女间产生拟制血亲的原因包括：一是未成年的继子女的生母或生父与继父或继母结婚；二是继子女受到继父母的抚养教育。以上两个条件必须同时具备时，继父母与继子女间才产生拟制血亲的关系，否则只是姻亲关系。同时，继子女受继父母抚养教育，形成拟制血亲后，该继子女既与其继父母产生父母子女间的权利义务关系，同时又与生父母继续保持着父母子女间的权利义务关系。另外，《婚姻法》第 27 条只规定形成抚养关系的继父母子女之间产生父母子女间的权利义务，相关司法解释也不承认拟制血亲的继父母子女关系的效力可及于其他近亲属，因而继子女与继父母的近亲属之间并不会产生亲属关系。

继父母与继子女的亲属关系可能因为当事人死亡或所拟制的身份关系依法解除而终止，主要包括以下情况：①继父母子女一方或双方死亡。②未成年子女的生母或生父与继父或继母离婚后其跟随生父母生活，继父母对继子女的抚养从而终止，也终止了继父母与继子女之间的拟制亲属关系。③经继父母与生父母协商一致，并经有识别能力的未成年继子女同意，将未成年子女改由与另一方生父或生母共同生活，已形成的拟制血亲关系归于终止；或者已被继父母抚养成人的继子女与继父母协商一致解除继父母子女关系，从而已形成的拟制血亲关系也归于终止。④当第三类情况无法协商一致时，要求解除的一方可向人民法院起诉，经诉讼程序审理，符合解除条件的可以由法院调解或判决解除拟制血亲关系。

(三)姻亲的发生和终止

姻亲是以婚姻缔结为媒介而产生的亲属关系，男女双方婚姻缔结之后，配偶一方与配偶另一方的亲属以及双方的亲属之间即产生了姻亲关系。但姻亲关系是否因夫妻双方离婚或一方死亡而终止，各国法律的规定各有不同。

对于姻亲关系是否因夫妻双方离婚而终止，有消灭主义和不消灭主义两种不同的立法规定。前者以日本民法为代表，认为姻亲关系是因婚姻的缔结为基础而产生的，若此基础不存，则姻亲关系也应该随当事人的婚姻终结而终结。后者以德国民法为代表，认为伴随姻亲关系所存在的权利义务并不十分重大，法律效力也一般只限于禁婚效力和诉讼回避效力，故而姻亲关系没有必要随着婚姻关系的终结而终结。我国现行法律对此并无明文规定，但民间习俗以及法学理论上都多主张采取消灭主义。

对于姻亲关系是否因婚姻一方当事人的死亡而终止，也存在不消灭主义和有条件的消灭主义两种不同的立法规定。前者以中世纪的寺院法为代表，认为婚姻一方当事人死亡后，无论婚姻另一方当事人再婚与否，其与已故配偶的近亲属之间的姻亲关系都仍然存在。后者以日本民法为代表，认为婚姻一方当事人死亡后，如果另一方当事人再婚或者明确表示了消灭姻亲的意思时，其与已故配偶的近亲属之间的姻亲关系归于终止；否则姻亲关系仍然延续。我国现行法律对此采取不消灭主义，无论生存一方是否再婚，其与已故配偶近亲属之间的姻亲关系仍然存续，例如《继承法》第 12 条规定：“丧偶儿媳对公、婆，丧偶女婿对岳父、岳母，尽了主要赡养义务的，作为第一顺序继承人。”

二、亲属关系的法律效力

关于亲属关系的法律效力，世界各国的规定不尽一致，同一国家中不同的部门法对亲属之间的法律效力也是从不同的角度加以规定的。总的来说，亲属关系在法律上的效力又可分为公法上的和私法上的效力。公法上的效力包括刑法、行政法和诉讼法上的效力，私法上的效力包括民法、婚姻法和继承法上的效力。

(一)亲属关系在婚姻法、继承法上的效力

亲属关系在婚姻、继承上的效力是亲属关系法律效力中最直接的表现，主要包括以下几个方面：

1. 一定范围内的亲属之间互负有扶养的义务

该扶养义务有两种类型：一是无条件的相互扶养的义务，根据《婚姻法》第 20、21 条的规定，夫妻之间、父母子女之间都负有无条件的相互扶养的义务；二是有条件的扶养义务，根据《婚姻法》第 28、29 条的规定，祖孙之间、兄弟姐妹之间，在一定条件下也负有扶养义务。

2. 一定范围内的亲属间有相互继承遗产的权利

根据《继承法》第 10 条的规定，被继承人的配偶、子女、父母是第一顺位的法定继承人，被继承人的兄弟姐妹、祖父母、外祖父母是第二顺位的法定继承人，都对被继承人死亡后所遗留的财产，除依法丧失继承权的以外，享有继承遗产的权利。

3. 一定范围内的亲属共同拥有法定的共同财产

现行《婚姻法》规定，夫妻在婚姻关系存续期间，无论双方或一方所得的财产，除另有约定或法律另有规定以外，均归夫妻双方共同所有，并且夫妻双方都有平等的处理财产的权利。

4. 一定范围内的亲属禁止结婚

从遗传学原理和社会伦理道德要求考虑，禁止一定范围内的亲属结婚是世界各法域的通例，但禁婚的具体范围不一。我国《婚姻法》第 7 条规定，直系血亲和三代以内的旁系血亲禁止结婚，此处的直系血亲包括自然血亲和拟制血亲，如养父母子女之间虽然没有血缘关系，但是基于伦理道德考虑也应禁止其结婚。

(二)亲属关系在民法上的效力

亲属关系在民法上的效力主要体现在以下方面：

1. 法定代理效力

近亲属是无民事行为能力人或限制民事行为能力人的法定代理人。比如父母可以代理未成年子女进行缔结合同等民事行为。

2. 监护效力

近亲属是未成年人和精神病人的法定监护人，监护人有依法行使监护权，保护被监护人的人身、财产即其他合法权益的义务。

3. 近亲属之间有申请宣告的效力

对下落不明达到法律规定期限的人，其近亲属可以向人民法院申请宣告失踪、死亡。对于精神病人，其近亲属可以向人民法院申请宣告该人为无民事行为能力人或限制民事行为能力人。另外，本人或其近亲属在条件满足时可以向人民法院申请撤销宣告其失踪、死亡或行为能力欠缺的宣告。

（三）亲属关系在刑法上的效力

在我国刑法规定中涉及亲属关系的条款主要包括以下方面：

1. 犯罪构成效力

我国刑法规定的妨害婚姻家庭罪中的虐待罪、遗弃罪、暴力干涉婚姻自由罪，加害人和被加害人必须是家庭成员或者是具有扶养义务的亲属之间才能成立。

2. 告诉效力

对于我国刑法所规定的告诉才处理的罪行，如果被害人因受强制、威吓而无法向法院起诉的，人民检察院和被害人的近亲属也可以向法院起诉。另外，在诸如法国、德国等国还有关因为罪犯与受害人之间具有亲属关系而加重或减轻刑罚的相关规定。

（四）亲属关系在诉讼法上的效力

亲属关系在我国诉讼法中的效力包括在刑事诉讼、民事诉讼、行政诉讼中所规定的一定范围的亲属的效力，主要体现在以下方面：

1. 回避效力

在上述三大诉讼中，审判人员、检查人员、侦查人员、书记员、鉴定人和勘验人员如果是本案的当事人或是当事人的近亲属，或者与本案有直接利害关系的，上述人员需要对该案进行回避。

2. 代理辩护效力

如果与本案被告具有近亲属或监护关系，该近亲属即使为公检法、国安、监狱现职人员、同一法院的陪审员、与本案审理结果具有利害关系的人、外国人或无国籍人也同样可以为该被告人代理辩护。

3. 上诉、申诉效力

当事人的近亲属可以对已处理案件提出上诉、申诉。

4. 申请执行效力

民事案件、刑事附带民事诉讼案件以及行政案件中有涉及财产内容的裁判，义务人到期不履行义务的，近亲属可以向法院申请强制执行。

5. 和解效力

近亲属之间的虐待、遗弃等类型的自诉案件，即使情节严重已可构成犯罪，在判决宣告之前，自诉人仍然可以和被告人自行和解或撤回起诉。

（五）亲属关系在国籍法上的效力

公民国籍的取得、丧失和恢复与亲属关系直接相关。比如，我国《国籍法》规定，父母双方或一方为中国公民，本人出生在外国，具有中国国籍；外国人或无国籍人，愿意遵守中国宪法和法律，并拥有中国国籍的近亲属时，可以经申请批准加入中国国籍；中国公民拥有具有外国国籍的近亲属的，可以经申请批准退出中国国籍。

【思考题】

一、单项选择题

甲被宣告死亡后，其妻乙改嫁于丙，其后丙死亡。1 年后乙确知甲仍然在世，遂向法院申请撤销对甲的死亡宣告。依我国法律，该死亡宣告撤销后，甲与乙原有的婚姻关系如何？(　　)(2003 年国家司法考试试题)

A. 自行恢复　　B. 不得自行恢复

C. 经乙同意后恢复　　D. 经甲同意后恢复

二、多项选择题

1. 下列选项所包含的亲属之间属于自然血亲的是(　　)

A. 祖父与祖母　　B. 同父异母的姐与妹

C. 叔伯与侄子　　D. 父亲与非婚生子女

2. 我国婚姻法禁止结婚的三代以内的旁系血亲包括(　　)

A. 全血缘和半血缘的兄弟姐妹　　B. 堂、表兄弟姐妹

C. 伯叔姑与之子女　　D. 祖父与孙女

三、论述题

1. 论述罗马法的亲等计算方法与寺院法的亲等计算方法的异同点。

2. 论述我国亲等代数计算方法及其不足。

3. 怎样看待亲属关系在社会生活中的作用？

第五章　婚姻的成立

【本章学习重点提示】婚姻成立的概念和特点；婚姻成立的条件；无效婚姻和可撤销婚姻。

第一节　概　　述

一、婚姻成立的成立及其要件

婚姻的成立又称结婚，是指男女双方依照法律规定的条件和程序，确立夫妻关系的一种民事法律行为①。婚姻法律效力的实现，均以婚姻的成立为前提。结婚，在德国称为婚姻的缔结，在法国称为缔结婚姻，英美法称为婚姻契约。纵观古今中外各国的婚姻制度，婚姻成立的概念有广义、狭义之分。广义上的结婚，包括订婚、结婚。我国古代采广义说，订婚为结婚之必经程序。狭义上的结婚，仅指夫妻关系的确立，不包括订婚。我国现行立法采狭义说，对订婚不作规定。

结婚是一种创设身份关系的法律行为，国家对其干预、审查、监督的主要手段就是用法律规定婚姻成立必须具备的要件，即结婚要件。从不同角度，结婚要件可分为：

（一）结婚的实质要件和形式要件

实质要件是指法律规定的当事人本身的状况，以及双方关系所必须符合的条件。例如，双方当事人意思表示一致，双方当事人必须达到法定婚龄，双方当事人须非近亲属，须非重婚，须无禁止结婚的疾病等。

形式要件是指法律所规定的结婚程序和方式。在世界婚姻立法史上，关于结婚有两种立法主义，一种是事实主义，即只要当事人双方合意，且有事实上的婚姻关系存在，婚姻即为有效。英美婚姻法系的事实婚均以当事人同居，具有婚姻实质即可。一种是形式婚主义，即结婚必须履行法定的方式和程序后，婚姻才合法有效，否则，即使双方有共同生活的事实，也不受法律保护。形式婚有利于社会对婚姻关系的承认，有利于婚姻当事人合法行使权利履行义务，因此它为许多国家所采纳。

（二）结婚的必备要件和禁止要件

必备要件和禁止要件均为结婚的实质要件。必备要件亦称积极要件，是结婚的肯定性规范，是指结婚当事人必不可少的要件，如双方合意、达到法定婚龄等。禁止要件亦称消极要件或婚姻的障碍，是结婚的禁止性规范，是指法律规定不允许结婚的情况，如近亲属

① 参见叶英萍著：《婚姻法学新探》，法律出版社2004年版，第67页。

不得结婚，一方或双方患有某种疾病的不允许结婚等。

（三）结婚的私益要件和公益要件

公益要件是指与社会公益有关的要件，如当事人达到法定婚龄、禁止近亲结婚等，私益要件是指仅与当事人及其近亲属有关的要件，如当事人合意、未成年人结婚须得到其法定代理人同意（仅适用于法定婚龄低于成年年龄的国家）等。此种划分是传统西方国家的立法和法学研究习惯，原因在于有些要件与国家、社会和他人的利益息息相关，欠缺该要件则导致婚姻无效，而有些要件仅涉及结婚当事人的私人利益，欠缺该要件导致婚姻可撤销。我国婚姻家庭法中有关婚姻成立要件的规定，既保护个人利益，又保护社会公共利益，故未采此分类法。

二、结婚制度的历史沿革

结婚制度是个体婚的产物，其性质、内容和特点总是为当时的社会制度所决定和制约，在漫长的历史长河中，个体婚所经历的结婚方式大致有掠夺婚、有偿婚、宗教婚、共诺婚等多种结婚方式，下面分述之。

（一）早期结婚方式举例

根据有关史料的记载，个体婚制形成初期的结婚方式多样，具体情况因不同的地域和不同的民族而异，对后世的影响也不尽相同。

掠夺婚，也叫抢婚，是指男子以暴力劫夺女子为妻的婚配形式。中国古籍《周易》中有“乘马班如，泣血涟如”、“匪寇，婚媾”等句描述之。

互易婚亦称换婚，是指双方父母互换其女为子妇，或男子互换其姐妹为已妻。亲属换婚的情形可以合理解释《尔雅》中的某些称谓，如“妻之父为外舅，妻之母为外姑”等。

买卖婚之男方娶妻的代价为向女方家庭给付金钱或其他等价物。相传“伏羲制嫁娶，以俪皮为礼”，开买卖之先河。

劳役婚是指南方须为女方家庭服一定时期的劳务，以此作为与女方成婚的代价。《新唐书北狄传》载：室韦人嫁娶，男方须先至女方家服役三载，然后才“分以财产，与妻共载，鼓舞而还”。

以上只是一些例示性说明，其他形形色色的结婚方式无法穷尽列举。

（二）中国古代的聘娶婚

聘娶婚是中国古代最主要的结婚方式，在两千多年的历史中经久不衰。男家娶妇须向女家依礼聘娶。依我国古代礼与法的规定，结婚程序较为繁琐。结婚仪式采“六礼”为具体程序。“六礼”即纳采、问名、纳吉、纳征、请期、亲迎。纳采，指男方派媒人去女家提亲；问名，指男家通过媒人问清女方的姓名、出生年月日、生母的姓名及身份（以分清嫡庶）；纳吉，指占卜求神问两人的婚事吉凶，是否适合，如属吉兆，则告知女家订婚；纳征，又称纳币，指男家向女家交付聘财，婚约成立并具有约束力；请期，指男家与女家长辈商定结婚日期；亲迎，指新郎亲自到女家迎娶新娘。新郎、新娘回男家后再行“成妻之仪”，婚姻及告成立。

尽管六礼程序历代数有变迁，且后世不及早期严格，但聘取婚的本质始终如初没有变化，即聘娶婚是买卖婚，区别在于其买卖的对象不是女方。

(三)古代各国的宗教婚

宗教婚是欧洲中世纪各国占统治地位的结婚方式，许多宗教经典都有与之相关的规定，其中，罗马法和寺院法的规定很有代表性。印度教的《摩奴法典》规定了八种结婚方式，分别适用于不同种姓的人。依照伊斯兰的教义，结婚是穆斯林应尽的宗教义务，但不得与异教徒结婚。结婚以前，男方须向女方之父交送“麦尔”或“沙对”(伊斯兰式的聘礼)。成婚之日，举行宗教仪式。

欧洲中世纪时期，基督教盛行，按照寺院法对形式要件的要求而成立的宗教婚，是当时最主要的结婚方式。结婚被视为七项圣典(亦称宣誓圣礼)之一。结婚须向当地教会申请，事先经教会公告。婚礼由神职人员主持，当事人须宣誓并接受神职人员的祝福。直至16世纪，宗教大会的决议仍指出，教徒结婚必须与教会合作，在神职人员前宣誓。中世纪以后，基督教的宗教婚逐渐为民事婚所取代，但至今仍有相当的影响，仍是为一些国家和地区所认可的结婚方式。①

(四)近现代的共诺婚

共诺婚，也称合意婚，是以男女双方合意而成立的婚姻，一般采取民事婚的方式。共诺婚制逐步形成和确立于封建主义婚姻家庭制度到资本主义婚姻家庭制度过渡的时期。共诺婚是民事婚代替宗教婚的重要标志之一。

16世纪，荷兰率先选择民事婚制度，当事人可以自行选择宗教婚或者民事婚，两种方式成立的婚姻均为有效。随后，1797年法国宪法正式规定：“法律视婚姻仅为民事契约”正式以法律婚代替了宗教婚。19世纪，英国和德国也相继肯定了法律婚的地位。

共诺婚强调双方的合意，使婚姻当事人双方拥有决定自己婚姻的权利；在价值观上，它契合了资产阶级所倡导的“自由、平等”的价值观，相对于漠视当事人结婚自由的古代婚姻，无疑是重要的进步。但是，在生产资料私有制下，它所强调的仅仅是形式上的合意，并非真正的自由婚。

(五)中国近代以来结婚方式的演变

中国结婚法的近代化始于20世纪初。北洋军阀时期对结婚的法律调整，以《大清现行刑率》中的有关规定为依据。当时的大理院曾作出一些解释和判例，如订婚须写立婚书，依礼聘娶，结婚须有合法当事人主婚等，使传统的结婚方式得以延续。1930年公布、1931年施行的国民党政府民法亲属编，以仪式婚为法定的结婚方式。在实际生活中，传统的聘娶婚仍然流行，只是在方式、程序上有所简化。

中国的新民主主义婚姻制度发端于解放前的革命根据地。各革命根据地的婚姻法、婚姻条例均规定，男女结婚须办理结婚登记，领取结婚证。以结婚登记为婚姻成立的形式要件，有利于保障当事人的结婚自由，破除传统的封建风俗。这种在革命根据地首创的结婚等级制度，在中华人民共和国成立后又得到了进一步的完善和发展。

我国的1950年《婚姻法》和1980年《婚姻法》均规定，结婚当事人须向婚姻登记机关办理结婚登记，以此作为结婚的法定方式。

---

① 参见马忆南主编：《婚姻家庭继承法学》，北京大学出版社2014年版，第67页。

第二节 结婚条件

一、结婚的必备条件

(一)必须男女双方完全自愿

婚姻自由是婚姻立法的基本原则之一，以男女双方完全自愿为结婚的首要条件体现了婚姻自由的原则。我国《婚姻法》第 5 条规定：“结婚必须男女双方完全自愿，不许任何一方对他方加以强迫或任何第三者加以干涉。”依该条规定，结婚当事人本人有权决定是否结婚，与谁结婚。对该条理解，应包括三层含义：(1)是双方自愿而非一方一厢情愿；(2)是双方本人自愿而非父母或其他第三人愿意；(3)是双方完全自愿而非勉强同意，或迫于对方、外界压力，作出不真实的意思表示。当然，上述规定并不排除当事人的父母或第三人对当事人的婚事提出建议，但是否采纳，只能由当事人决定。

(二)男女双方必须达到法定婚龄

法定婚龄又称适婚年龄，是指法律规定的男女结婚必须达到的最低年龄。男女只有分别达到法定婚龄，才具备结婚的行为能力，若当事人双方或一方未达到法定婚龄，婚姻登记机关不予登记。《婚姻法》第 6 条规定：“结婚年龄，男不得早于 22 周岁，女不得早于 20 周岁。晚婚晚育应予鼓励。”由于婚姻具有自然属性和社会属性，结婚年龄受到自然因素和社会因素的制约，自然因素是指人的身心发育程度。只有达到一定年龄，才能具备适婚的身体条件和心理条件。社会因素是指一定的生产方式及相应的社会条件，如政治经济、文化、人口状态、伦理道德、风俗习惯等。不同时代的不同国家在上述因素上不尽相同，故法定婚龄高低有别。我国 1980 年《婚姻法》确定的结婚年龄较之 1950 年《婚姻法》提高了 2 岁，从而实现了缓解人口增长率的目的。

法定婚龄是男女必须达到的结婚年龄，属强制性规范，任何个人、单位均不得违反，但这并不妨碍民族自治地方依法对婚龄作变通规定。同时，我国《婚姻法》第 6 条中“晚婚晚育应予鼓励”为导向性规定，属任意性规范，非强制的规定，当事人可根据自身意愿选择是否晚婚。

二、结婚的禁止条件

(一)禁止重婚

我国《婚姻法》第 3 条规定，“禁止重婚”，即禁止有配偶者又与他人结婚的行为，这符合一夫一妻婚姻制度的要求。2003 年 10 月 1 日起施行的《婚姻登记条例》第 6 条规定，一方或双方已有配偶的，婚姻登记机关不予登记。有配偶者，指有婚姻关系者。若在婚姻存续期间再行结婚，则构成重婚，违反了一夫一妻原则。

(二)禁止一定范围内的亲属结婚

禁止一定范围的亲属结婚，是世界各国结婚立法的通例，我国《婚姻法》第 7 条第 1 款规定，直系血亲和三代以内的旁系血亲，禁止结婚。这些亲属总体上可分为两类：

1. 直系血亲

包括父母子女、祖父母和孙子女、外祖父母和外孙子女等，没有世代的限制，均不得结婚。养父母与养子女、形成抚养关系的继父母与继子女，属于法律拟制的直系血亲，虽然他们之间无血缘关系，但他们的法律地位与亲生父母子女一样，因此也不得结为夫妻。①

2. 三代以内的旁系血亲

三代以内的旁系血亲是指同出于祖父母、外祖父母的除直系血亲以外的血亲。具体可分为三类：第一，同源于父母的兄弟姐妹，也包括同父异母或同母异父的半血缘兄弟姐妹；第二，同源于祖父母或外祖父母的不同辈分的姑、伯、叔与侄子女、姨舅与外甥子女；第三，同源于祖父母或外祖父母的同辈分的堂兄弟姐妹与表兄弟姐妹。

在遗传学上，“近亲”的本质在于他们之间相同的基因较多。法律禁止这些近亲属结婚，主要基于优生的考虑，避免由于夫妻血缘关系太近，相同基因比例较高，双方相同的致病基因在子代身上“纯合”而发病。我国古代关于“男女同姓，其生不藩”的说法，正是反映了这一原理。

此外，法律禁止近亲结婚，还考虑到伦理因素，我国在历史上已形成尊卑不婚等传统的婚姻道德观念，近亲结婚则有悖于此，且容易造成亲属身份关系的紊乱。故现行立法应尊重本民族的风俗习惯以及长期以来形成的婚姻伦理道德。

(三)禁止患一定疾病的人结婚

法律禁止患有特定疾病的人结婚，是为了防止疾病传染或遗传给下一代，这不仅有利于保护当事人利益，也有利于维护社会公益。我国《婚姻法》第 7 条规定，患有医学上认为不应当结婚的疾病的，禁止结婚。《婚姻登记条例》第 6 条规定，患有医学上认为不应当结婚的疾病的，不予登记。可见，我国现行立法对禁止结婚的疾病采概括性规定。

根据《母婴保健法》及相关规定，婚前医学检查包括以下几种疾病：第一，指定传染病，具体指传染病防治法规定的艾滋病、淋病、梅毒以及医学上认为影响结婚生育的其他传染病；第二，在发病期内的有关精神病，主要指精神分裂症，狂躁型和抑郁型精神病，及其他重型精神病；第三，严重遗传型疾病，主要指由于遗传因素先天形成，患者全部或部分丧失自主活动能力，自带再现风险高，医学上认为不宜生育的疾病；第四，其他与婚育有关的疾病，如重要脏器疾病和生殖系统疾病等。经检查，若患有以上疾病，医师会向受检者提出医学意见，建议不宜结婚生育。

婚前健康检查制度在我国部分地区已实行多年。1994 年的《婚姻登记管理条例》第 9 条规定，在实行婚前健康检查的地方，申请结婚登记的当事人，必须到指定的医疗保健机构进行婚前健康检查，向婚姻登记管理机关提交婚前健康检查证明。而 2003 年 10 月 1 日施行的现行《婚姻登记条例》删去了有关婚前检查的原规定。尽管如此，实践证明婚前检查是保护人民健康、家庭幸福的有效措施，今后仍应按照《母婴保健法》中的有关规定，继续推行和完善婚前医学检查制度。

---

① 参见曹诗权、孟令志、麻昌华主编：《婚姻家庭继承法》，北京大学出版社 2006 年版，第 103 页。

有性生理缺陷者是否禁止结婚？我国 1950 年《婚姻法》曾规定，有生理缺陷不能发生性行为者禁止结婚。现行《婚姻法》中则无此规定。这方面的具体问题，应分情况妥善处理。纵然性生活是夫妻生活的重要内容，但并非唯一内容。如一方或双方有生理缺陷，不能发生性行为，对方知悉并愿意与其结婚的，法律应尊重当事人的选择权，不予干预。若一方婚前隐瞒其生理缺陷，另一方婚后发现而要求离婚的，应准予离婚。

第三节 结婚的程序

一、婚约问题

婚约，是男女双方以将来结婚为目的而作的实现约定。双方当事人成立婚约称为订婚或定婚。婚约制度自古有之，我国自西周始创结婚程序"六礼"，其中第四个程序"纳征"即由男方向女方交付聘财，纳征后，婚约即告成立。在早期型的婚约中，定婚是结婚的先行阶段和必要前提。如今，婚约虽不是定婚的必经程序，其法律效力也大大弱化，但定婚习俗在我国社会中仍非常普遍，正确理解我国政策法律对婚约问题的态度尤为重要。

新中国成立后我国颁布的两部《婚姻法》及修订后的《婚姻法》中没有关于婚约的规定。1950 年 6 月 26 日，原中央人民政府法制委员会在《有关婚姻法施行的若干问题与解答》中指出："定婚不是结婚的必要手续，任何包办强迫的定婚，一律无效。男女自愿定婚者，听其定婚，定婚的最低年龄，男为 19 岁，女为 17 岁。一方自愿取消订婚者，得通知对方取消之。"1953 年 3 月 19 日，法制委员会在《有关婚姻问题的解答中》再次指出："定婚不是结婚的必要手续。男女自愿订婚者，听其定婚，但别人不得强迫包办。"可见我国政策法律对婚约的基本态度是：当事人可以自愿订立婚约，但婚约只是以将来结婚为目的而达成的具有道德约束力的协议，并无法律效力。

对于因解除婚约而引起的财物纠纷，应视情况而妥善处理。婚约当事人一方向另一方赠与之财物，原则上不宜返还。《最高人民法院关于适用〈中华人民共和国婚姻法〉若干问题的解释(二)》(以下简称《婚姻法解释(二)》中对因婚约而引起的彩礼纠纷的处理进行了规范，当事人请求返还按照习俗给付的彩礼的，若查明双方未办理结婚登记手续，人民法院应当予以支持。

婚约习俗在我国的历史上源远流长，如今也广泛存在着，尤其在广大的农村，大多依照习俗定婚并交付彩礼，随之而来的纷争不断。本书认为，现行立法对该问题的规范不足，将来的立法应重视传统习俗，明确立法者对待婚约的态度，为婚约纠纷的处理提供原则和依据，从而实现法律体系的完整。

二、结婚登记制度

我国《婚姻法》第 8 条规定："要求结婚的男女双方必须亲自到婚姻登记机关进行结婚登记。符合本法规定的，予以登记，发给结婚证。取得结婚证，即确立夫妻关系。"可见，结婚登记是我国结婚的法定程序，男女双方具备结婚的实质要件后，合法的婚姻关系并非自动发生，只有双方履行结婚登记程序，其婚姻才产生法律效力。无论当事人是否举行结婚仪式，只要依法取得结婚证，便发生夫妻间的权利义务关系。

(一)结婚登记的意义

结婚登记制度是保障婚姻合法成立的必要措施。《婚姻登记条例》第 1 条明确规定，为了规范婚姻登记工作，保障婚姻自由、一夫一妻、男女平等的婚姻制度的实施，保护婚姻当事人的合法权益，根据《中华人民共和国婚姻法》，制定本条例。可见，结婚登记目的在于对当事人是否符合结婚条件作必要的审查和监督。这既符合当事人的利益，也符合公益，对维护我国的婚姻制度、提高婚姻质量，防止违法婚姻的发生，预防和减少婚姻纠纷，都具有重要意义。

(二)结婚登记的机关和具体程序

《婚姻登记条例》第 2 条第 1 款规定："内地居民办理结婚登记的机关是县级人民政府或者乡(镇)人民政府，省、自治区、直辖市人民政府可以按照便民原则确定农村居民办理结婚登记的具体机关。"由此可见，如果登记结婚，应到当事人所在地的结婚登记机关进行办理。结婚当事人双方的户口在同一地区的，应当到共同的户口所在地的婚姻登记机关办理结婚登记；结婚当事人双方的户口不在同一地区的，可以到任何一方的户口所在地的婚姻登记机关办理结婚登记。

结婚登记的具体程序分为申请、审查和登记三个环节。

1. 申请

结婚登记是确立当事人之间具有配偶身份的行为，内地居民结婚，当事人双方必须共同到一方当事人常住户口所在地的婚姻登记机关办理结婚登记。男女双方必须同时、亲自到场，不能委托他人代理进行，也不能用书面意见代替本人到场。根据《婚姻登记条例》第 5 条的规定，申请结婚的当事人应出具以下证件和证明材料：(1)本人的户口簿、身份证；(2)本人无配偶以及与对方当事人没有直系血亲和三代以内旁系血亲关系的签字证明。

2. 审查

婚姻登记机关对当事人提交的结婚申请进行审核和查证，婚姻登记员会审查结婚当事人所持证件是否真实、完备，审查当事人双方是否符合法律规定的结婚条件。询问当事人结婚意思是否真实自愿，要求当事人双方填写一份《申请结婚登记声明书》，并亲笔签名。

3. 登记

结婚登记机关对申请人的结婚申请审查后，认为符合法定条件的，当场予以登记，并发给结婚证，申请人夫妻关系自此确立。对于不符合法定条件的，婚姻登记机关不予登记，并出具书面理由。根据《婚姻登记条例》第 6 条的规定，办理结婚登记的当事人有下列情形之一的，婚姻登记机关不予登记：(1)未到法定结婚年龄的；(2)非双方自愿的；(3)一方或双方已有配偶的；(4)属于直系血亲或三代以内旁系血亲的；(5)患有医学上认为不应当结婚的疾病的。当事人不服婚姻登记机关不予登记的决定的，可依法申请行政复议，提起行政诉讼。

补办结婚登记和复婚登记，适用结婚登记程序，颁发新结婚证的同时，应注销其原结婚证。

结婚证是证明婚姻关系成立的法律文书，取得结婚证，即确立夫妻关系。当事人遗失或毁损结婚证的，根据《婚姻登记条例》第 17 条的规定，可以持户口簿，身份证向原办理婚姻登记的机关或者一方当事人常住户口所在地的婚姻登记机关申请补领。婚姻登记机关对当事人的结婚登记档案进行查证，确认属实的，向当事人补发结婚证。

三、事实婚姻的概念和效力

(一)事实婚姻的概念

所谓事实婚姻，通常指男女双方未经结婚登记就以夫妻名义共同生活，而群众也认为是夫妻关系的结合。事实婚姻是法律婚姻的对称。我们知道，办理结婚登记是婚姻成立的形式要件，事实婚姻则欠缺该形式要件，对于是否欠缺实质要件，事实婚姻有广义和狭义之分。广义的事实婚姻是指既欠缺形式要件，而不问是否具备实质要件。狭义的事实婚姻指符合结婚实质要件，仅欠缺结婚的形式要件而以夫妻名义同居生活，群众也认为是夫妻关系的结合。对此，1979 年《最高人民法院关于贯彻执行民事政策法律的意见》中指出，事实婚姻是指没有配偶的男女，为进行结婚登记，以夫妻名义共同生活，群众也认为是夫妻关系的。可见，该司法解释采狭义解释。本书认为，狭义说存在诸多弊端，其无法界定那些既不具备实质要件又欠缺形式要件的两性结合是婚姻关系还是同居关系，故而对重婚的认定造成理论上的混乱。若有配偶者与他人以夫妻名义同居，如不认定为事实婚姻，那么事实上的重婚又如何构成？刑事上何以认定其为事实重婚并予以定罪处罚呢？故本书采广义说。

(二)事实婚姻的效力

新中国成立以来，婚姻立法与司法解释对事实婚姻的态度，大致经历了以下三个阶段：

1. 承认主义阶段

受传统婚姻习俗的影响，我国 20 世纪 50 年代的有关立法、司法解释，是承认事实婚姻的法律效力的，对因事实婚姻要求离婚的，按离婚纠纷处理。①

2. 限制承认主义阶段

1980 年《婚姻法》颁布后，于 1984 年 8 月 30 日发布的《最高人民法院关于贯彻执行民事政策法律若干问题的意见》明确指出，未按婚姻法规定办理结婚登记手续，即以夫妻名义共同生活，是违法的，当事人应受到严肃的批评教育。起诉时双方都已达到婚姻法规定的婚龄和符合结婚其他条件的，按离婚案件处理。起诉时双方或一方仍未达到法定婚龄或不符合结婚其他条件的，应解除其同居关系。1989 年 11 月 21 日最高人民法院《关于人民法院审理未办理结婚登记而以夫妻名义同居生活案件的若干意见》明确“在一定时期内有条件承认事实婚姻关系”的原则。该意见第 3 条指出：“自民政部新的婚姻登记管理条例施行之日起，未办理结婚登记即以夫妻名义同居生活，按非法同居关系对待。”

---

① 参见 1953 年 3 月 19 日中央人民政府法制委员会《有关婚姻问题解答》，1957 年 3 月 6 日《最高人民法院关于男女双方已达婚龄未进行登记而结婚的一方提出离婚时应如何处理问题的批复》，1958 年 3 月 3 日《最高人民法院关于事实上的婚姻关系应如何予以保护和一方提出离婚应如何处理等问题的复函》。

3. 不承认主义阶段

1994 年 2 月 1 日民政部颁布新的《婚姻登记管理条例》，规定 1994 年 2 月 1 日以后，未到法定结婚年龄的公民以夫妻名义同居的，或者符合结婚条件的当事人未经结婚登记以夫妻名义同居的，其婚姻关系无效，不受法律保护。

2001 年，我国《婚姻法》经修正后第 8 条增加规定“未办理结婚登记的，应当补办结婚登记”。这一条对待事实婚姻的态度上，较先前有所缓和，是有条件地承认事实婚姻，并创造了将事实婚姻转化为合法婚姻的途径，缓和了传统习俗和现实法律之间的冲突。对于人民法院如何处理起诉“离婚”时未补办结婚登记的事实婚姻，《婚姻法解释(一)》作出如下解释：

第一，1994 年 2 月 1 日民政部《婚姻登记管理条例》公布实施以前，男女双方符合结婚实质要件的，按事实婚姻处理。当事人无须补办结婚登记。

第二，1994 年 2 月 1 日民政部《婚姻登记管理条例》公布实施以后，男女双方符合结婚实质要件的，人民法院应当告知其在案件受理前补办结婚登记；未补办结婚登记的，按解除同居关系处理。补办结婚登记具有溯及力，婚姻关系的效力从双方均符合婚姻法所规定的结婚的实质要件时起算。作此解释有利于稳定婚姻关系，保障当事人的合法权益。

第四节 无效婚姻和可撤销婚姻

一、无效婚姻和可撤销婚姻概说

(一)无效婚姻和可撤销婚姻的概念

无效婚姻，是指欠缺婚姻成立的法定要件(主要是公益要件)，不发生法律效力的违法婚姻。可撤销婚姻，是指婚姻成立时因违反法定的结婚有效要件(主要指私益要件)，在撤销权人依法申请撤销时，有权机关依法予以撤销的婚姻。有关无效婚姻和可撤销婚姻的规定是婚姻法的重要组成部分，有利于防治违法婚姻，保障婚姻合法成立。

我国 2001 年修正后的《婚姻法》设立了无效婚姻和撤销婚姻制度，之后出台的司法解释就审理无效婚姻、可撤销婚姻案件进行了更详尽的解释。我国立法规定的无效婚姻和可撤销婚姻具有以下共同点及区别。共同点是：(1)主观上，男女双方当事人都有永久共同生活的目的。(2)客观上，男女双方已经以夫妻名义公开同居生活。(3)性质上，都具有违法性，两者都属于欠缺结婚法定要件的婚姻关系，且在形式上都履行了结婚登记程序。(4)法律后果上，婚姻被宣告无效和撤销后，均自始无效。区别在于：(1)违法程度不同。无效婚姻违反，某些公益要件，违法程度较重，自始无效。可撤销婚姻违反的是私益要件，婚姻效力未定，婚姻被撤销后才自始无效。(2)请求权主体不同。无效婚姻的请求权可由婚姻当事人、利害关系人及基层组织行使。可撤销婚姻请求权仅限当事人本人行使。(4)诉讼时效不同。无效婚姻只要无效原因存在，诉讼时效始终存在。可撤销婚姻的诉讼时效为除斥时效，因法定期间的经过而归于消灭。

(二)设立婚姻无效制度的意义

无效婚姻制度是婚姻家庭法不可或缺的重要组成部分，对此国外立法早有体现，而我国1950年《婚姻法》和1980年《婚姻法》中未设婚姻无效和可撤销的制度。直至2001年修改的《婚姻法》才增设了无效婚姻制度和可撤销婚姻制度，填补了此项空白，对于完善我国的结婚制度具有重要的意义。

首先，增设这种制度，完善了我国的婚姻立法，使结婚制度更具有科学性和完整性。我国婚姻法明文规定了结婚的实质要件和形式要件，却在长期以来缺乏对违反这些要件的婚姻的认定和处理规定，使得一些本应被宣告无效或撤销的婚姻，却按离婚来处理，其后果是严重损害了法律的权威性和严肃性。增设无效婚姻和可撤销婚姻的规定，维护了法律的权威和尊严，更有利于法律预测作用和警示作用的发挥。

其次，增设这种制度，有利于调整和规范结婚行为，预防和减少婚姻纠纷。司法实践中，违法婚姻导致的纠纷占有一定比重，在立法上给该违法婚姻一个明确的特定概念，在效力上给予明确的否定，从而对缔结违法婚姻的人一种严厉警告，给因违法婚姻而受到伤害的人有力的支援。同时，适用有关无效婚和可撤销婚的规定，可以使违法结合得到纠正，恢复原状，从整体上保证婚姻质量，预防和减少婚姻纠纷。

二、无效婚姻

(一)婚姻无效的原因

婚姻无效的原因具有强制性。我国《婚姻法》第10条规定："有下列情形之一的，婚姻无效：(一)重婚的；(二)有禁止结婚的亲属关系的；(三)婚前患有医学上认为不应当结婚的疾病，婚后尚未治愈的；(四)未到法定婚龄的。"由以上条文可知，上述四种导致婚姻无效的原因，法律给予明确列举，其他任何事由，不得作为婚姻无效的原因。

婚姻无效的原因具有相对性。《婚姻法解释(一)》第8条规定："当事人依据婚姻法第10条规定向人民法院申请宣告婚姻无效的，申请时，法定的无效婚姻情形已经消失的，人民法院不予支持。"可见婚姻无效原因的消失，可使其婚姻关系转化为有效的婚姻关系。如当事人结婚时未达到法定婚龄或患有医学上不应当结婚的疾病，随着时间的推移，当事人已达到法定婚龄或疾病已经治愈，等等。

(二)申请宣告婚姻无效的请求权人

有权依法请求宣告婚姻无效的，包括当事人和利害关系人，以利害关系人作为请求权人，其范围应当适度，依婚姻无效的不同原因给予限定。根据《婚姻法解释(一)》第7条的规定，利害关系人包括：

(1)以重婚为由申请宣告婚姻无效的，为当事人的近亲属及基层组织；

(2)以未到法定婚龄为由申请宣告婚姻无效的，为未达到法定婚龄者的近亲属；

(3)以有禁止结婚的亲属关系为由申请宣告婚姻无效的，为当事人的近亲属；

(4)以婚前患有医学上认为不应当结婚的疾病，婚后尚未治愈为由申请宣告婚姻无效的，为与患者共同生活的近亲属。

可见，除以重婚为由，请求权人包括基层组织外，其他事由的申请权人均为近亲属，这体现了保护当事人及其近亲属的利益，彰显私法自治原则。

(三)宣告婚姻无效的机关、时效期间和程序

1. 宣告婚姻无效的机关

我国1994年的《婚姻登记管理条例》中曾有下列规定：申请婚姻登记的当事人弄虚作假，骗取婚姻登记的，婚姻登记管理机关应当撤销婚姻登记，对结婚、复婚的当事人宣布其婚姻关系无效，并收回结婚证。现行《婚姻登记条例》则删除了该条文，这表明宣告婚姻无效不再适用行政程序，换言之，人民法院是我国唯一有权宣告婚姻无效的法定机关。

2. 申请宣告婚姻无效的时效期间

我国《婚姻法》关于无效婚姻请求权的行使期间没有明确的限制，即只要存在导致婚姻无效的原因，权利人便可请求宣告婚姻无效。此外，《婚姻法解释(二)》第5条明确规定："夫妻一方或者双方死亡后一年内，生存一方或者利害关系人依据婚姻法第10条的规定申请婚姻无效的，人民法院应当受理。"可见，若当事人一方或双方死亡，权利人必须在其死亡后一年内提出申请。

3. 宣告婚姻无效的程序

《婚姻法》第12条规定："无效或被撤销的婚姻，自始无效。"《婚姻法解释(一)》第13条补充规定："婚姻法第12条所规定的自始无效，是指无效或者可撤销婚姻在依法被宣告无效或被撤销时，才确定该婚姻自始不受法律保护。"可见，该司法解释明确我国实行宣告无效制，有别于绝对、当然无效的原则，请求权人因此无权自行宣告婚姻无效。

依《婚姻法解释(一)》和《婚姻法解释(二)》的规定，人民法院审理宣告婚姻无效案件适用的诉讼程序和离婚诉讼程序大有不同。其区别主要体现在以下三个方面：(1)法院决定受理申请宣告婚姻无效案件后，原告申请撤诉的，不予准许；(2)法院受理离婚案件后，审查确认属于无效婚姻的，应当将婚姻无效的情形告知当事人，并依法作出宣告婚姻无效的判决；(3)法院审理过程中对婚姻效力的审理不适用调解，应当依法作出判决，判决一经作出即发生法律效力，当事人不得就婚姻效力问题提出上诉；对于涉及财产分割和子女抚养问题的，可以调解，达成协议的，可以另行制作调解书，以判决形式作出，当事人对此不服，可以上诉。可见，对婚姻效力的判决一经作出即发生法律效力的规定，采纳了确认之诉的主张，由于宣告婚姻无效不是一般的民事权益争议，而是非讼案件，故采用特殊规定。

三、可撤销婚姻

(一)婚姻撤销的原因

我国《婚姻法》第11条规定："因胁迫结婚的，受胁迫的一方可以向婚姻登记机关或人民法院请求撤销该婚姻。"《婚姻法解释(一)》对"胁迫"给出进一步解释：胁迫是指行为人给另一方当事人或者其近亲属的生命、身体健康、名誉、财产等方面造成损害为要挟，迫使另一方当事人违背真实意愿结婚的情况。

我国《婚姻法》确立可撤销婚姻制度的目的在于维护婚姻自由原则，受胁迫结婚的当事人并没有结婚的真实意愿，违背了我国《婚姻法》第5条要求结婚的男女双方必须完全自愿的规定，故以受胁迫为婚姻可撤销的法定原因。本书认为，只将"胁迫"作为婚姻撤销的事由，范围过于狭窄，包括因受欺诈而结婚在内的意思表示重大瑕疵均可构成婚姻可

撤销的法定原因，故我国应扩大婚姻撤销的原因的范围，更充分地保护当事人的结婚自由权。

（二）婚姻撤销的请求权人

我国婚姻可撤销的原因属于妨碍婚姻自由权的情形，出于对当事人意愿的尊重，应由当事人本人决定婚姻是否撤销。为此，《婚姻法解释（一）》第 10 条第 2 款明确规定："因受胁迫而请求撤销婚姻的，只能是受胁迫一方的婚姻关系当事人本人。"

（三）婚姻撤销权行使的时效期间

为维护婚姻的安定性，保护婚姻另一方当事人的利益，撤销权人必须在法定期限内行使权利。《婚姻法》第 11 条规定，受胁迫一方撤销婚姻的请求，应当自婚姻登记之日起 1 年内提出；被非法限制人身自由的当事人请求撤销婚姻的，应当自恢复人身自由之日起 1 年内提出。该"1 年"属于撤销权的除斥期间，不适用诉讼时效中止、中断、延长的规定。

（四）撤销婚姻的程序

依《婚姻法》第 11 条的规定，婚姻登记机关和人民法院均有权撤销婚姻。故受胁迫方可自行选择依行政程序向婚姻登记机关申请撤销婚姻，或依诉讼程序向人民法院提出撤销婚姻的请求之诉。

1. 依行政程序撤销婚姻

我国现行的《婚姻登记条例》第 9 条规定，受胁迫的当事人应出具下列证明材料：（1）本人的身份证、结婚证；（2）能够证明受胁迫结婚的证明材料。婚姻登记机关经审查认为受胁迫结婚的情况属实且不涉及子女抚养、财产及债务问题的，应当撤销该婚姻，宣告结婚证作废。如果涉及子女抚养、财产及债务问题的，婚姻的撤销应经由诉讼程序处理。

2. 依诉讼程序撤销婚姻

依《婚姻法解释（一）》第 11 条的规定，人民法院审理婚姻当事人因受胁迫而请求撤销婚姻的案件，应当适用简易程序或者普通程序。

四、婚姻无效和被撤销的法律后果

我国《婚姻法》第 12 条规定："无效或被撤销的婚姻，自始无效。当事人不具有夫妻的权利和义务。同居期间所得的财产，由当事人协议处理；协议不成时，由人民法院根据照顾无过错方的原则判决。对重婚导致婚姻无效的财产处理，不得侵害合法婚姻当事人的合法权益。当事人所生的子女，适用本法有关父母子女的规定。"可见，婚姻无效和被撤销的后果可从以下三个方面说明。

（一）无效婚姻与可撤销婚姻的溯及力问题

依《婚姻法》第 12 条可知，我国法律对无效婚姻和可撤销婚姻的效力均采取溯及既往的原则，两者的法律后果相同，即法院宣告婚姻无效或撤销婚姻判决生效后，这两类婚姻均自始无效。男女双方自始不具有夫妻间的权利义务关系，其关系属于同居关系。①

（二）对当事人的后果

在人身关系方面，无效或被撤销婚姻的当事人之间，不适用《婚姻法》第 14、15、16

① 参见巫昌祯主编：《婚姻家庭法律指南》，中国社会出版社 2013 年版，第 48 页。

条的规定。由于当事人并无配偶，一方与另一方的血亲及其配偶间不发生姻亲关系。在监护、代理方面，不适用以配偶关系为基础法律关系的规定。

在财产关系方面，依《婚姻法》第 12 条的规定，无效婚姻和可撤销婚姻中当事人的财产关系不适用夫妻财产制的规定。《婚姻法解释(一)》第 15 条明确指出："被宣告无效或被撤销的婚姻，当事人同居期间所得的财产，按共同共有处理。但有证据证明为一方当事人所有的除外。"即主张财产为个人所有者承担举证责任。双方当事人有合法协议的，按协议处理；无协议的，按《民法通则》、《物权法》有关共有的一般规则处理。

对于因重婚导致婚姻无效的，处理财产时应依法保护合法婚姻当事人的财产权益。《婚姻法解释(一)》突破审理婚姻纠纷不列第三人的传统模式，第 16 条规定："人民法院审理重婚导致的无效婚姻案件时，涉及财产处理的，应当准许婚姻合法当事人作为有独立请求权的第三人参加诉讼。"

(三)对子女的后果

依《婚姻法》第 12 条可知，婚姻无效后当事人所生子女，适用本法有关父母子女的规定。这表明子女的法律地位不会受到父母婚姻无效的影响。在婚姻被宣告无效或被撤销时，子女抚养费承担、探望权等问题的处理，均准用法律关于离婚后的子女抚养的一般规定。

【思考题】

1. 试述我国《婚姻法》规定的结婚的法定条件。
2. 为何禁止一定范围内的亲属间结婚？我国《婚姻法》规定的近婚亲有哪些？
3. 如何理解"医学上认为不应当结婚的疾病"？
4. 婚约期间的赠与物可否请求返还？理由何在？
5. 试述婚姻无效的原因、请求人及程序。
6. 试述婚姻撤销的原因、请求权人及程序。
7. 试论婚姻无效和被撤销的法律后果。
8. 如何进一步完善我国《婚姻法》的婚姻无效和婚姻撤销制度？

第六章　夫妻关系

【本章学习重点提示】夫妻人身关系；夫妻财产关系。

第一节　夫妻关系的概述

一、夫妻关系的概念和特征

夫妻是指符合法定结婚要件的男女双方以永久共同生活为目的结合。夫妻关系是指夫妻在家庭中的地位以及相互间的权利义务关系，主要包括人身关系和财产关系。夫妻关系因男女双方依法结婚而形成，双方具有特定的身份，具有不同于其他伦理道德关系的本质特征：

(1)夫妻必须是男女两性合法的结合。男女双方符合法律规定的结婚条件，并履行了法定的结婚手续，才能结为夫妻。男女两性间任何形式的非法结合(如重婚、非法同居)都不是夫妻关系。

(2)夫妻必须具有永久共同生活的目的。

(3)夫妻是共同生活的伴侣，必须共同承担生育和抚养子女、赡养和扶养老人等责任。

正确调整夫妻关系，维护双方的合法权益，对于稳定婚姻关系，促进家庭幸福和睦，发挥婚姻家庭在社会生活中的作用，有着十分重要的意义。

二、夫妻法律地位的历史沿革

夫妻关系是夫妻在家庭中法律地位的具体体现，它与男女两性的社会地位相适应。在不同的地域和历史条件下，夫妻法律地位有所不同。夫妻关系在家庭中的地位归根结底随着社会生产方式的变化而变化。

(一)夫妻法律地位的历史变迁

法学理论研究常以立法主义来概括夫妻在家庭中的法律地位，我们可从这些不同的立法主义中窥见夫妻法律地位的变迁。这些立法主义包括两种类型：

1. 夫妻一体主义

夫妻一体主义，即夫妻因婚姻成立而合为一体，双方的人格互相吸收，实质上是妻的人格被夫所吸收，妻出于夫权的支配之下。此立法主义盛行于古代和中世纪的亲属法。我国古代也不例外。如古籍载有："夫妇，一体也"，"夫者妻之天也"，"夫为妻纲"。可见夫妻一体主义不过是夫权主义的外衣。

2. 夫妻别体主义

夫妻别体主义又称分离主义，即夫妻婚后仍是独立的主体，享有独立的人格，各自有行为能力和财产权利，资产阶级在与封建阶级的斗争中主张自由平等，在婚姻家庭领域中，逐步摒弃夫妻一体的的主张，采用夫妻别体主义。但资产阶级国家早期的立法中，仍保留一定的封建残余，如片面要求妻负有与夫同居的义务等。随着社会经济的发展和时代的进步，许多资本主义国家对有关夫妻地位的立法作出修改，使夫妻双方的法律地位在形式上逐渐趋于平等。

(二)夫妻法律地位的发展趋势

随着社会经济的发展和人权保护意识的普及，女性在家庭和社会中的地位逐步提高，男女平等的思想在许多国家的立法中得到进一步体现。

1. 夫妻的法律地位在形式上更加平等

许多国家的亲属法全面修改或废除了夫妻不平等条款，以确保夫妻的人格独立。夫妻在双方的姓名、婚后住所的决定、同居义务、日常家事代理、夫妻财产权利方面的法律地位形式上已完全平等。

2. 各国立法更加注意时效实质上的平等

由于劳动分工的不同以及受传统观念的影响，男女两性的地位在实质上仍然存在不平等。在许多婚姻效力的立法上，形式上是平等的，但如果完全按照法律的明文规定执行，则可能出现结果不平等。比如夫妻婚后实行分别财产制，体现了人格独立，但对于一些丈夫负责在外工作，妻子专门在家从事家务劳动没有收入的家庭而言，如果离婚时，丈夫的财产归个人所有，实质上对女方是不平等的。如今，各国都在努力寻求如何实现男女两性实质上的平等的立法路径。

三、我国婚姻家庭法对夫妻法律地位的原则规定

我国现行《婚姻法》第13条规定：“夫妻在家庭中地位平等。”这是男女平等原则在夫妻关系上的具体体现，也是对夫妻法律地位的原则性规定。夫妻是组成家庭的基本成员，是相濡以沫、共同生活的伴侣，只有在双方法律地位平等的基础上，平等地享有权利和履行义务，才能建立平等、和睦、文明的婚姻家庭关系。

夫妻在家庭中地位平等，具体包括两层含义：(1)夫妻婚后享有独立的人格。男女双方婚后共同组建家庭，在人格上相互独立，享有独立的权利能力和行为能力，不存在依附、从属关系，完全不同于封建社会中男尊女卑，妇女在家庭中只能属于从属于地位。(2)夫妻权利义务平等。夫妻双方享有平等的财产权和人身权，承担平等的义务。法律不允许任何一方只享有权利而不履行义务，或者只尽义务而不享有权利。

夫妻在家庭中地位平等，既是确定夫妻间权利和义务的总原则，也是处理夫妻间权利和义务纠纷的基本依据。对于夫妻间的权利和义务纠纷，《婚姻法》有具体规定的，应按具体规定处理；无具体规定的，则应按夫妻在家庭中地位平等的原则予以处理。

第二节 夫妻人身关系

夫妻人身关系，即夫妻之间没有直接直接财产内容的人格、身份等方面的权利和义

务，根据2001年修订后的《婚姻法》的直接和间接的规定，我国夫妻人身关系主要包括姓名权、人身自由权、同居义务、忠实义务和计划生育的义务。

一、我国法律对夫妻人身关系的规定

（一）夫妻姓名权

姓名权是人格权的重要组成部分，是指自然人有权决定、使用和依照规定改变自己的姓名并排除他人非法干涉与非法使用自己姓名的权利。在夫妻关系中，有无姓名权是男女各方在家庭中有无独立人格和地位的重要标志。

在我国封建社会，实行男娶女嫁和夫妻一体主义，女子婚后改为夫姓而丧失姓名权。1930年国民党政府《民法》亲属编规定："妻以其本姓冠以夫姓，赘夫以其本姓冠以妻姓，但当事人另有约定者，不在此限。"姓氏的改变，体现出已婚妇女（或赘夫）从属于夫权（妻之父权）之下，丧失了独立的人格，社会地位低下①。当然，夫妻姓名权问题也存在于西方社会，在古代、中世纪及至资本主义社会初期，西方国家的法律都有对妇女歧视性的规定，要求妇女从夫姓。直至第二次世界大战后，随着男女平权主义的发展，才有国家法律赋予妇女保留自己本姓的权利。

我国1950年和1980年两部《婚姻法》均规定："夫妻双方都有各用自己姓名的权利。"该规定体现了男女平等原则，对于破除旧习俗和法律，促进夫妻在家庭中地位平等，有着积极意义。当然，姓名权是我国宪法赋予每一个公民的基本人权，以上规定并不妨碍夫妻双方对姓名权问题进行协商约定，可以约定从夫姓或从妻姓，也可以约定选择第三姓作为共同姓氏，只要双方是自愿达成的协议，法律都是允许的。

夫妻享有平等的姓名权对子女姓氏的确定具有重要意义。我国《婚姻法》第22条规定："子女可以随父姓，也可以随母姓。"根据法律规定的精神，子女出生后使用什么姓氏，由父母协商确定。待子女成人或有辨别能力后，子女有权决定自己的姓氏。在我国古代社会，基于宗法制度的要求，子女只能随父姓。1930年的《民法》亲属编也以子女从父姓，赘父之子女从母姓为一般原则。《婚姻法》对子女姓氏的规定进一步体现了夫妻法律地位平等的精神。

（二）夫妻人身自由权

人身自由权是公民享有并由自己完全支配的权利，是公民人格权的重要内容，不因结婚而受到限制或剥夺。夫妻人身自由权主要指夫妻双方参加生产劳动、选择职业、进行社会交往的权利和自由。在我国古代社会，妇女无人身自由权，在"男主外，女主内"、"女子无才便是德"等封建纲常礼教的束缚下，已婚妇女完全在夫权的统治之下，被剥夺了选择职业、从事社会活动的权利和机会，在家相夫教子成为其唯一职责。夫妻不平等的家庭地位，不仅阻碍了妇女自身的发展，也不利于社会经济的发展。

我国1950年《婚姻法》规定，夫妻双方均有选择职业、参加工作和参加社会活动的自由。就其针对性而言，此项立法的真正用意在于保护已婚妇女参加社会活动的自由。1980年《婚姻法》则进一步规定："夫妻双方都有参加生产、工作、学习和社会活动的自由。"这

① 参见叶英萍著：《婚姻法学新探》，法律出版社2004年版，第195页。

增加了夫妻参加学习的自由这一内容，实质上是赋予妇女通过学习，提高自身能力，从而迈出家庭的狭小圈子，参与社会活动的权利和自由。2001 年修订后的《婚姻法》继续沿用此规定。让广大妇女掌握知识和劳动技能，参加社会活动，是妇女获得与男子平等的家庭地位的物质基础，此项规定有利于进一步破除封建思想的影响，保障妇女的人身自由，进而促进夫妻法律在家庭、社会中平等地位的真正实现。

值得一提的是，夫妻双方都必须正当行使上述人身自由权，不得滥用权利损害他方或家庭的利益。任何一方在行使该项权利的同时，必须履行对家庭应当承担的法定义务。

(三)夫妻婚姻住所决定权

婚姻住所决定权，是夫妻选择、决定婚后共同生活、居住场所的权利。在我国古代，婚后妻子的人格被丈夫吸收，婚姻居所的决定权由丈夫独享，实行“妻从夫居”的居住方式。民国时期《民法》亲属编第 1002 条规定：“妻以夫之住所为住所，赘夫以妻之住所为住所。”可见，该法对夫妻住所为强制性规定，夫妻不得另有约定。资本主义国家的早期立法，仍将婚姻住所的决定权授予丈夫，妻子只有服从的义务。如 1804 年法国《民法典》第 214 条规定：“妻负有与夫同居的义务并应相随至夫认为适宜居住的地点。”随着社会经济的发展以及夫妻地位平等观念的普及，许多国家修改立法，规定婚姻住所由夫妻共同决定。如《意大利民法典》第 144 条规定：“夫妻双方通过协商，根据双方各自的需要和家庭的需要确定家庭的生活方式和居所。”

我国 1980 年《婚姻法》明确规定：“登记结婚后，根据男女双方的约定，女方可以成为男方的家庭成员，男方也可以成为女方的家庭成员。”这体现了夫妻在家庭中具有平等的法律地位。2001 年修正后的《婚姻法》将此条中的“也”字删去，进一步体现了夫妻双方在婚姻住所决定权上的平等。对于这一规定的理解如下：

(1)登记结婚后，婚姻住所的决定权归夫妻双方，双方共同协议婚后住所，一方不得对另一方进行强制，任何第三人不得干涉。

(2)夫妻双方享有互为对方家庭成员的选择权。夫妻双方可自愿选择以一方的家庭作为其婚姻居所，也可以协议不加入任何一方原来的家庭而建立自己的小家庭。结婚时的约定或选择，婚后亦可通过协商加以变更。

需要指出的是，为改革我国传统“妻从夫居”的婚姻居住方式，新中国成立后婚姻立法中提倡男方成为女方家庭成员，这与封建社会中的“入赘婚”有本质区别。入赘是指男方因贫困等因素，婚后入女家而成的婚姻。入赘后男方及其子女均须随妻姓，以达到女家传宗接代的目的。在以男性为中心的封建社会，入赘的男子在社会上备受歧视。如今所倡导的男到女家落户与“入赘婚”区别如下：

(1)两者的性质和目的不同。男到女家落户的居住方式是贯彻夫妻婚后自愿选择住所的原则，可解决有女无儿户的实际困难，不同于宗法制度下，以传宗接代为目的的“入赘婚”。

(2)两者的法律地位不同。入赘后，男方没有独立的人格，必须改随妻姓，其子女的姓氏也随妻。而现代所倡导的男到女家落户中，贯彻男女平等的原则。男方婚后的独立人格并未改变，其有权保留姓氏，子女的姓氏由夫妻双方协议决定。

(四)夫妻生育权

两性的结合和人类的繁衍，是婚姻家庭的自然功能，基于此，婚姻家庭法也调整生育关系。1980年《婚姻法》明确规定："夫妻双方都有实行计划生育的义务。"2001年修正后的《婚姻法》第16条沿用此规定。《人口与计划生育法》进而完善了有关生育权的立法，其17条也规定："公民有生育的权利，也有依法实行计划生育的义务，夫妻双方在实行计划生育中负有共同的责任。"对于以上规定的理解如下：

1. 夫妻享有生育的权利

生育权是公民的一项法定权利，夫妻享有依照有关计划生育规定生育子女的权利，受国家法律的保护，任何人不得侵犯。同时，夫妻也有不生育的自由，任何人不得强迫或干涉。育龄夫妻双方按照国家有关规定执行计划生育，计划生育部门应当提供安全、有效的避孕药具和技术，保障实施节育手术的夫妻的健康和安全。

2. 夫妻有实行计划生育的义务

计划生育是我国的一项基本国策，也是社会主义家庭职能的一项重要内容。夫妻所享有的生育权应在法律允许的范围内行使，根据我国法律的规定，实行计划生育是夫妻的法定义务，育龄夫妻应当按照国家有关计划生育的政策和法律规定生育子女，不得在计划外生育，否则，夫妻将会承担相应的法律责任。值得注意的是，夫妻双方在实行计划生育中负有共同的义务，夫妻任何一方不得拒绝履行该项义务，更不能将计划生育视为女方单方面的义务。

二、有关夫妻人身关系的外国立法例

对于夫妻人身关系的规定，世界各国均有不同，除了与以上权利义务相类似的规定外，还有"夫妻同居义务"、"夫妻忠实义务"、"夫妻日常家事代理权"等。具体内容如下：

(一)夫妻同居义务

夫妻同居义务，是指男女双方婚后以配偶身份共同生活的义务。其外部特征为，夫妻居住在同一住所或居所。其内部特征包括夫妻间的物质生活、精神生活、夫妻相互扶助和共负家庭责任等内容。从婚姻的自然属性来看，同居是夫妻间的本质性义务。很多国家立法有明确规定夫妻有同居共同生活的义务，非特殊情况，任何一方不得拒绝履行。这种特殊情况主要有两种，一是有正常理由的暂时中止同居，如一方因工作的需要离家较长时间；二是因非正常的法定理由而停止同居，如婚姻已破裂或一方已提起离婚诉讼；一方违背夫妻忠实义务的规定等。对于无正当理由，拒不履行同居义务的，对方不得请求强制履行，但可以此为由诉请别居或离婚。

我国现行立法没有直接明确规定夫妻有同居义务，但2001年《婚姻法》修正案第3条规定，"禁止有配偶者与他人同居"，法律间接表明夫妻应当同居共同生活，互负同居义务。

(二)夫妻忠实义务

夫妻忠实义务，主要指贞操义务，即夫妻双方应在婚姻存续期间互守贞操，保持专一，不为婚姻之外的性行为的义务。婚姻是男女双方以永久共同生活为目的而为的两性结合，在一夫一妻下，夫妻互负忠实义务是婚姻的本质要求。

夫妻忠实义务，在其产生之初，是强加给妻子的单方面义务，古代法律对妻子的贞操作出了十分严格的要求，对失贞妇女处治残酷，对丈夫的婚外性行为却十分宽容，允许丈夫纳妾。直到现代，一些资本主义国家立法规定，夫妻互负忠实义务。如《法国民法典》第 212 条规定："夫妻相互负忠实、帮助、救援的义务。"

新中国成立后的两部《婚姻法》没有对夫妻忠实义务作出明文规定，但夫妻忠实问题一直是伦理道德的要求。2001 年修正后的《婚姻法》要求夫妻相互忠实，较之以往的立法是一大进步，这对于弘扬家庭美德、促进家庭文明具有重要意义。

(三)夫妻日常家事代理权

夫妻日常家事代理权，又称夫妻相互代理权，是指夫妻因日常家庭事物与第三人为一定法律行为时互为代理的权利。即夫妻于日常家庭事务范围内互为代理人，互享代理权。被代理方须对代理方从事日常家事行为所产生的债务，承担连带责任。如英国 1970 年的《婚姻程序及财产法》规定，夫妻互有家事代理权。《日本民法典》第 761 条规定："夫妻一方就日常家事同第三人实施了法律行为时，他方对由此产生的债务负连带责任。但是，对第三人预告不负责任意旨者，不在此限。"《德国民法典》第 1357 条除规定夫妻互有日常家事代理权外，还规定，夫妻一方有限制或禁止他方从事其效果对自己有影响的事务的权利；但此项限制或禁止为无充分理由者，监护法院得因他方请求而取消之。①

第三节　夫妻财产制

夫妻财产是婚姻生活必不可少的物质基础和保障。夫妻财产财产关系即夫妻间具有经济内容的权利义务关系，它随着夫妻人身关系的建立而产生，随着夫妻人身关系的终止而消灭。调整夫妻财产关系，对内事关夫妻个人的切身利益和婚姻家庭生活的和睦，对外涉及第三人的财产利益及交易安全。我国《婚姻法》规定的夫妻财产关系，包括夫妻财产制、夫妻间的经济扶养、夫妻继承权三个方面的内容。

一、夫妻财产制的概念和种类

(一)夫妻财产制的概念

夫妻财产制，也称婚姻财产制。它是关于夫妻婚前财产和婚后所得财产的归属、管理、使用、收益、处分，以及债务的清偿、婚姻解除时财产的清算等方面的法律制度。

男女依结婚而产生夫妻人身关系，并随之产生夫妻财产关系。法律为确保夫妻的平等地位和婚姻生活的和睦，保障夫妻与第三人的交易安全，从而维护社会和谐与安定，故设立夫妻财产制以调整夫妻财产关系。

(二)夫妻财产制的种类

夫妻财产制作为婚姻家庭法重要的组成部分，经历了漫长的历史变迁。在古代，妇女地位低下，各国法律在夫妻人身关系上皆采"夫妻一体主义"，故而在夫妻财产关系上多

① 参见马忆南主编：《婚姻家庭继承法学》，北京大学出版社 2014 年版，第 97 页。

采“吸收财产制”。妻婚后丧失独立人格，其财产也为夫家所有。在近现代社会，随着妇女社会地位的提高和男女平等意识的普及，各国纷纷修改婚姻家庭法，在不同程度上承认妻拥有独立的财产权。基于各国的地域差异，夫妻财产制呈现出不同形式，可从以下角度进行分类：

1. 从立法形式上看，夫妻财产制分为法定财产制和约定财产制

法定财产制，是指夫妻在婚前和婚后未就夫妻财产关系作出约定，或约定无效时，依法律规定而直接适用的夫妻财产制。基于各国的经济条件、立法传统、风俗习惯以及思想文化的不同，不同国家规定的直接适用的法定财产制形式也不尽相同。目前各国采用的法定财产制主要有分别财产制、共同财产制、剩余共同财产制等形式。

约定财产制，是指夫妻双方以约定的方式，选择决定夫妻财产制形式的法律制度。它相对于法定财产制而言，具有优先于法定财产制适用的效力，许多国家对此作出规定。基于各国对约定财产制的的限制程度不同，可作出如下分类①：

(1)选择式的约定财产制，即当事人只能在法律确定的夫妻财产制中约定选择其一作为其财产制，排除适用法定财产制。如《瑞士民法典》第 182 条第 2 款明确规定：“未婚双方或配偶双方仅可在法律的范围内选择、终止、或变更其财产制。”

(2)自由式或独创式的约定财产制，即当事人可自由约定夫妻财产关系的内容，只要其约定不违反一般的法律原则，法律就不加限制，允许当事人自由创设其财产关系的内容。

(3)特殊的额约定财产制，即只允许夫妻对特有财产进行约定。

通常情况下，婚姻当事人依双方约定或法律的直接规定而适用某种财产制的情况被称为普通财产制，而在有些国家或地区，为克服共同财产制的某些缺陷，法律设立非常财产制，即当出现法定事由时，依据法律之规定或经夫妻一方(或夫妻之债权人)的申请，由法院宣告撤销原依法定或约定设立的共同财产制，改设为分别财产制。此处的分别财产制是在特殊情况下改设的，故称非常财产制(包括瑞士立法中的特别财产制，法国、德国立法中的共同财产制之撤销制度)。

2. 从立法内容来看，夫妻财产制可分为剩余共同财产制、统一财产制和联合财产制、共同财产制、分别财产制

各国在实行法定财产制或约定财产制时，法律需要从以上财产制中确定规范的夫妻财产制，以供当事人选择。下面分述之：

(1)统一财产制，是指除特有财产外，将妻的婚前原有财产固定价额，转归丈夫所有，妻则保留有在婚姻关系终止时对估价金额的返还请求权制度。

(2)联合财产制，也称管理共同制，是指除特有财产外，夫妻各享有其婚前财产和婚后所得财产的所有权，但将双方财产联合在一起由夫管理的财产制度。

(3)剩余共同财产制，是指夫妻对于自己的婚前财产及婚后所得财产，各自保留其所有权、管理权、使用收益权及有限制的处分权，夫妻财产制终止时，以夫妻双方增值财产

---

① 参见曹诗权、孟令志、麻昌华主编：《婚姻家庭继承法》，北京大学出版社 2006 年版，第 131 页。

(夫妻各自最终财产多于原有财产的增值部分)的差额为剩余财产，归夫妻双方分享。德国以此作为法定财产制，法国则以此为约定财产制之一。① 此制兼采共同财产制和分别财产制的优点，在保障夫妻各自的财产所有权、维护婚姻生活和谐的同时，也有利于维护第三人利益和交易安全。

(4)共同财产制，是指除特有财产外，夫妻的全部财产或部分财产归双方共同所有的制度。依共有的范围不同，共同财产制可分为一般共同制、婚后所得共同制、婚前动产及婚后所得共同制和婚后劳动所得共同制四种，其中一般共同制的共有范围最广，将夫妻婚前财产和夫妻婚后所得财产、动产和不动产均囊括其中；共有范围最小的是婚后劳动所得共同制，双方共有的财产仅限于婚后经营、劳动所得的财产，不包括非劳动所得的财产。

不同国家依本国国情分别采用上述不同共有范围的共同财产制，有的采其为法定财产制，如巴西、法国等；有的采其为约定财产制形式之一，如德国、瑞士等。共同财产制符合婚姻生活共同体的本质要求，有利于保障夫妻中经济能力较弱一方(尤其是专事家务劳动的妻方)的权益，有利于实现事实上的夫妻地位的平等。但夫妻一方没有权利独立处理共同财产，故而在尊重夫妻个人意愿上略显不足。

当代世界许多国家的立法在规定夫妻共同财产制的同时，为了弥补夫妻共同财产制下，夫妻一方无权独立支配共同财产的缺憾，满足夫妻在婚姻生活中的个人特殊经济需要，从而保护夫妻个人财产所有权，设立了夫妻特有财产制。所谓特有财产制，即在夫妻婚后实行共同财产制的同时，基于法律规定或夫妻约定，由有关夫妻各自保留一定个人所有财产的范围，夫妻对该财产的管理、使用、收益和处分，以及相应的财产责任、特有财产的效力等内容组成的法律制度。② 从各国立法的情况上看，特有财产的范围具体如下：夫妻个人日常生活用品和职业必需用品；具有人身性质的财产和财产权，包括人身损害和精神损害的赔偿金以及补助金、不可让与的物及债权等；夫妻一方因制定继承或受赠而无偿取得的财产；由特有财产所生的孳息及代位物等。

夫妻特有财产制不同于全部夫妻财产分别归属于夫妻各自所有的分别财产制，是在依法或依约定实行夫妻共同财产制度的前提下，夫妻各自保留一定范围的个人财产。特有财产制作为共同财产制的限制与补充，与共同财产制同时并存，两者相辅相成，既可以维护婚姻生活的和睦，又兼顾了夫妻各方的个人利益。

(5)分别财产制，是指夫妻双方婚前财产和婚后所得财产仍归各自所有，并各自单独行使管理、使用、收益和处分权，但不排斥双方拥有一部分共有财产或妻以契约形式将其财产的管理权交丈夫行使。英美法系的众多国家以及大陆法系的日本、希腊等，以此制为法定财产制，德国、瑞士、法国等国则以其为可供选择的约定财产制之一。在分别财产制度下，夫妻婚后仍独立享有各自财产的所有权和支配权，有利于充分尊重夫妻个人的利益和交易安全，但在当今社会，妇女在婚后所承担的家庭义务较多，其就业机会和收入状况大多不如男性，在此种情况下实行分别财产制，则易造成夫妻实质上的不平等。

综上所述，夫妻财产制种类繁多，内容多样，但各国立法主要以促进夫妻平等之实

---

① 参见《德国民法典》第 1363～1390 条，《法国民法典》第 1569～1581 条。

② 参见史尚宽著：《亲属法论》，中国政法大学出版社 2000 年版，第 358～359 页。

现、维护夫妻共同生活之圆满、保护第三人的利益及交易安全为立法原则和目的。从当代夫妻财产制立法的发展趋势上看，兼采分别财产制与共同财产制的合理因素，已被越来越多的国家所接纳。

二、我国现行的法定夫妻财产制

我国现行《婚姻法》的法定财产制是夫妻共同财产制和夫妻个人特有财产制相结合的形式，《婚姻法》第 18 条规定了夫妻个人特有财产的范围，以此对该法第 17 条规定的夫妻共有财产的范围加以限制。此外，夫妻还可以通过约定设定夫妻个人特有财产。若没有约定，则当然采用法定财产制，即除了法定的个人特有财产外，其余属于夫妻共同财产。

(一)夫妻共同财产制

现行《婚姻法》第 17 条关于"夫妻在婚姻关系存续期间所得的下列财产，归夫妻共同所有"的规定，表明了婚后所得共同所有制是我国法定财产制的主要内容。我国习惯上称之为夫妻共同财产制，它是指在婚姻存续期间内，夫妻双方或一方所得的财产，除另有约定或法定夫妻个人特有财产外，均为夫妻共同所有，夫妻对共同所有的财产，平等地享有占有、使用、收益和处分的权利的财产制度。夫妻共同财产制最关键的是要确定夫妻共同财产的范围。下文将详述之：

1. 夫妻共同财产的概念和特征

所谓夫妻共同财产，是指夫妻双方或一方在婚姻关系存续期间所得的财产，它具有三个特征：

(1)时间上的限定性。夫妻共同财产的取得是在婚姻关系存续期间，即从双方结婚登记之日起，到夫妻一方死亡或双方离婚时止。1994 年 2 月 1 日前男女双方未履行结婚登记，被认定为事实婚姻的，从同居之日起；1994 年 2 月 1 日后男女双方未履行结婚登记以夫妻名义同居，如事后补办结婚登记的，自双方均符合结婚实质要件起。夫妻分居期间或离婚判决生效前，仍为婚姻存续期间。

(2)主体上的特定性。拥有夫妻共同财产的主体双方，必须具有合法的婚姻关系，无效婚姻、通奸、姘居、重婚的男女不能成为夫妻共同财产的主体。父母、子女等家庭其他成员所拥有的财产均不属于夫妻共同财产。

(3)来源上的确定性。夫妻共同财产是指夫妻一方或双方的婚后所得，但双方已约定归个人所有以及指定归一方所有的继承、赠与所得的除外。此处的"所得"指对财产所有权的取得，并非对财产的实际占有。如在婚前取得、婚后实际占有的财产，其所有权仍归夫妻个人所有；在婚姻关系存续期间取得、婚姻关系终止后才实际占有的财产，其所有权实属夫妻共同财产。

只有当以上三个特征同时具备时，才是夫妻共同财产。

2. 夫妻共同财产的范围

我国现行《婚姻法》第 17 条明确列举了各项夫妻共同财产："夫妻在婚姻关系存续期间所得的下列财产，归夫妻共同所有：(一)工资、奖金；(二)生产、经营的收益；(三)知识产权的收益；(四)继承或赠与所得的财产，但本法第 18 条第 3 项规定的除外；(五)其他应当归共同所有的财产。"

面对日新月异的市场经济生活和纷繁复杂的财产关系，上述列举仍略显笼统。对此，最高人民法院先后颁布了三个司法解释，对此进行进一步解释和限定，主要包括：

(1)关于知识产权的收益问题。《婚姻法解释(二)》第 12 条规定："婚姻法第 17 条第 3 项规定的'知识产权的收益'是指婚姻关系存续期间，实际取得或者已经明确可以取得的财产性收益。"由于知识产权能否实现其财产性权利、何时能够实现等问题，都具有不确定因素，知识产权权利本身的取得和其财产性权益的取得有时并不同步。因此，认定一项知识产权收益是否属于夫妻共同财产时，就应该以该项财产权益的取得是否在婚姻关系存续期间内为判断标准，而不应以知识产权权利本身的取得为判断依据①。知识产权财产性收益明确时间在婚前的，即使收益实际取得在婚后，该收益为个人婚前财产；知识产权的财产性收益明确时间在婚姻存续期间的，无论收益的实际取得是在婚姻期间还是在离婚后，该收益为夫妻共同所有；知识产权的财产性收益明确时间在离婚后的，该收益为个人财产。

(2)因继承或赠与所得的财产。因继承所得的财产是指依据继承法的规定所继承的积极财产，即以遗产清偿被继承人所欠的税款和债务后所剩余的财产。遗产包括公民个人的财产所有权、与所有权有关的财产权、债权、知识产权中的财产权，可见，因继承所取得的财产不以所有权为限。因赠与所得的财产是指基于赠与合同而取得的财产。但并非所有继承或赠与所得的财产都是共同财产，遗嘱或赠与合同中确定只归一方所有的财产属于该方所有。根据《婚姻法解释(二)》的规定，当事人结婚后，父母为双方购置房屋出资的，该出资应当认定为对夫妻双方的赠与，但父母明确表示赠与一方的除外。而《最高人民法院关于适用〈中华人民共和国婚姻法〉若干问题的解释(三)》(以下简称《婚姻法解释(三)》)明确规定，婚后一方父母出资为子女购买不动产且产权登记在自己子女名下的，可视为只对自己子女一方的赠与，应认定为夫妻一方的个人财产。在实际生活中，父母出资为子女结婚购房往往倾注了毕生的积蓄，但基于情面，一般不会与子女签署书面协议，如果离婚时一概将房屋认定为夫妻共同财产，势必违背了父母为子女购房的初衷和意愿，实际上也侵害了出资购房父母的利益。因此，此解释合情合理，兼顾了中国国情与社会常理，有助于纠纷的解决。

此外，《婚姻法解释(三)》第 7 条明确规定，由双方父母出资购买不动产，产权登记在一方子女名下的，该不动产可以认定为双方按照各自父母的出资份额按份共有。该规定从我国的实际出发，将产权登记主体与明确表示赠与一方联系起来，使父母出资购房的真实意图的判断依据更为客观，便于司法认定及统一裁量尺度，也有利于均衡保护婚姻双方及其父母的权益②。

(3)关于"其他应当归共同所有的财产"，根据《婚姻法解释(二)》的规定，其包括：第一，一方以个人财产投资取得的收益；第二，男女双方实际取得或应当取得的住房补贴、住房公积金；第三，男女双方实际取得或者应当取得的养老保险金、破产安置补偿费等。

---

① 参见法律出版社法规中心：《婚姻法律司法解释新解读》，法律出版社 2013 年版，第 58 页。

② 参见巫昌祯主编：《婚姻家庭法律指南》，中国社会出版社 2013 年版，第 48 页。

由一方婚前承租、婚后用共同财产购买的房屋，房屋权属证书登记在一方名下的，应当认定为夫妻共同财产。

此外，本书认为婚姻存续期间的下列财产也应当归夫妻共同所有：第一，对个人财产加以改良后所增加的价值部分，如夫妻双方在婚姻存续期间对一方婚前个人房屋进行修缮、装修、重建，该房屋的所有权仍属夫或妻一方，但因修缮、装修、重建而使该房屋增值的，该增值部分可作为夫妻共同财产；第二，夫妻共同所有的动产添附等；第三，男女双方实际取得或者应当取得的退休金、失业保险金以及解除劳动合同经济补偿金。此外还要注意，如果双方依法办理了结婚登记手续，不管当事人是否同居生活，其后所取得的财产一般均认定为夫妻共同财产。

3. 夫妻共同财产的行使

我国现行《婚姻法》第 17 条明确规定："夫妻对共同所有的财产，有平等的处理权。"这符合夫妻在家庭中地位平等的立法原则，对本条的理解如下：

第一，双方对共有财产拥有平等的所有权。在婚姻关系存续期间，无论是双方共同的收入，还是一方个人的收入，无论各自收入的多少或其中一方有无收入，双方对共同财产都拥有平等的所有权，因日常生活需要而处理夫妻共同财产的，任何一方均有权决定。

第二，夫妻对重大财产的处理应当协商一致。所有权包括占有、使用、收益、处分四种全能，处分权是所有权中最重要的权能，拥有所有权，则当然拥有处分权，但夫妻对共同财产作重要处理决定时，应当平等协商，取得一致意见。如一方未经协商对夫妻共同财产擅自作重大处理时，另一方有权要求停止；他人有理由相信其为夫妻双方共同意思表示的，另一方不得以不同意或不知道为由对抗善意第三人，由此给配偶造成的损失，应由擅自处分财产的配偶一方予以赔偿。对此，《婚姻法解释（三）》第 11 条规定："一方未经另一方同意出售夫妻共同共有的房屋，第三人善意购买、支付合理对价并办理产权登记手续，另一方主张追回该房屋的，人民法院不予支持。夫妻一方擅自处分共同共有的房屋造成另一方损失，离婚时另一方请求赔偿损失的，人民法院应予支持。"就第三人而言，要求其在房产交易中审查出卖人是否有配偶、处分的财产是否属于夫妻共同财产是不现实的，也不利于财产流转。故本条符合不动产登记的公示公信力和保护善意第三人的原则要求，合理平衡无辜配偶一方与第三人之间的利益，对解决近年来日趋频繁的房地产交易纠纷提供依据。

第三，夫妻对共同财产拥有平等所有权的同时也应平等地承担义务。夫妻共同生活的费用，应以夫妻共同财产负担；若夫妻共同财产不足以负担，夫妻双方应以个人财产负担，为夫妻共同生活所负债务，应由夫妻共同财产偿还，夫妻双方对共同债务承担连带责任。

4. 夫妻共同财产的终止

夫妻共同财产的终止，意味着共同财产关系的消灭，从而发生夫妻共同财产的分割，夫妻共同财产制因以下原因而终止：

（1）因夫妻约定而终止。婚姻关系存续期间，夫妻双方可以约定终止共同财产制而实行分别财产制或其他形式的夫妻财产制。

（2）因夫妻一方死亡而终止。我国《继承法》第 26 条规定："夫妻在婚姻关系存续期间所得的共同所有的遗产，除有约定的以外，如果分割遗产，应当先将共同所有的财产的一半分出为配偶所有，其余的为被继承人的遗产。”当夫妻一方死亡时，生存配偶享有分割共同财产的权利以及继承死者遗产的权利。

(3)因离婚而终止。离婚致使婚姻关系消灭，也导致夫妻共同财产关系终止。离婚时，夫妻就共同财产进行协议或依法分割，从而使其成为各自的个人财产。

夫妻共同财产制中共有关系是共同共有，而非按份共有，共同共有人在共有关系存续期间，一般不得请求分割共同财产，只有在共有关系终止，共有财产分割以后，才能划分确定共有人各自的份额。因此，在婚姻关系存续期间，一方请求分割夫妻共同财产的，人民法院通常不应受理。但在某些特殊情形下，法律若不为夫妻一方在婚姻关系存续期间保护自己的财产权利提供救济途径，则有悖公平原则。为此，《婚姻法解释(三)》提供了允许不离婚情形下对夫妻共有财产请求分割的特殊情形，即“婚姻关系存续期间，夫妻一方请求分割共同财产的，人民法院不予支持，但有下列重大理由且不损害债权人利益的除外：(一)一方有隐藏、转移、变卖、毁损、挥霍夫妻共同财产或者伪造夫妻共同债务等严重损害夫妻共同财产利益行为的；(二)一方负有法定扶养义务的人患重大疾病需要医治。另一方不同意支付相关医疗费用的”。

(二)夫妻个人特有财产制

1. 夫妻个人特有财产的概念

夫妻个人特有财产是相对于夫妻共同财产而言的，是指婚姻立法所规定的或依夫妻约定，夫妻各自保留一定范围的个人财产，夫妻一方对个人拥有的财产享有独立的占有、使用、收益、处分的权利，他人无权干涉。为保护公民在婚姻家庭中的合法权益，激发夫妻双方创造财富的积极性，2001 年《婚姻法》修正案增加了关于夫妻个人特有财产的规定，其第 18 条规定的“夫妻一方的财产”即法定的夫妻特有财产，是指夫妻一方婚前享有所有权的财产和婚姻关系存续期间取得的并依法应当归夫妻一方所有的财产。

2. 夫妻特有财产制的范围

关于法定的夫妻特有财产的范围，现行《婚姻法》第 18 条规定：“有下列情形之一的，为夫妻一方的财产：(一)一方的婚前财产；(二)一方因身体受到伤害而获得的医疗费、残疾人生活补助费等费用；(三)遗嘱与赠与合同中确定只归夫或妻一方的财产；(四)一方专用的生活用品；(五)其他应当归一方的财产。”对其理解，应注意以下几个问题：

(1)关于夫妻一方的婚前财产问题，现行《婚姻法》将一方婚前的财产明确规定为个人财产。对此，《婚姻法解释(一)》第 19 条也明确规定：“婚姻法第 18 条规定为夫妻一方所有的财产，不因婚姻关系的延续而转化为夫妻共同财产。但当事人另有约定的除外。”

关于一方个人财产婚后收益的问题。一般而言，夫妻一方的财产在婚后的收益主要包括孳息、投资经营收益及自然增值。《婚姻法》规定了婚姻关系存续期间所得的生产、经营收益及知识产权收益归夫妻共同所有，《婚姻法解释(二)》也明确规定一方以个人财产投资所得的收益为夫妻共同财产，但对孳息和自然增值两种情形未作明确认定。《婚姻法解释(三)》明确夫妻一方个人财产婚后产生的孳息和自然增值是个人财产，而非共同财产。孳息的产生依附于原物，原物属于一方个人财产，其产生的孳息亦归其所有。此处的“孳息”应作狭义理解，不包括投资收益。所谓自然增值，是指该增值的发生是因通货膨胀或市场行情的变化所致，与夫妻一方或双方是否对该财产经营管理无关。如夫妻一方个人婚前所有的古董，在婚姻存续期间因市场价格上涨而产生的增值，也认定为个人财产。

(2)关于一方因身体受到伤害获得的医疗费、残疾人生活补助费等费用问题。这些财产具有人身性质，故只能归该方个人所有。《婚姻法解释(二)》第13条对此进一步明确规定："军人的伤亡保险金、伤残补助金、医药生活补助费属于个人财产。"

(3)关于遗嘱或赠与合同中确定只归一方的财产问题。这些财产被认定为一方的个人财产，是基于意思自治原则和对遗嘱人、赠与人个人意愿的尊重以及对个人财产处分权的保护。《婚姻法解释(二)》第22条第1款规定："当事人结婚前，父母为双方购置房屋出资的，该出资应当认定为对自己子女的个人赠与，但父母明确表示赠与双方的除外。"《婚姻法解释(三)》第7条第1款继而规定，婚后由一方父母出资为子女购买的不动产，产权登记在自己子女名下的，可视为只对自己子女一方的赠与，应认定为夫妻一方的个人财产。

(4)关于"一方专用的生活用品"的问题。在现实生活中，主要指夫妻各自日常生活、职业所需的专用物品，如个人使用的衣物、书籍等，由于这类财产在使用价值方面具有特殊性，应属于夫或妻一方个人财产。但婚后购置的贵重首饰，一方因其职业需要购置的价值较大的物品，以及摩托车、汽车等生活资料，虽属个人使用，也应视为共同财产。

(5)关于"其他应当归夫妻一方的财产"的问题。这是概括性规定，包括夫妻双方约定归个人所有的财产和该条前4项列举以外的财产，如婚姻存续期间，转业军人的复员费、转业费、自主择业费等。

3. 夫妻对特有财产行使

夫妻特有财产是夫妻婚后依法或依约定保留的个人所有财产。故夫妻一方的个人特有财产，其效力等同于婚前个人财产，夫妻一方有依自己的意愿独立行使占有、使用、收益、处分的权利，不需征得对方同意；同时，对婚姻关系存续期间夫妻一方所负的个人债务及其特有财产所生债务等，均应由其特有财产负担清偿责任。

三、我国现行的约定夫妻财产制

(一)约定财产制的概念和意义

约定财产制是指法律允许夫妻用协议的方式，对夫妻在婚前和婚姻关系存续期间，所得财产的归属、管理、使用、收益和处分及对第三人债务的清偿、婚姻解除时财产的分割等事项作出约定，从而排除或部分排除夫妻法定财产制使用的制度①。

关于约定财产制的规定，1980年仅有"双方另有约定除外"的简单规定，非常原则抽象，缺乏可操作性。现行《婚姻法》则增强了可操作性，填补了原来几乎是空白的约定财产制，对我国市场经济的发展及实现夫妻法律地位平等具有重要意义。

首先，约定财产制度完善适应了我国社会的发展和人们物质生活水平提高的形势。随着市场经济观念和商品意识的建立，物质利益受到前所未有的关注，年轻一代的自我意识

① 参见郭丽红著：《冲突与平衡：婚姻法实践性问题的研究》，人民法院出版社2005年版，第135页。

和个人权利意识不断增强，价值观念发生改变，将夫妻间人身关系和财产关系相分离的观念日益为人们所接受。

其次，夫妻财产可能涉及各种债权债务、共有等关系，在财产关系日趋复杂的情况下，允许双方根据自己的意愿，依法对财产作出约定，既有利于充分发挥夫妻财产的各项权能，又有利于满足当事人各自的要求，减少纠纷，促进夫妻和睦及家庭的稳定。一旦发生纠纷，也有利于财产的妥善处理，促使纠纷的及时解决。

最后，夫妻财产约定制度减轻了法定财产制的压力，对某些比较复杂的夫妻财产关系在法定财产制规范不够完善的情况下，约定财产制将会发生巨大的作用。

(二)约定财产制的内容

2001 年修订后的我国《婚姻法》第 19 条对约定财产制的内容作出了详细规定，包括约定的财产范围、约定的方式、约定的内容，以及约定的对内、对外效力，使约定财产制具有明确的可操作性。

我国实行法定财产制与约定财产制相结合的夫妻财产制，其中，约定财产制优先适用，只有在当事人未就夫妻财产作出约定，或约定不明确，或约定无效时，才适用法定财产制。

1. 夫妻约定财产制的方式

依《婚姻法》第 19 条的规定，约定应采用书面方式，即约定为要式行为，旨在防止当事人在冲动的情况下，草率地作出决定。当事人的意思以书面的形式加以记载，也可以避免举证困难，还有利于将约定内容公开，告之第三人，从而达到保护善意第三人，维护交易安全之目的。

2. 夫妻约定财产制的内容

《婚姻法》第 19 条规定：“夫妻可以约定婚姻关系存续期间所得的财产以及婚前财产归各自所有、共同所有或部分各自所有、部分共同所有。”即可约定采用分别财产制、一般共同制或限定共同制等。此外，夫妻还可就财产的使用权、管理权、收益权、处分权，家庭生活费的负担，债务的清偿，婚姻关系终止时的财产清算、分割等加以约定。

3. 夫妻约定财产制的效力

(1)对内效力，是指夫妻财产约定对夫妻双方的约束力，这是财产约定最直接和最基本的效力。《婚姻法》第 19 条第 2 款规定：“夫妻对婚姻关系存续期间所得的财产以及婚前财产的约定，对双方具有约束力。”夫妻财产约定生效后，夫妻间的财产关系依约定的内容处理，非经双方同意，任何一方不得擅自对约定进行变更或撤销。夫妻离婚时，对夫妻共同财产的认定和分割发生争议的，如果有夫妻约定财产制的协议，应当按照协议约定的内容加以处理。

(2)对外效力，是指夫妻财产约定对第三人的效力。我国《婚姻法》第 19 条第 3 款规定：“夫妻对婚姻关系存续期间所得的财产约定归各自所有的，夫或妻一方对外所负的债务，第三人知道该约定的，以夫或妻一方所有的财产清偿。”《婚姻法解释(一)》第 18 条指出：“婚姻法第 19 条所称‘第三人知道该约定的’，夫妻一方对此负有举证责任。”据此，夫妻如约定实行分别财产制，对第三人有告之的义务。没有履行告之义务的，其约定对第三人不发生效力，如夫或妻一方对外所负的债务，以负债一方的财产不足清偿时，应以共同财产清偿。

在适用约定财产制时，应注意以下问题：

(1)对于夫妻约定财产制的约定时间问题，我国《婚姻法》并未作出明确限制。故夫妻可自行确定，在结婚前、登记结婚时或婚姻存续期间对财产进行约定。

(2)关于约定的有效要件，我国《婚姻法》并无明确规定，由于夫妻财产约定为双方法律行为，故适用《民法通则》关于法律行为的一般规定。第一，夫妻双方须有缔结能力。即夫妻双方具有完全民事行为能力。当事人须亲自进行约定，不得由他人代理。第二，约定须出自双方自愿。夫妻双方对约定的意思表示须真实、自愿，凡以欺诈、胁迫、乘人之危等方式使对方违背真实意思而作出的约定无效。第三，约定的内容必须合法。夫妻双方的约定不得规避法律、违背公序良俗，不得损害国家、集体和他人的利益，不得规避扶养、清偿第三人债务等义务。约定的财产不得超出夫妻财产的范围。

【思考题】

1. 我国《婚姻法》规定的婚姻在身份上的效力有哪些？
2. 简述我国《婚姻法》规定的法定财产制的内容。
3. 简述我国《婚姻法》规定的约定财产制的内容。
4. 非常法定财产制有何制度价值？
5. 如何正确划分夫妻共同财产和个人财产的范围？
6. 分析夫妻财产约定与财产法的合同的异同点。
7. 简述约定财产制的效力。

第七章 离婚制度

【本章学习重点提示】婚姻终止；诉讼离婚；“夫妻感情确已破裂”标准的认定。

第一节 离婚制度概述

一、婚姻终止的概念和原因

（一）婚姻终止的概念

婚姻终止是指合法有效的婚姻关系，因发生一定的法律事实而归于消灭。其含义有：

1. 婚姻终止的必要前提是合法有效的婚姻关系的存在

终止是对合法有效的婚姻关系的消灭，若不存在合法有效的婚姻关系这个前提当然就谈不上婚姻的终止，凡是不存在婚姻关系，违法的、无效的婚姻关系都只能通过一定的法律程序被宣告为婚姻不成立或婚姻无效或被撤销，与婚姻的终止是有严格区别的。

2. 婚姻终止是基于一定的法律事实

引起婚姻终止的法律事实不同，其法律后果也不相同。

3. 婚姻终止必然产生一定的法律后果

在婚姻家庭法上，婚姻终止在当事人的人身关系、财产关系以及子女抚养等方面，必然会引起一系列的法律后果。

（二）婚姻终止的原因

婚姻终止的原因在不同时期有一定差异。在罗马法中导致婚姻终止的原因有三种：双方离婚、配偶死亡、配偶一方“人格大减”等。到了中世纪，寺院法禁止离婚，婚姻当事人一方或双方死亡成为终止婚姻关系的唯一原因。自近代以来，绝大多数国家法律视配偶死亡和双方离婚为婚姻终止的基本原因，另外有的立法例对无效婚姻或可撤销婚姻采取不溯及既往的原则。该婚姻自判决宣告或撤销之日起婚姻关系消灭，因而也将婚姻被宣告无效或者被判决撤销视为婚姻终止的原因。但我国《婚姻法》对宣告无效的婚姻和可撤销婚姻采取溯及既往的原则，自婚姻成立时无效，当然就不属于婚姻的终止，也就是说在我国的《婚姻法》中，婚姻无效和被撤销与婚姻的终止有着严格的区别，婚姻终止的原因只有配偶死亡和离婚。

1. 因配偶死亡而终止婚姻关系

配偶死亡分为两种：配偶自然死亡；配偶被宣告死亡。

(1)因配偶自然死亡而终止婚姻关系。婚姻是男女共同生活的结合体，夫妻关系则是特殊的人身关系，以配偶双方的生命存在为前提，如果配偶一方自然死亡，夫妻之间的权利义务就无法实现，无疑失去了共同生活的前提与意义。不论法律是否明文规定，自然应导致婚姻关系的终止。

(2)因配偶一方宣告死亡而终止婚姻关系。宣告死亡是在法律上推定失踪人已经死亡，与自然死亡具有同样的法律后果。对于宣告死亡后，婚姻关系何时终止，各国立法有两种不同规定：一种是从宣告死亡之日起婚姻关系即行终止；另一种是配偶一方被宣告死亡后，直到他方再婚之时，才视为婚姻关系终止。我国采用前一种立法例。但是宣告死亡属于一种法律推定，被宣告人是否实际死亡则不一定，因此，《民法通则》第 24 条规定，被宣告死亡的人重新出现或者确定他没有死亡，经本人或利害关系人申请，人民法院应当撤销对他的死亡宣告，有民事行为能力的人宣告死亡期间实施的民事行为仍然有效。不过，因被宣告死亡所引起的法律后果也仍然有效，自然死亡之前的民事法律行为与被宣告死亡所引起的法律后果相抵触的，则以其实施的民事法律行为为准。就其婚姻关系而言，涉及两个法律问题：①被撤销死亡宣告的人与其配偶的婚姻关系是否恢复。《最高人民法院关于贯彻执行〈民法通则〉若干问题的意见(试行)》第 37 条明确指出："被宣告死亡的人与配偶的婚姻关系，自死亡宣告之日起消灭。死亡宣告被人民法院撤销，如果配偶尚未再婚的，夫妻关系自撤销死亡宣告之日起自行恢复；如果其配偶再婚后又离婚或者再婚后配偶又死亡的，则不得认定夫妻关系自行恢复。"对此可分三种情形：一是死亡宣告撤销时，生存配偶尚未再婚的，夫妻关系从撤销死亡宣告之日起自行恢复。二是死亡宣告后生存配偶一方已再婚的，再婚有效。被宣告死亡一方重新出现，其原配偶与他人的婚姻关系如何处理，外国婚姻法中有两种不同的规定：一种是若再婚的当事人双方均为善意时，后婚继续有效；另一种是若再婚的当事人双方均为恶意时，后婚被认为无效。我国的实际做法是原婚姻关系确定的消灭，再婚有效，受法律保护。三是被宣告死亡人的配偶再婚后又离婚或再婚后配偶又死亡的，不得认定夫妻关系自行恢复。如果双方要恢复婚姻关系，只能按照结婚登记程序办理。被撤销死亡宣告的人在死亡宣告后与他人结婚是否构成重婚。在死亡宣告期间，被宣告死亡的人未经离婚又与他人结婚，显然存在重婚的恶意，可根据具体情况按重婚处理。

2. 因离婚而终止婚姻关系

离婚又称为婚姻关系的解除，是指合法夫妻一方或者双方在其婚姻关系存续期间依照法律规定的条件和程序，解除婚姻关系的法律行为。它具有下列基本特征：

(1)从主体上看，离婚的主体必须是具有合法夫妻身份的男女双方本人所为的法律行为。包括两方面的含义：离婚主体必须是合法夫妻。离婚必须是离婚当事人本人的行为。离婚只能由当事人自己实施，他人不可取代，更不能对他人的婚姻关系提出离婚请求。在双方自愿离婚时，要求双方亲自到婚姻登记机关作出申请离婚的意思表示；在一方要求离婚时，要求离婚的一方，必须向人民法院递交诉状或向人民法院口头表达离婚的意思。

(2)从时间上看，只有在夫妻关系存续期间才能办理离婚。婚姻关系自然终止，无须依离婚程序解除离婚关系。

(3)从程序上看，离婚必须依照法定的条件和程序办理。离婚是一种法律行为，必须符合法律规定的条件和程序，不能由当事人随意解除。法律在保障离婚自由的同时，又要设置一定的条件和程序，目的是为了防止当事人轻率离婚，保障离婚当事人及子女的利益，从而稳定婚姻家庭秩序。只有符合离婚条件及经过法定程序，当事人才能依法解除其婚姻关系。

(4)离婚产生的一系列法律后果。离婚导致婚姻关系的解除和终止，引起夫妻人身关系、财产关系的消灭，产生夫妻共同财产的分割、债务的偿还、经济帮助、离婚损害赔偿以及未成年子女的抚养探望等一系列法律后果。所以离婚不仅关系到婚姻当事人的利益，也会影响到子女的利益和第三人的利益。

3. 离婚与宣告婚姻无效、撤销离婚的区别

离婚与婚姻无效、撤销离婚从形式上看都是使已经成立的婚姻关系归于消灭，具有某些相似之处，但它们属于性质不同的法律制度。离婚是解除有效婚姻关系的法律制度，无效与可撤销婚姻是解决欠缺结婚要件的婚姻是否具有法律效力的制度。其区别如下：

(1)性质不同。离婚是对现存婚姻关系的解除，是解决不幸婚姻的补救措施；宣告婚姻无效是对不符合法定有效要件的婚姻从根本上否认其效力，可撤销婚姻是对因受威胁的婚姻依法否定其效力。

(2)原因不同。离婚的原因是双方自愿离婚并对离婚后果达成协议；或者一方要求离婚，其夫妻感情确已破裂，而调解无效时准予解除婚姻关系。婚姻无效和可撤销的原因是婚姻成立时一方不具备法定结婚条件，如未达婚龄，有禁止结婚的疾病，重婚等存在违反婚姻家庭法的事实，形成的是违法婚姻。

(3)原因发生的时间不同。离婚的原因一般发生在婚后，夫妻共同生活期间；而婚姻无效、可撤销的原因则在婚姻缔结时已经存在。

(4)请求人权不同。离婚请求权仅仅限于离婚当事人本人行使，其他任何第三人无请求权，而无效婚姻、可撤销婚姻的请求权除由当事人行使外，利害关系人、国家有关部门也可以主张。

(5)请求权时间限制不同。离婚在婚姻关系存续期间都可以提出，当事人一方死亡后，不得进行离婚；而婚姻无效的请求权既可以在双方生存期间行使，也可以在双方或一方死亡后行使；可撤销婚姻的请求权则应自婚姻登记之日(被非法限制人身自由的，自恢复人身自由之日)起1年内提出。

(6)效力不同。离婚确定之日起解除离婚关系，没有溯及力。婚姻无效和可撤销是对婚姻效力的自始否定，具有溯及力。

(7)法律后果不同。宣告婚姻无效和可撤销不发生离婚的法律后果，同居期间所得的财产不能按夫妻共同财产加以分割，而按一般共有财产处理；同居期间所生子女为非婚生子女，在违法婚姻关系被宣告无效后或可撤销后，享有婚生子女同等的权利和义务。

4. 离婚与别居

别居又称为分居或分床分食制，是指在不解除婚姻关系的情况下，终止夫妻同居义务的法律制度，是外国亲属法中的一项制度。按照有些国家的法律规定，别居要由当事人申请法院裁决，在保留婚姻关系的前提下，免除夫妻间的同居义务。在欧洲中世纪，基督教实行禁止离婚主义，夫妻关系即使恶化到不能共同生活的地步也不能离异，于是别居制度便成为维护禁止离婚主义的手段。当禁止离婚主义被许可离婚主义替代以后，别居制度仍为一些国家所采用，成为离婚制度的补充。夫妻关系恶化时可以先准其别居，如事实证明

确实不能和好时，再准其离婚。离婚和别居表面上有相似之处，实际上有重大区别：

(1)离婚解除了婚姻关系，别居只能免除某些夫妻义务，并不解除婚姻关系。在别居期间，双方均不得再婚。

(2)离婚后，夫妻间的人身财产方面的权利和义务均已消除，别居后夫妻间的权利和义务如相互扶养、相互继承遗产的等仍然存在。

我国《婚姻法》没有别居制度的规定，但在现实生活中也存在某种类似别居的现象，如夫妻感情不和，或者基于其他原因不愿共同生活，双方各自独立生活。对此，人们一般称之为分居。分居本身不能成为离婚的条件，如因感情破裂而分居，可以作为处理离婚问题的参考。根据《婚姻法》第32条的规定，“因感情不和分居满两年”可以认定为感情确已破裂的具体情形。

二、离婚制度的历史沿革

离婚制度是婚姻家庭制度的重要组成部分，是有关解除婚姻关系的实体性规范和程序性规范的总和。离婚作为一种法律制度，是一个历史范畴，是个体婚制的产物。它的产生、发展、演变受到社会物质关系的制约和政治、文化、道德等因素的深刻影响。从一夫一妻制产生以来，离婚制度经历了漫长的历史演变，在不同的社会制度下，具有不同的性质和特点，也就产生了不同类型的离婚制度。

(一)离婚制度的立法主义

纵观古今中外世界各国的婚姻制度，离婚立法由严格走向宽松，由宗教走向世俗。其发展过程可大致概括为：由禁止离婚主义到许可离婚主义；由专权离婚主义到平权离婚主义、限制离婚主义；由有责离婚主义到无责离婚主义；由限制离婚主义到自由离婚主义。在人类的历史长河中，离婚立法以许可离婚主义为普遍，以禁止离婚主义为例外，禁止离婚主义只是反映了离婚制度演变过程中局部地区的阶段性的特点。个体婚制从其产生至今均以许可离婚主义为主流，只是在许可的程度和范围不同而已。

1. 禁止离婚主义

所谓禁止离婚主义是指夫妻双方无论处于何种原因均不得离婚。它实质上是一种宗教婚姻制度，渊源于基督教的宗教法规，盛行于欧洲中世纪，对近代社会产生了深远影响，至今仍主宰着少数国家的婚姻制度。基督教认为，结婚属圣典之一，一夫一妻和永不离婚是教会法婚姻制度的两个基本原则。为了维护禁止离婚的教规，教会法还创设了别居制度作为贯彻婚姻不可解除的辅助手段，即许可双方不承担相互同居的义务，但不许双方解除婚姻关系。随着人类文明历史的发展，禁止离婚已经被大多数国家彻底摒弃，只有极少数国家实行禁止离婚主义，如圣马力诺、安道尔、马耳他、巴拉圭等。

2. 许可离婚主义

许可离婚主义是指允许解除离婚关系的立法主张和法律制度。许可离婚主义认为婚姻有可变性及可离异性，允许夫妻生存期间根据双方或一方的请求解除婚姻关系。纵观许可离婚主义的发展过程，主要经历了三个发展阶段，即专权离婚主义、限制离婚主义和自由离婚主义。

(1)专权离婚主义。所谓专权离婚主义，也称夫权离婚主义或特权离婚主义，是指夫妻双方只有丈夫有离婚的特权，可以作出休妻的行为。古巴比伦《汉谟拉比法典》、中国古代的礼法、伊斯兰教国家的《古兰经》中有关离婚制度的规定，都是采用专权离婚主义，是奴隶社会、封建社会普遍通行的离婚制度。

(2)限制离婚主义。限制离婚主义是指夫妻双方均享有离婚请求权，但法律对离婚条件严加限制的立法主张。即法律明确列举离婚的理由只有符合法律规定的理由方能离婚。凡夫妻一方具有法定的离婚事由时，他方有权请求离婚，发生离婚事由的一方则无权请求离婚。

(3)自由离婚主义。自由离婚主义是指根据夫妻双方或一方的自由意志，只要婚姻在客观上无法挽回，即可准予离婚的法律主张。这种立法主义是彻底的“无责离婚主义”，又称“破裂主义”。享有离婚权的主体在法律地位上是平等的，夫妻任何一方无论男方还是女方，有过错方还是无过错方均可以依照法定的程序提出离婚。

(二)我国离婚制度的发展

1. 我国古代的离婚制度

在我国古代宗法家族主义制度下，婚姻是实现家族利益的手段，礼制婚姻为“伉俪之道，义期同穴，一与之齐，终身不改”，即不倡许离异。《唐律疏议》第十四卷规定：“故妻无七出及义绝之状条，不合出之。”但当婚姻已经不符合家族利益时，又认为“夫妇以人和者也”，“而以人和者也，可制以去就之义”。钱大昕《昏仪》说：“父子兄弟以天合者也，夫妇以人合者也。以天合者，无所逃于天地之间；而以人合者，可制以去就之义。”这一婚姻乃“人合”的观念，为许可离婚的伦理依据。肯定夫妻的离异，只是“夫有出妻之礼，妻无弃夫之条”，“夫有恶行，妻不得去之者，他无去天之义也”。由此形成了限制与剥夺妇女离婚权的专制离婚主义。古代把离婚称为“弃妻、出妻、放妻、逐妻、休妻、黜妻”，妇女只能作为被放弃的对象，而无离婚的权利。当时夫妻关系要绝对服从于家族本位及家庭利益，婚姻的缔结和解除要由家长的意志和家族来决定，即使夫妻和谐，但有碍于宗法家族的婚姻关系也得解除。基于此，中国古代的离婚方式可概括为“出妻”、“义绝”、“和离”以及基于特定事由的“呈诉离婚”。

(1)出妻。出妻是中国古代最主要的离婚方式，与当时的社会背景相对应，贯彻男性本位主体。出妻具体情形有七个：不顺父母、无子、淫、口舌、盗窃、妒忌、恶疾，故又称“七出”。它起源于我国奴隶社会末期，起初为礼制的内容，以后由封建统治阶级以法律的形式加以规定。

一般来说，妻子如触犯“七出”中的任何一条，无须经官府，由丈夫写成休书，就可以将其妻休去，但法律又以“三不去”进行限制。所谓三不去是指，“尝更三年丧不去”(曾为公婆守孝三年的不去)，“有所受无所归不去”(妇女无娘家可归的不去)，“贱去贵不去”(娶妻子的时候夫家贫贱，后来富贵的不去)。唐律规定：“虽犯七出，有三不去而出之者，杖一百，追还合。”但是若犯恶疾及奸者，不用此律。元、明、清的法律仅规定，妻犯奸者不受三不去的限制。“七出’”之条是夫方或夫家基于家庭本位弃妻的礼和法上的依据。“三不去”的限制，绝对挽救不了妇女被出、被休的命运。只要妻子不顺夫意和夫家之意，就可以某种理由将其逐出夫家。

(2)义绝。义绝是我国封建时代的一种颇有特色的法律规定的强制离婚方式。它是指如果夫妻之间或者夫妻一方与他方亲属之间或者双亲之间，出现一定的事件经官司处断后便认为夫妻之义当绝，强迫离异，若不离异，就要受到法律制裁的一种离婚方式。义绝有两大特点：一是强制离婚。即不问婚姻当事人及双方家庭意愿，只要符合法定义绝条件必须离异，若不离，将受到惩罚。二是须经官府判断离婚。裁决义绝的，自断离之日起解除婚姻关系。这反映了封建统治阶级对婚姻家庭的直接干预。

“义绝”的出现较“出妻”较晚，且与“出妻”不同，七出是于礼应出，于法可出，而非必出。合当义绝而不绝者，必依律科刑。唐律规定，“诸犯义绝者离之，违者徒一年”。元、明、清的法律均规定，若犯义绝应离而不离者，杖八十。

(3)和离。和离又称为两愿离婚，即协议弃妻，类似于现代的协议离婚。唐宋律规定：“若夫妻不相安谐而和离者不坐。”元、明、清法律有关于“和离”的规定：“夫妻两愿离者，不坐。”和离与后世的双方协议离婚有着本质的不同。在当时的社会条件下，妇女受封建礼法的严重束缚，社会地位、家庭地位十分低下，妇女是很难实现离婚意愿的，离与不离主要取决于丈夫。因此，和离实际上成了出妻的变通，成为“七出”的一块遮羞布。

(4)呈诉离婚。呈诉离婚又称为“准义绝”，是指发生特定的原因，由夫妻一方呈请离婚而由官府判决准许离异的离婚方式。呈诉离婚既不同于和离，也不同于义绝。呈诉离婚的法定理由和其他三种离婚方式一样，对于夫妻双方而言是不平等的。属于男方提出呈诉离婚的理由有“妻背夫在逃”、“男妇虚执翁奸”、“妻杀子”、“妻鬼魅其夫”等。妇方据以呈诉离婚的理由有“夫典雇其妾”、“翁欺奸男妇”等。如明清律均规定，受财典雇妻妾与人者，除初一刑罚外，并勒令离之。

2. 我国近代的离婚制度

上溯古代的离婚制度，直到民国初年仍为北洋军阀大理院的判例所用。1911 年“民律草案”对离婚制度做了一定的调整，开始采用大陆法系的离婚思想，删除旧律之义绝，而保留两愿离婚和夫妻相互诉请离婚的制度，但对于裁判离婚原因，一则沿袭旧习惯，二则受日本民法的影响，不能超出限制主义、有责主义，而是采用家族主义的离婚原因。1930 年 12 月 26 日，国民党政府公布的民法亲属篇，在离婚问题上反映了旧中国半殖民地、半封建社会制度的特点和要求。该法在形式上模仿了日本、德国等大陆法系亲属法的体例，但在内容上仍保留了不少封建婚姻家庭制度的残余。该法规定的离婚方式有两种：两愿离婚和裁判离婚。

3. 新中国成立前革命根据地的离婚主义和新中国离婚制度的发展

早在新民主主义革命时期，革命根据地政权就根据马克思主义的婚姻家庭学说，学习借鉴苏联苏维埃离婚法，创建了自己具有特色的离婚制度，确立了离婚自由的原则，建立了两愿离婚的登记制和一方要求离婚的诉讼制度。在离婚问题上，对革命军人予以特殊保护，在离婚后果上对妇女权益予以特殊照顾，保护未成年子女的合法权益。

新中国成立后，1950 年《婚姻法》彻底废除了封建离婚主义婚姻家庭制度所确认和保护的专权离婚制度，同时也否定了近代资本主义的过错离婚制度，针对新中国成立初期的社会情况和婚姻家庭情况，在吸收了民主革命时期的离婚立法经验的基础上，对离婚问题做了明确具体的规定。

党的十一届三中全会以后，中国社会走向了变革、发展的新时期。1980 年《婚姻法》

一方面继承了 1950 年《婚姻法》所坚持的“保障婚姻自由，反对轻率离婚”的指导思想；另一方面又充分总结了 30 年来的大量实践，经过大量的调查研究和预测，对原婚姻法有关离婚的部分内容做了适当的修改、补充和发展，在裁判离婚的原因上，明确将“夫妻感情确已破裂，调解无效”作为准予离婚的概括性原则，确定了抽象的破裂离婚主义，并在离婚后果上做了完善，从而使我国的离婚制度更切合中国的实际，更鲜明地反映了社会主义制度对婚姻家庭的要求。时至世纪之交，中国社会变革向纵深发展，婚姻家庭领域的新问题、新情况日益增多，要求离婚立法从技术上加以完善，从内容上加以充实。2001 年《婚姻法》修正案对 1980 年《婚姻法》进行了部分修正，针对原婚姻法中离婚条件、程序和法律后果规定的不足，修改补充了以下内容：

(1)继续坚持以“感情确已破裂”作为裁判离婚的法律原则，在总结司法经验的基础上，对夫妻感情确已破裂的一些情况作了列举，补充规定了应准予离婚的六种具体情形，舍弃了概括主义，确立了例示主义的法定离婚原因。

(2)将“现役军人的配偶要求离婚，须得军人同意”修改为“现役军人的配偶要求离婚，须得军人同意，但军人一方有重大过错的除外”。

(3)在一定期间内限制男方离婚请求权的规定中补充了“女方中止妊娠后 6 个月内男方不得提出离婚”的内容。

(4)在离婚后父母子女关系的法律规范中，引入了“直接抚养”称谓，增设了“离婚后，不直接抚养子女的父或母，有探望子女的权利，另一方有协助的义务”的规定。

(5)与夫妻财产制的修正相对应，对离婚时的财产分割、债务清偿作了必要的修改和补充，增加了经济补偿请求权的规定，增加规定了夫妻一方侵犯他方财产共有权的处理措施，对离婚时的困难帮助问题作了更为明确的规定。

(6)在离婚后果上，确立了离婚过错损害赔偿制度，明确规定了因夫妻一方重婚、与他人同居、实施家庭暴力、虐待、遗弃家庭成员而导致离婚的，无过错方有权请求损害赔偿。

第二节 登记离婚

一、登记离婚的概念

登记离婚是指双方夫妻自愿离婚，并就离婚的有关问题达成协议，经过婚姻登记机关认可即可解除婚姻关系的一种离婚方式。在我国习惯称之为两愿离婚、合意离婚、协议离婚。因为这些离婚依行政程序办理，所以又称为行政程序离婚。在国外，一些法学家称这种离婚方式为无因离婚。在离婚程序上，协议离婚与登记离婚不完全相同。协议离婚包括登记离婚和诉讼调解离婚，登记离婚是协议离婚的一种方式。由于本章以离婚程序为标准，分别阐述行政登记程序和诉讼离婚，因而不使用“协议离婚”一词。

登记离婚是一种比较自由的离婚方式，反映了婚姻法尊重婚姻当事人的婚姻意思自治的现代法治精神。这种离婚方式不仅手续简便，节约时间，成本低廉而且当事人无须陈述离婚的具体原因，有利于保护婚姻当事人的隐私。同时，它不会激化当事人原有的矛盾，使之能在较平静的气氛中分手。所以，这种离婚方式被外国的社会学家称为文明的离婚方式。在我国，登记离婚受到越来越多的离婚当事人的欢迎，登记离婚的人数远远超过了诉讼离婚的人数。

二、登记离婚的条件

《婚姻法》第 31 条规定："男女双方自愿离婚的，准予离婚。双方必须到婚姻登记机关申请离婚。婚姻登记机关查明双方确实是自愿并对子女和财产问题已有适当处理时，发给离婚证。"根据相关规定，登记离婚应对具备以下条件：

1. 登记离婚的男女双方必须是办理结婚登记的有合法配偶身份的夫妻

离婚是有夫妻身份关系的当事人婚姻关系的解除，因此，登记离婚的当事人双方须有合法的夫妻身份，不具备合法夫妻身份关系的当事人，解除同居关系，不适用登记离婚之规定。离婚行为具有强烈的人身性，只能由具有夫妻身份的当事人本人进行，不适用民事代理的规定，任何第三人都不得代替一方或双方登记离婚。婚姻登记机关在办理离婚登记时应先验明双方的夫妻身份，凡是没有结婚证或夫妻关系证明书，就不能办理离婚登记手续。对于未办理结婚登记的事实婚姻、非法同居，原则上不应按登记离婚的程序解除。

2. 双方当事人须为有完全民事行为能力的人

离婚是一种重要的民事法律行为，只有在双方当事人具有完全的民事行为能力时，才能进行登记离婚。《婚姻登记条例》第 12 条第 2 款规定，属于无民事行为能力人或限制民事行为能力人办理登记离婚的，婚姻登记机关不予受理。对于夫妻一方为无民事行为能力人或限制行为能力人的离婚，应依诉讼程序，并由其法定代理人代理诉讼。

3. 夫妻双方确实是自愿离婚

夫妻双方自愿离婚是登记离婚的最重要的条件，其他有关离婚的事宜，包括离婚子女抚养和财产处理问题，夫妻可以在自愿离婚的前提下，本着互谅互让、好聚好散的精神，共同协商，妥善解决。自愿离婚必须是发自夫妻双方内心、真心真意地愿与对方解除婚姻关系。只有夫妻一方要求解除婚姻关系，他方不同意的，不能认为是双方自愿离婚；或者一方用虚构事实、隐瞒真相等欺骗方法或以胁迫等手段而进行的离婚登记，不发生法律效力。

4. 对子女和财产问题已有适当处理

登记离婚必须对子女和财产问题已有适当处理。如果不具备这一条件，则不能通过行政程序而只能通过诉讼程序离婚。

所谓对子女问题有适当处理，是指对方离婚后有关子女(主要是未成年的和不具备独立生活能力的子女)的一切问题，在有利于保护子女合法权益的原则下作了合理的、有切实保障的安排，包括子女由何方直接抚养，子女的抚养费和教育费如何负担以及不直接抚养方对子女的探视权等内容。

所谓对财产问题有适当处理，是指在不侵害妇女合法权益的前提下，对夫妻共同财产作合理额分割和处理，对离婚后一方给予生活困难的他方以经济帮助的问题作必要的安排。在不得侵害国家、集体利益及其他公民合法权利的前提下，对共同债务的清偿作出合理的安排。

5. 双方必须到婚姻登记机关登记离婚

符合上述条件的夫妻必须亲自到婚姻登记机关办理离婚登记手续，这是登记离婚的程序要件。

三、登记离婚的程序

按照《婚姻登记条例》的规定，办理离婚登记的机关，是县级人民政府民政部门或者乡(镇)人民政府。办理离婚登记的步骤如下：

(一)申请

当事人申请离婚，应当持以下证件和证明到一方户口所在地的婚姻登记机关办理：

(1)本人的户口簿、身份证。

(2)本人的结婚证。

(3)双方当事人共同签署的离婚协议书，离婚协议书应当载明双方当事人自愿离婚的意思表示以及对子女抚养、财产及债务处理等事项协商一致的的意见。

(二)审查

婚姻登记机关对于当事人的离婚申请应当根据《婚姻法》和《婚姻登记条例》进行严格审查。审查的过程也就是对当事人进行引导调解和说服教育的过程。要教育当事人慎重对待和考虑离婚问题，根据具体情况做深入细致的思想工作，尽可能地挽救那些感情尚未破裂的婚姻，促成双方和好。

当事人应当如实提供登记机关必须了解的情况，不得弄虚作假，必要时登记管理机关应当调查核实。申请离婚登记的当事人有下列情形之一的，登记机关不予受理：

(1)未达成离婚协议的。

(2)属于无民事行为能力人或者限制民事行为能力人的。

(3)其结婚登记不是在中国内地办理的。

(三)登记

婚姻登记机关经过审查后，对符合《婚姻法》和《婚姻登记条例》规定的离婚申请准予离婚，予以登记，发给离婚证，注销结婚证，当事人从取得离婚证之日起解除夫妻关系。离婚证和人民法院的离婚判决书、离婚调解书具有同等的法律效力。

第三节 诉讼离婚

一、诉讼离婚的概念和要求

诉讼离婚是指夫妻双方对离婚或离婚后子女抚养和财产分割等问题不能达成协议，一方向人民法院提起诉讼，由人民法院调解或判决解除婚姻关系的一种离婚方式，是与登记离婚相对的一个法律概念。

《婚姻法》第32条规定："男女一方要求离婚的，可由有关部门进行调解或直接向人民法院提出离婚诉讼。人民法院审理离婚案件，应当进行调解；如感情确已破裂，调解无效，应准予离婚。"这条规定的内容包含了诉讼离婚的程序和准予离婚的法定理由。

第一，诉讼离婚必须由当事人一方提出离婚申请，其他任何第三者都不得以诉讼当事人身份提出离婚诉讼，而只能依法作为诉讼代理人，代理夫妻一方参加诉讼活动。

第二，诉讼离婚限于一方要求离婚，另一方不同意离婚或是双方都同意离婚，但对子女抚养、财产分割等问题不能协商一致；或对债务的性质及清偿责任的分担发生争议；或是在一方要求对方给予经济帮助，另一方不同意给予帮助或是不愿按对方要求给予帮助协议不成的。这些争议须由人民法院调解或判决解决。其中，是否解除婚姻关系是先决条件，只有在此前提下才能处理其他几项问题，所以统称为诉讼离婚。

第三，诉讼离婚只有人民法院才能受理与管辖，人民法院独立行使审判权。人民法院审理离婚案件，一方面基于婚姻关系的特殊性，应以协商调解方式解决争议为主；另一方面，如调解不成则可依审判职权，对当事人争议的实体问题作出判决。

二、诉讼离婚的立法体例

在当代不少国家中，判决离婚仍然是唯一的离婚方式，判决离婚有不同的立法体例。从立法原则来看，可分为有责主义、无责(目的)主义、破裂主义。

有责主义是以一方的特定过错作为另一方诉讼离婚的特定理由。无责(目的)主义则将违背婚姻目的的事由(如精神病久治不愈、不能人道、失踪达一定期限等)，作为解除婚姻关系的原因。破裂主义以婚姻关系的破裂作为离婚的客观依据。

从离婚理由的表现形式来看有列举主义、概括主义、例示主义。列举主义即在法律中详细列举具体的离婚理由，非依法定情形不得诉请离婚，如《墨西哥民法典》所列举的离婚理由有 17 种之多；概括主义即在法律中并不列举离婚理由，只是概括性地规定婚姻关系破裂应判决离婚，如美国统一结婚离婚法，罗马尼亚、蒙古等国家的家庭法；例示主义则是兼采列举性的规定和概括性的规定，法律明文列举的离婚理由仅具有例示的意义，同时又有一个相对抽象的伸缩性规定加以概括，以弥补列举理由的不足，如《日本民法典》第 770 条规定，判决离婚的五项理由中，前四项是列举性规定，第五项是“有其他难以继续的重大事由时允许离婚”的概括性规定。综观各国立法中离婚的法定理由，除婚姻关系确已破裂外，尚有数十种，如通奸、重婚、遗弃、虐待、生死不明、不能人道、患精神病或其他重大不治之症、被判徒刑、长期分居、意图杀害对方等。应当指出，当代许多国家的离婚立法，无论在立法原则上，还是在离婚理由的表现形式上，一般是将上述各种立法主义程度不同地结合在一起的。

三、我国诉讼离婚的程序

《婚姻法》第 32 条第 1 款规定：“男女一方要求离婚的，可由有关部门进行调解或直接向人民法院提出离婚诉讼。”第 2 款规定：“人民法院审理离婚案件，应当进行调解；如感情确已破裂，调解无效，应准予离婚。”由此可见，对于一方要求离婚，另一方不同意而发生的离婚纠纷，或者双方虽然同意离婚但财产或子女问题有争议的情况，既可以在诉讼程序以外由有关部门进行调解，也可以直接依诉讼程序由人民法院依法审理。

(一)诉讼外调解

诉讼外调解又称诉讼前调解，是指人民法院以外的有关部门依法对另一方要求离婚的纠纷进行调解。所谓有关部门包括当事人所在单位、居民或村民委员会；工会、妇女联合会等群众团体；基层调解委员会。

实践经验证明：经诉讼前调解，可以使一部分纠纷不经诉讼就可以得到合理的解决，能及时处理纠纷。通过诉讼前调解，一般会出现以下三种结果：

(1)当事人达成和好协议，继续保持婚姻关系的。

(2)当事人达成离婚协议。但这种离婚协议，是没有法律效力的，须由婚姻登记机关办理离婚登记，当事人双方领取离婚证后才发生法律效力。

(3)调解无效，一方坚持离婚，一方不同意离婚；或者双方同意离婚，但对子女抚养与财产分割不能达成协议的，由婚姻当事人一方向人民法院提出离婚诉讼。

(二)离婚诉讼中的调解和判决

1. 离婚诉讼中的调解

《婚姻法》第32条第2款规定："人民法院审理离婚案件，应当进行调解；如感情确已破裂，调解无效，应准予离婚。"从本条规定可以看出，我国诉讼离婚程序主要由两个方面组成：诉讼调解；调解无效后的判决。诉讼中的调解是指在人民法院审判人员的主持下，由离婚当事人自愿协商，达成协议，解决离婚纠纷的一种方式。它与诉讼外的调解有以下不同：(1)诉讼中的调解是司法机关行使国家审判权的一种方式，与审判结合进行。人民法院在审理案件的整个过程中，贯彻调解为主的原则，从受理案件开始到宣判为止，审判人员都可以依职权进行调解。就审理程序来说，人民法院诉讼中调解，既可以在第一审程序中进行，也可以在第二审程序中进行。(2)离婚诉讼中的调解重在发挥人民法院的调解作用，如果必要，审判人员可以主动提出解决方案，也可以配合有关单位要一起做工作，促使当事人达成协议。

在审判实践中，离婚案件经人民法院调解后，会出现三种结果：(1)双方达成和好协议，由原告撤诉，将调解协议记录在卷；(2)双方达成离婚协议，人民法院审判人员要按调解协议内容制作离婚调解书，调解书与判决书的法律效力相同，双方领取了离婚调解书，夫妻关系即告解除；(3)协议不成，调解无效，由人民法院依法作出判决。

2. 离婚诉讼的判决

对于调解无效的案件，人民法院应当通过判决来解决纠纷。判决应当以开庭审理查明的事实为依据，以法律规定的判决离婚的法定理由为标准。对夫妻感情确已破裂，符合法律规定的准予离婚条件的应当判决离婚，对子女、财产等问题一并作出处理；对于感情尚未真正破裂，不符合法定离婚条件的，应当判决不准离婚。不论是准予离婚还是不准予离婚的判决，经一审的，当事人均可以提出上诉，但应当在收到判决书的第2日起15日内进行，超过15日，双方当事人均不上诉的，判决书立即生效。在上述期限内依法上诉的，案件进行二审程序。二审时仍可进行调解，调解无效作出终审判决，一经送达即发生法律效力。对于判决不准离婚或调解和好的离婚案件，没有新情况、新理由，原告在6个月内又起诉的，人民法院不予受理。当事人对于已经发生法律效力的解除婚姻关系的判决，不得申请再审。至于有关子女抚养，财产问题处理不当的，则可以通过另外的民事诉讼程序处理。

(三)离婚诉讼程序的例外

1. 对男方离婚请求权的限制

《婚姻法》第 34 条规定:“女方在怀孕期间、分娩后 1 年内或中止妊娠后 6 个月内,男方不得提出离婚。女方提出离婚的,或人民法院认为确有必要受理男方离婚请求的,不在此限。”这是根据保护妇女儿童合法权益的原则对男方离婚请求权的一种限制。在适用这一规定时应注意以下几个方面的问题:

(1)对男方特殊期间的诉权限制。该规定只是在程序上对男方离婚请求加以限制,而不是对男方离婚请求权进行否定。它只是推迟了男方提出离婚的时间,过了这个特殊期间,男方仍然可以行使离婚诉权。并未涉及准予离婚或不准离婚的实质问题。

(2)对女方特殊期间的诉权不予限制。这一条规定的目的非常明确,就是保护妇女儿童的合法权益。女方若在此期间仍然提出离婚,往往有其不得不离的原因,如不及时受理,可能会损害妇女儿童的合法权益。若限制女方在此期间的离婚请求权与法律规定的本意相违背。

(3)人民法院认为确有必要受理男方离婚请求权的也不在此限。所谓“确有必要”,根据审判实践和有关部门的批复,主要是指两种情况,一种是只在此期间双方确实存在不能共同生活的重大而又急迫的理由,如一方对他方有危及生命、人生安全的可能等;另一种是女方怀孕是因为与他人通奸所致,为了防止矛盾激化,人民法院也应受理。遇到其他特殊情况时,是否受理,由人民法院决定。

2. 对军人配偶离婚请求权的限制

《婚姻法》第 33 条规定:“现役军人的配偶要求离婚,须得军人同意,但军人一方有重大过错的除外。”这是对军人婚姻的特殊保护规定。在适用这一规定时应注意以下几个问题:

(1)现役军人是指在中国人民解放军和中国人民武装警察部队里服役的拥有军籍的人,不包括已经复员、退役、转业的军人和军队离退休人员,也不包括在军队中工作的没有军籍的人。

(2)现役军人的配偶要求离婚是指配偶为非军人而言。如果双方均为军人或现役军人一方向非军人一方提出离婚,则不适用这条特殊规定,应按一般的规定处理。

(3)现役军人不同意离婚的,如果婚姻基础和婚姻感情都比较好,军人的配偶没有提出什么重要理由的,法院应该与有关部门配合,对军人的配偶进行说服教育,劝其珍惜军属的荣誉,改善和军人的关系。如果调解无效,一般判决不准离婚,如果军人配偶反复提出离婚要求,坚持要与军人离婚,法院在查明双方感情确已破裂,没有和好的可能的情况下,通过军人所在部队团以上政治部门做好军人思想工作后,可判决准予离婚。

(4)按照有关司法解释,《婚姻法》第 33 条所称的“重大过错”,可以依据《婚姻法》第 32 条第 3 款前 3 项规定及军人有其他重大过错导致夫妻感情破裂的情形予以判断。

四、判决离婚的法定标准

(一)夫妻感情破裂是准予离婚的法定条件

《婚姻法》第 32 条第 2 款规定:“人民法院审理离婚案件,应当进行调解;如感情确已破裂，调解无效，应准予离婚。”这一规定包括两层含义：（1）如果夫妻感情确已破裂，调解无效应准予离婚；（2）如果夫妻感情没有破裂或没有完全破裂，即使调解无效，也不应准予离婚。因此，“夫妻感情是否确已破裂”是准予离婚或不准予离婚的法定条件。《婚姻法》将夫妻感情是否确已破裂作为准予离婚或不准予离婚的法定条件，主要有以下四点依据：

1. 反映了婚姻的本质要求

恩格斯指出：“只有以爱情为基础的婚姻才是合乎道德的，那末也只有继续保持爱情的婚姻才合乎道德。”①离婚纠纷的产生，与夫妻的感情状况有关。如果夫妻感情确已破裂，婚姻已经“死亡”，就应当依法予以解除。如果夫妻感情尚未破裂，婚姻关系仍可以继续存在下去，就应当依法予以维持。准予离婚或不准予离婚，只能以夫妻的感情状况为依据。正如马克思所说：“离婚仅仅是对下面这一事实的确定：某一婚姻已经死亡，它的存在仅仅是一种外表和骗局。不用说，既不是立法者的任性，也不是私人的任性，而每一次都只是事物的本质来决定婚姻是否已经死亡。”②“立法者对于婚姻所能规定的，只是这样一些条件：在什么条件下婚姻是允许离异的，也就是说，在什么条件下婚姻按其实质来说是已经离异了。法院判决的离婚只能是婚姻内部崩溃的记录。”③夫妻感情破裂正是婚姻内部崩溃的标志。

2. 符合我国离婚制度的历史发展

以感情确已破裂作为离婚的原则界限，是我国离婚制度发展的结果。从1931年《中华苏维埃共和国婚姻条例》确立离婚的自由原则以后，抗日战争时期1942年《晋冀鲁豫边区暂行婚姻条例》第16条明确规定，“夫妻感情恶劣致不能同居者，任何一方均得请示离婚。”第一次将感情恶劣作为离婚的根据。1943年2月4日公布的《晋察冀边区婚姻条例》第14条规定：“夫妻感情意志根本不合致不堪同居者，任何一方得向司法机关请示离婚。”新中国成立后的第一部《婚姻法》第17条规定：“男女一方坚决要求离婚的，经区人民政府和司法机关调解无效时，亦准予离婚。”由于历史的原因，当时对离婚的标准未作具体规定。1953年3月19日中央人民政府法制委员会在《有关婚姻问题的若干解答》中对此作了进一步解答：“人民法院对于一方坚决要求离婚，如经调解无效而又确实不能继续维持夫妻关系的，应准予离婚。如经协调虽然无效，但事实证明他们双方并非到确实不能继续同居的程度，也可以不批准离婚。”这一解答将“不能继续维持夫妻关系”作为离婚的标准。1963年《最高人民法院关于贯彻执行民事政策法律的意见》中，明确提出了“感情是否完全破裂”作为离婚的标准：对于那些感情已经完全破裂，确实不可能和好的，法院应积极坚持做好不离一方的思想工作，判决离婚。1979年，《最高人民法院关于贯彻执行民事政策法律的意见》中指出，“人民法院审理离婚案件准离与不准离的基本界限，要以夫妻关系事实上是否确已破裂，能否恢复和好为原则”。1980年《婚姻法》第一次在法律上明文规定：“如果感情确已破裂，调解无效，应准予离婚。”这一规定符合我国社会主义离婚

① 《马克思恩格斯全集》第21卷，人民出版社1965年版，第96页。
② 《马克思恩格斯全集》第1卷，人民出版社1956年版，第184页。
③ 《马克思恩格斯全集》第1卷，人民出版社1956年版，第185页。

制度的历史发展，是我国离婚制度的重要发展。2001年《婚姻法》修正案，经过反复斟酌研究，最后还是坚持了以感情确已破裂作为离婚判决的标准。

3. 是我国司法实践的总结

我国从1950年颁布第一部《婚姻法》起，在离婚问题上的“唯感情论”与“唯理由论”争论多年。所谓“唯感情论”，是指不管离婚的理由是否正当，只要双方感情不好，就应离婚。这种观点，只看感情的好坏，不看影响感情的各种因素，把感情绝对化，具有一定的片面性。所谓“唯理由论”，即不管双方感情是否确已破裂，只要没有正当理由，一律不准离婚。特别是对一方喜新厌旧的思想引起的离婚案件，不问双方感情是否确已破裂，有无和好可能，一概不准离婚。在司法实践中，“唯理由论”一度影响较大。有许多从未建立起感情或感情破裂的婚姻，尽管当事人一方多次提出离婚，但因所谓理由不当被法院多次驳回，迟迟不判离婚。

文化大革命以后，“唯感情论”与“唯理由论”经过30多年的实践检验，从理论上澄清了是非，1979年全国第二次民事审判工作会议上确定了“要以夫妻关系事实上是否确已破裂，能否恢复和好为原则”。这一决定既反对“唯理由论”，又克服了“唯感情论”的片面性，坚持了感情基础论。1980年《婚姻法》把感情确已破裂，作为准离与不准离的标准，在法律上第一次明文加以规定，这是我国离婚法律制度建设的重要发展，也是许多年来司法工作经验的总结。从20世纪60年代到21世纪，世界上许多国家在离婚立法实践上摈弃了以过错原则为核心的理由论，转向感情破裂论，2001年《婚姻法》修正案继续肯定了该法定条件，说明我国顺应了世界离婚立法的潮流。

（二）感情确已破裂的认定

1. 感情确已破裂的含义

要正确认定夫妻感情是否确已破裂，首先应当明确“感情确已破裂”的含义：

（1）感情确已破裂，在时间上，是指已经破裂，不是可能破裂或将要破裂，夫妻双方在感情上的冲突是“由来已久”。

（2）感情确已有破裂，在程度上，是指彻底破裂，而不是某些方面的破裂。即夫妻双方在感情上矛盾很尖锐，是“积怨太深”。

（3）感情确已破裂，在客观上是指真正破裂，而不是仅有破裂的表象或当事人主观上误认为的破裂。即夫妻感情上的分歧是真实的，是客观存在，即“无可挽回”。

2. 认定感情确已破裂的方法

认定夫妻双方感情是否确已破裂，要运用马克思主义的唯物辩证法看问题。夫妻感情是一个能动的要素，可以向积极方向发展，促进夫妻关系的稳定和睦；也可以向消极方向转化，造成夫妻关系的不和和破裂。影响夫妻感情变化的因素是多样而又复杂的，我们在认定时，要发展地看问题，要看到过去，更要看到现在和将来，全面地进行分析。在认定夫妻感情变化时，不能只看一时一事，也不能轻信当事人的陈述，要进行去伪存真、由表及里的客观分析，深入了解夫妻关系的真实情况。总之，判断夫妻书双方感情是否破裂，不能主观臆断，也不能偏听偏信，而应该根据客观实际，在调查研究的基础上，对夫妻感情进行全面分析。

通过长期审判实践经验的总结，1989年11月《最高人民法院关于人民法院审理离婚案件如何认定夫妻感情确已破裂的若干具体意见》规定：判定夫妻感情是否确已破裂，应当从婚姻基础、婚后生活、离婚原因、夫妻关系的现状和有无和好可能等方面综合分析。

(1)看婚姻基础。婚姻基础是夫妻双方婚前相互了解的程度和感情状况，是夫妻关系建立的思想意志条件。一般而言，婚姻基础的好坏对婚后感情影响很大，婚姻基础好的，婚后感情较好，即使婚后出现矛盾，也容易调解；婚前基础一般的，婚后的感情也不容易好，一旦出现矛盾，很难调解。当然，也有婚后培养感情的，但毕竟是少数。所以，婚姻基础如何对于婚姻是否幸福、夫妻关系是否和睦有很重要的关系。

(2)看婚后的感情。婚后感情是指男女双方结婚以后的相互关切、忠诚、敬重、喜爱之情。考察婚后感情就是看夫妻共同生活期间的感情状况，主要考察以下几个方面：①夫妻感情的变化发展，是由好变坏，或是由坏变好，或是时好时坏。要根据具体情况作全面的分析判断。②产生纠纷的具体情况，如发生纠纷的次数、程度、后果，等等。③看双方本人及家庭状况，如男女各方政治思想、工作态度、生活作风、性格爱好，以及家庭关系、婆媳关系、经济状况，等等。④结合婚姻基础看婚后感情的发展趋势，分析婚后感情是向好的方向发展，还是向坏的方向发展。通过对以上因素的全面分析，对婚后感情从总体上作出评价。

(3)看离婚的原因。离婚原因也就是离婚的理由，是原告要求离婚的主要根据，也是原、被告在诉讼过程中争执的焦点和核心。如果原告要求离婚的理由不足或被否定，可能会处于败诉的地位。为了胜诉，原告往往会夸大事实，制造间隙或捏造事实，掩盖其离婚的真实动机。而被告为了使自己处于主动地位以便取得胜诉，往往利用自己抗辩地位用一切方法否定原告的理由，甚至隐瞒事实真相，扩大对方的缺点和错误。因此，分析离婚原因必须注意两点：①要查清离婚的真实原因，弄清事实的真相，只有这样，才能了解和判断夫妻感情破裂的程度，确定婚姻纠纷的性质，正确估量夫妻感情状况。②要注意弄清离婚的主要原因。在司法实践中，原告往往罗列离婚的许多材料和事实，必须从中提炼概括出起决定性作用的、主要的离婚原因，并对这些争议的事实和现象的性质加以区分确定，如是经济问题，还是作风问题；是性格不合，还是婆媳关系不好……不同性质的离婚纠纷，对夫妻感情的破裂起的作用和特点，并不完全相同。所以，弄清离婚的主要原因，判明离婚纠纷的性质，对确认夫妻感情破裂的程度，有重要意义。

(4)看夫妻关系的现状和有无和好的可能。这是在以上“三看”的基础上，对婚姻现状和今后发展的前途所做的估计和预测。它决定调解工作的方向，也为以后作出判断提供了依据。从夫妻关系看，主要有三种情况。①夫妻感情尚未破裂，有和好的希望。如果夫妻间的矛盾不是根本性和长期性的矛盾，双方还共同生活，并履行夫妻间的权利和义务关系，这就具有和好因素，应加强调解和好工作，调解无效，也可不准予离婚。②夫妻感情尚未完全破裂，有一线和好希望，坚决不离的一方有和好的愿望和实际行动。此时，也应加强和好调解工作，调解无效的，可判不离。③夫妻关系确已完全破裂，和好无望的，应做好不离一方的工作，准予离婚。

以上“四看”是一个整体，它们互相联系、相互影响：①看婚前、看婚后和看离婚产生的原因都是为了看现在、看将来。②一切努力都是为了改善夫妻关系。③夫妻感情是一种能动的因素，在一定条件下可以由好转坏，也有可能由坏转好，因此，创造转化条件，争取各方面配合，做好疏导、教育工作非常重要。④认定夫妻感情破裂的程度，进行调解工作，应考虑到子女的因素、社会的反应及影响，这是由离婚的社会性质所决定的，但是不能以子女利益和社会舆论作为“离”与“不离”的标准。⑤要将事实查清楚，认定夫妻感情破裂要准确，工作要仔细，如果仍无和好可能，若夫妻感情已经死亡，应该果断地准予离婚，不应该久拖不决。

(三)感情确已破裂的法定情形

根据《婚姻法》第32条第3款的规定，有下列情形之一，调解无效的，应准予离婚：

1. 重婚或有配偶与他人同居的

《婚姻法》第3条明确规定：禁止重婚。我国《刑法》第258条规定，有配偶而重婚的，或者明知他人有配偶而与之结婚的，处2年以下有期徒刑或者拘役。因此，重婚行为不仅违反了《婚姻法》，而且触犯了刑律。重婚行为在法律上是无效的，重婚当事人不能通过重婚行为产生另一婚姻的法律后果。因重婚而引起的离婚纠纷分为两种情况：(1)一方重婚，对方提出离婚。(2)重婚一方起诉，要求与配偶离婚。对于因重婚而引起的离婚，不论是重婚一方还是原配偶提出离婚，如调解或判决离婚的，在财产分割、子女抚养和经济帮助等方面应当照顾无过错方的利益。

有配偶者与他人同居，是指有配偶者与婚外异性，不以夫妻名义，持续稳定地共同居住。与重婚一样，这种行为违反《婚姻法》规定的一夫一妻制原则，是破坏婚姻秩序的严重过错行为，不仅伤害夫妻感情，而且挫伤了对方对婚姻的合理期待，其破坏力足以使夫妻正常的共同生活不复存在。因而，夫妻一方重婚或与他人同居的，经调解无效，应当认为夫妻感情确已破裂。

2. 实施家庭暴力或虐待、遗弃家庭成员的

《婚姻法》第3条第2款规定：“禁止家庭成员间的虐待和遗弃。”《刑法》第260条规定：“虐待家庭成员，处2年以下有期徒刑、拘役或者管制。犯前款罪，致使被害人重伤、死亡的，处2年以上7年以下有期徒刑。”第261条规定：“对于年老、年幼、患病或者其他没有独立生活能力的人，负有扶养义务而拒绝扶养，情节恶劣的，处5年以下有期徒刑、拘役或者管制。”可见，实施家庭暴力、虐待或者遗弃家庭成员的行为，不仅违反了《婚姻法》，而且也触犯了刑律。根据《婚姻法解释(一)》第1条的规定，家庭暴力是指行为人以殴打、捆绑、残害、强制限制人身自由或者其他手段，给其家庭成员的身体、精神等方面等造成一定伤害后果的行为。持续性、经常性的家庭暴力，构成虐待。遗弃是指对家庭成员负有扶养义务而拒不履行扶养义务的行为。实施家庭暴力、虐待或遗弃家庭成员的行为已严重伤害了夫妻感情和违反了婚姻义务，不能弥合、补救双方的裂痕，取得对方谅解的，应视为感情确已破裂，准予离婚。

3. 赌博、吸毒等恶习屡教不改的

黄、赌、毒是现代社会的危害之源，对婚姻家庭的危害远远超过其他危害。赌博、吸毒者把自己所有的财产都花在赌博、吸毒上，甚至不惜倾家荡产；严重的还会导致犯罪。在这种情况下，当然谈不上履行家庭义务，夫妻关系也难以维持。如果沾染上这些恶习而屡教不改，对方提出离婚的，应准予离婚，否则，只会给家庭和家庭成员带来无尽的痛苦。

4. 因感情不和，分居满2年的

夫妻感情不和分居已满2年，确无和好可能的，应视为夫妻感情确已破裂。“分居”是指夫妻间停止了同居生活，经济上不再合作，生活上不再相互关心、扶助。人民法院在适用这一规定时，必须注意当事人应当同时具备两个前提条件：(1)分居的原因必须是夫妻感情不和，而不是因为工作、学习、户口等原因使夫妻两地分居或者是住房拥挤等客观原因造成分居。(2)夫妻关系确无和好可能，一方坚决要求离婚，并经调解和好无效。如果还有和好调解可能，即使因感情不和分居已满2年，也不能认为是被判决离婚的条件。只有上述两个条件同时具备，人民法院才可以准予离婚。

5. 一方被宣告失踪，另一方提出离婚诉讼的，应准予离婚

夫妻一方下落不明满2年，经利害关系人申请被人民法院宣告失踪的，双方事实上已经终止婚姻，一方起诉离婚，表明其已失去对婚姻的期待，以此认定为夫妻双方感情确已破裂当在情理之中。需要注意的是，夫妻一方下落不明满2年的，另一方或其他利害关系人不申请宣告失踪而直接提出离婚，不适用本款。

6. 其他导致夫妻感情破裂的情形

在现实生活中，造成夫妻感情破裂而提起离婚诉讼的原因多种多样，而且随着社会的不断发展，婚姻家庭方面的新情况、新问题也在不断出现，法律、法规中很难把准予离婚的情况一一列举，规定“其他导致夫妻感情破裂的情形”，作为对以上五种情况的补充，可以适应社会不断发展的需要。根据最高人民法院有关司法解释和司法实践的规定，其他导致夫妻感情破裂的情形可以包括：(1)婚前缺乏了解，草率结婚，婚后未建立起夫妻感情，难以共同生活的，视为夫妻感情确已破裂。一方坚决要求离婚，经调解无效，可依法判决准予离婚。(2)婚前隐瞒精神病，婚后久治不愈；或者婚前知道对方患有精神病而与其结婚；或一方在夫妻共同生活期间患精神病，久治不愈的，视为夫妻感情确已破裂。一方坚决要要求离婚，经调解无效，可依法判决准予离婚。(3)双方办理结婚登记后，未同居生活，无和好可能的，视为夫妻感情确已破裂。一方坚决要求离婚，经调解无效，可依法判决准予离婚。(4)一方被依法判处长期徒刑，或者违法、犯罪行为严重伤害夫妻感情的，视为夫妻感情确已破裂。一方坚决要求离婚，经调解无效，可依法判决准予离婚。

(四)正确理解和处理“感情破裂”和“调解无效”的关系

感情是否确已破裂是准予或不准予离婚的实质要件，调解无效是形式要件。调解无效不一定是感情破裂，因为社会与家庭都很复杂，一种结果可能有各种原因。调解无效，有可能由于夫妻感情确已破裂，外界的方法与手段，已无法改变内在破裂的本质，只有通过解除婚姻关系，才可能从根本上解决矛盾。调解无效，有可能是由于某些误解或客观上的某些原因，所以，调解无效，不等于感情已经破裂，人民法院因此可以判决不准予离婚。也就是说，感情已经破裂的，调解必然无效，而调解无效的，不一定是感情破裂。我们应该全面、正确地理解《婚姻法》第32条的内容，绝不能把调解无效作为“感情已经破裂”的准则，也不能把调解无效作为准予离婚的法定条件，而要抓住婚姻的本质，以夫妻感情是否确已破裂作为准予或不准予离婚的法律界限。

第四节 离婚的法律后果

离婚是重要的法律行为，所谓离婚的法律后果，又称为离婚的法律效力，不论是登记离婚还是诉讼离婚，都会产生一系列的法律后果，导致当事人内部或外部多种法律关系的变动。

一、离婚对当事人的效力

(一)离婚对当事人身份关系上的效力

1. 再婚的自由

婚姻关系解除后，任何一方都可以随时再婚，他方不得非法干涉。登记离婚的，自领取离婚登记证之日起享有再婚自由权；诉讼离婚的，自人民法院离婚调解书或判决书生效之日起享有再婚自由权。

2. 相互扶养义务的终止

离婚后，夫妻身份关系不再存在，双方不再以夫妻关系承担相互扶养的义务，即任何一方不再享有要求对方扶养的权利，同时也不再负有扶养对方的义务。

3. 相互继承遗产权利的消灭

离婚后，任何一方都不再是对方遗产的法定继承人，不再具有法定继承人资格，无权再以配偶身份继承对方遗产。

(二)离婚对当事人财产关系上的效力

离婚不仅解除了夫妻之间的人身关系，也终止了夫妻之间的财产关系，并且引起了一系列财产和生活方面的法律后果。其内容主要包括：夫妻共同财产与个人财产的认定与分割、债务的定性与清偿、特定情况下的经济补偿、对生活困难一方的经济帮助等。

1. 夫妻共同财产的分割

夫妻共同财产的分割，是指离婚时依法将夫妻共同财产划分为各自的个人财产。《婚姻法》第39条规定：“离婚时，夫妻的共同财产由双方协议处理；协议不成时，由人民法院根据财产的具体情况，照顾子女和女方权益的原则判决。”据此，夫妻离婚时，分割的财产仅限于共同财产。夫妻的个人财产、子女的财产、其他家庭成员的财产均不属于分割之列。

(1)夫妻共同财产与家庭财产的区分。所谓家庭财产是指家庭成员各自所有的财产以及全体家庭成员或者部分家庭成员共同所有的家庭财产的总和。家庭财产的外延、范围要比夫妻共同所有财产广泛，既包括夫妻个人所有的财产、夫妻双方共同所有的财产，又包括夫妻之外其他家庭成员个人所有的财产以及全体家庭成员共同所有的财产，未成年子女通过继承、受赠获得奖励、因人身受到伤害获得的赔偿金等属于个人财产，父母作为其监护人享有管理权但不能视为夫妻共同财产。夫妻离婚时，需要分割的仅仅是指夫妻的共同财产。对于有夫妻之外家庭成员的家庭财产首先应当析产，将夫妻共同财产从家庭共同财产中分割出来后再分割。对于确实难以查清的家庭财产问题，可以告知当事人另案处理，或者中止诉讼，待析产案件处理后再恢复离婚诉讼。

(2)离婚时财产分割的基本原则。在处理夫妻财产时，人民法院应根据《婚姻法》的有关规定，先进行调解，争取双方自己协商解决。调解不成，由人民法院对财产问题作出判决。分割夫妻共同财产，直接关系到离婚双方的切身利益，在分割夫妻共同财产中应当注意贯彻以下原则：①男女平等的原则；②照顾子女和女方利益的原则；③有利生产，方便生活的原则；④照顾无过错一方的原则；⑤不得损害国家、集体和他人利益的原则。

(3)离婚时夫妻共同财产的分割方法。夫妻共同财产，原则上应均等分割。其分割方法包括：①实物分割。即在不影响其财产的使用价值和特定用途下，对财产进行实际分割。双方各自根据其分割的份额取得应得财产。②价金分割。即将共有物变卖，双方对变卖所得价金进行分割后各自取得价金。价金分割是在共有物不能分割或分割后有损其财产的使用价值和特定用途时使用的分割方法。③作价补偿。即夫妻一方取得共有物，另一方获得相当于一半价格的补偿，取得价金。

2. 夫妻债务的清偿

《婚姻法》第 41 条规定："离婚时，原为夫妻共同生活时所负的债务，应当共同偿还。共同财产不足清偿的，或财产归各自所有的，由双方协议清偿；协议不成的，由人民法院判决。"

(1)夫妻共同债务的清偿。夫妻共同债务是指在婚姻关系存续期间，夫妻双方或一方为维持共同生活的需要，或出于为共同生活的目的从事生产经营活动所引起的债务。根据《婚姻法》和《最高人民法院关于人民法院审理离婚案件处理财产分割问题的若干具体意见》的解释，夫妻共同债务主要包括：①夫妻为共同生活或为履行抚养、赡养义务的所负的债务；②为购置家庭生活用品、修缮房屋以及支付家庭生活开支所负的债务；③为治疗疾病所负的债务。夫妻共同从事个体工商经营、农村承包经营或一方从事经营，其收入主要用于家庭共同生活所负的债务。因夫妻双方共同生活所负的其他债务。根据《婚姻法》第 41 条的规定，夫妻共同债务的清偿可分为三种情况：①夫妻双方或一方为维持共同生活的需要，或出于为共同生活目的从事经营活动所引起的债务，以夫妻共同财产偿还。②共同财产不足以清偿债务时，或财产归各自所有的，由双方协商清偿。③协商不成时由人民法院判决。

(2)夫妻个人债务的清偿。夫妻关系存续期间，一方单独所负的债务，由本人单独偿还。所谓个人债务是指个人所负的用于个人需要的债务。根据《最高人民法院关于人民法院审理离婚案件处理财产分割问题的若干具体意见》的解释，下列债务不能认定为共同债务，应属个人债务：夫妻双方约定由个人负担的债务，但以逃避债务为目的的约定除外；一方未经对方同意，擅自资助其没有扶养义务的亲属、朋友所负的债务，为赌博，吸毒所负的债务等；未经对方同意，擅自筹资经营等活动，其收入确未用于共同生活所负债务，如合伙人以个人财产投资的，盈利收入却未用于共同生活的，合伙企业亏损所负的债务应以合伙人个人的财产清偿。

个人债务应当由本人以其个人财产承担清偿责任，离婚时不得要求以夫妻共同财产清偿。如果对方同意以共同财产清偿的，法律也不禁止。用于清偿个人债务的财产，包括法定的个人财产、约定的个人财产以及在离婚时分割夫妻共同财产所得的个人财产。对于在婚姻关系存续期间，一方以其个人财产替对方清偿个人债务的，可根据《民法通则》有关无因管理的规定，请求对方偿还。

3. 离婚时经济补偿请求权

《婚姻法》第 40 条规定：“夫妻书面约定婚姻关系存续期间所得的财产归各自所有，一方因抚育子女、照料老人、协助另一方工作等付出较多义务的，离婚时有权向另一方请求补偿，另一方应当予以补偿。”

(1)离婚时经济补偿权的立法意义和性质。经济补偿请求权，是对夫妻一方从事家务劳动或协助他方工作予以正确评价的必然要求；是平衡夫妻双方利益，弥补夫妻约定分别财产制缺陷的有效措施；是保障妇女合法权益，实现夫妻实质平等的有力保障。离婚时的经济补偿是我国婚姻法中一项独立的制度，其性质既不同于离婚时的共同财产的分割，也不同于离婚时的损害赔偿(这种赔偿责任以赔偿义务人有法定的过错为前提，对补偿责任则没有这个前提，无论付出较多义务一方是否有过错，均有向另一方请求的权利)。

(2)经济补偿权的构成要件。根据《婚姻法》第 40 条的规定，经济补偿权的产生必须具备以下两个构成要件：①经济补偿权的适用范围仅限于约定实行分别财产制的夫妻，对于实行法定共同财产制的夫妻则不适用，也没有适用之必要。也就是说，在“夫妻书面约定婚姻关系存续期间所得的财产归各自所有”这个前提下，才可以产生经济补偿权。②离婚时要求经济补偿的一方必须是从事家务劳动较多或协助他方工作的一方。

(3)离婚时经济补偿权的行使。经济补偿权的行使期间，仅限于离婚时，在离婚前或离婚后均不得向对方提出补偿。补偿请求权作为权利可以行使，也可以放弃。从事家务劳动较多或协助他方工作的一方应在离婚诉讼中向对方一并提出，如果在离婚时不请求对方补偿的，对方不予补偿，离婚后该请求权随即消灭。

4. 离婚时经济帮助请求权

《婚姻法》第 42 条规定：“离婚时，如一方生活困难，另一方应从其住房等个人财产中给予适当帮助。具体办法由双方协议；协议不成时，由人民法院判决。”

(1)经济帮助的意义和性质。离婚虽然终止了夫妻间的扶养义务，但离婚时如果一方生活困难，另一方有给予经济帮助的责任，这样既可以解决困难一方的实际需要，也有助于打消其在离婚问题上的经济顾虑，从而保障婚姻自由予以实现，进而也可以防止因离婚而造成的不利的社会后果。这一规定是对夫妻双方平等的适用，但主要是为了帮助女方解决离婚时的生活困难。

离婚时的经济帮助与夫妻共同生活期间的扶养义务，性质是完全不同的。夫妻间的扶养义务是夫妻在婚姻关系存续期间的法定义务，离婚时该义务随着配偶身份关系的解除而终止，而经济帮助仅是由原来的婚姻关系派生出来的一种社会道义上的责任，它不是夫妻扶养关系的延续。

(2)离婚时经济帮助请求权的构成要件。根据《婚姻法》第 42 条的规定，一方给予另外一方帮助是有条件的，其条件是：①一方必须是有生活困难的。所谓生活困难包括无劳动能力、无生活来源或者生活不足以维持的。②一方必须是在离婚时存在生活困难。对离婚时不困难，或离婚以后发生的困难，另一方已没有帮助的义务。③另一方必须具有给予帮助的经济能力。一方生活困难，另一方没有提供帮助所具备的经济能力，如自己生活也存在困难，或者只能勉强维持生活，即不负担给予经济帮助的义务。

（3）经济帮助的具体办法。离婚时一方给予对方经济帮助的具体办法，包括经济帮助的具体金额、给付期限及其步骤、方法。经济帮助的方式多种多样：给付的既可以是现金，也可以是实物；一次性给付有困难的，可以约定多次给付。经济帮助的具体数额和给付的期限应根据双方的经济条件、当地物价指数及实际生活需要加以确定。双方就上述问题无法达成协议的，可诉请人民法院依法裁决。其中，离婚时一方年轻有劳动能力，生活暂时有困难的，另一方可给予短期或一次性的经济帮助；结婚多年，一方年老病残、失去劳动能力而又无生活来源的，另一方应在居住和生活方面，给予适当的安排；在执行经济帮助期间，受资助的一方另行结婚的，对方可终止给付；离婚时，一方以个人财产中的住房对生活困难者进行帮助的形式，可以是房屋的居住权或者是房屋的所有权；原定经济帮助执行完毕后，一方又要求对方继续给予经济帮助的，一般不予支持。

二、离婚对父母子女关系的法律后果

（一）离婚后的父母子女关系

《婚姻法》第 36 条第 1 款规定："父母与子女间的关系，不因父母离婚而解除。离婚后，子女无论由父或母直接抚养，仍是父母双方的子女。"由此可见：

1. 离婚只能消除夫妻关系，不能消除父母子女关系

夫妻关系是男女两性的结合，可以依法成立，也可以依法消除，而父母子女关系是基于子女出生而形成的自然血亲关系，不能解除。离婚后，子女无论随父或随母生活，仍是父母双方的子女。《婚姻法》关于父母子女间权利义务的规定，仍适用于离婚后的父母子女关系，亦即父母对子女仍有抚养教育的义务；子女对父母有赡养扶助的义务；相互间仍有继承遗产的权利。

2. 养父母与养子女间的权利义务关系，不因养父母离婚而消除

根据《婚姻法》第 26 条的规定，养父母离婚后，未成年养子女不论由哪一方抚养，仍是养父母双方的养子女。但这种拟制血亲关系毕竟不同于自然血亲关系，如经收养各方当事人的同意，在不得损害未成年人养子女利益的前提下，可以改变收养关系，由养父母一方单独收养或送他人收养。当然，养父母一方不同意单独收养的，他方应该继续承担对该子女的抚养义务。

3. 继父母与形成抚养关系的继子女间的权利义务关系是否解除，要视具体情况而定

《最高人民法院关于人民法院审理离婚案件处理子女抚养问题的若干具体意见》第 13 条规定："生父与继母或生母与继父离婚时，对曾受其抚养教育的继子女，继父或继母不同意继续抚养的，仍由生父母抚养。"受继父母长期抚养、教育的已成年的继子女，应当承担赡养继父母的义务，双方已经形成的身份关系和权利义务关系原则上不能解除；在继父母或继子女一方或双方提出解除继父母子女关系并符合法律要求的条件下，才可以解除，但是由继父母养大成人并独立生活的继子女，对于生活困难、无劳动能力的继父母的晚年生活费用应该继续承担。

（二）离婚后子女的抚养归属

《婚姻法》第 36 条第 2 款规定："离婚后，父母对于子女仍有抚养和教育的权利和义务。"第 3 款规定："离婚后，哺乳期内的子女，以随哺乳的母亲抚养为原则。哺乳期后的

子女，如双方因抚养问题发生争执不能达成协议时，由人民法院根据子女的权益和双方的具体情况判决。”

1. 处理子女抚养问题的基本原则

有利于子女身心健康，保障子女的合法权益，是贯穿于婚姻法的基本原则，也是处理离婚后子女抚养归属问题的出发点，只有在此前提下，结合父母双方的抚养能力和抚养条件等具体情况妥善解决。

2. 哺乳期内的子女抚养

哺乳期内的子女，原则上由哺乳的母亲抚养。这里所指的哺乳期内的子女是指 2 周岁以下的婴幼儿，他们应随母方生活。但是目前有下列情形之一的，可以随父亲生活：

(1) 母亲患有久治不愈的传染病或者其他疾病，子女不宜与其共同生活的；

(2) 母亲有抚养条件不尽抚养义务的，而父亲要求子女随其共同生活的；

(3) 因其他原因，子女确无法与母亲生活的。此外，父母双方协议 2 周岁以下子女随父亲生活，并对子女健康成长无不利影响的，可予准许。

3. 哺乳期后的子女抚养

对于哺乳期后的子女，即 2 周岁以上至 18 周岁以下的未成年子女随何方抚养的问题，首先应由父母在自愿的基础上达成协议。如果在有利于保护子女利益的前提下，父母双方协议轮流抚养子女的可予准许。协议不成时，可由法院以判决的方式确定抚养关系。无论是判决还是协议，都应当考虑父母双方的思想品质、抚养能力、生活环境、与子女的感情联系等多方面因素。对于这一年龄阶段的子女，如父方和母方均要求随其生活，一方有下列情形之一的，可以优先考虑：

(1) 已做绝育手术或因其他原因丧失生育能力的。

(2) 子女随其生活较长，改变生活环境对子女健康成长明显不利的。

(3) 无其他子女，而另一方有其他子女的。

(4) 子女随其生活，对子女成长有利，而另一方患有久治不愈的传染病或其他严重疾病，或者有其他不利于子女身心健康的情况，不利于子女共同生活的。

(5) 父方或母方抚养子女的基本情况相同，双方均要求子女与其共同生活，但子女随祖父母或外祖父母共同生活多年，祖父母或外祖父母要求并且有能力帮助子女照顾孙女或外孙子女，可作为子女随父或者母生活的优先条件予以考虑。

4. 10 周岁以上的未成年子女的抚养

对于 10 周岁以上的未成年子女随父或随母生活发生争执的，应考虑子女的意见。因为这一年龄段的少年属于限制民事行为能力的人，已具有一定的识别能力，审判人员应当听取其表达的随父或随母的意愿，并充分尊重他们本人的意愿。

(三) 离婚后子女抚养关系的变更

子女抚养关系确定以后，如果父母的抚养条件发生重大变化，或者子女要求改变抚养归属，可由双方协议变更抚养关系；协议不成时，人民法院可根据子女利益和双方具体情况判决。一方要求变更子女抚养关系并有下列情况之一的，应予以支持：

(1) 与子女共同生活的一方因患严重疾病，或者因伤残无力继续抚养子女的。

(2) 与子女共同生活的一方不尽抚养义务，或者有虐待子女的行为，或者与子女共同生活对子女身心健康确有不利影响的。

(3)10 周岁以上未成年子女愿随另一方生活，该方又有抚养能力的。

(4)有其他正当理由需要变更的，如与子女共同生活的一方因违法犯罪被劳动教养、被逮捕、被收监服刑、较长时间出国等无法直接抚养的。

(四)离婚后父母一方对子女的探视权

《婚姻法》第 38 条规定："离婚后，不直接抚养子女的父或母，有探望子女的权利，另一方有协助的义务。行使探望权的方式、时间由当事人协议；协议不成，由人民法院判决。父或母探望子女，不利于子女身心健康的，由人民法院依法中止探望权利，中止的事由消失后，应当恢复探望的权利。"《婚姻法》第 48 条规定，对拒不执行有关探望子女等判决和裁定的，由人民法院强制执行。这是对 1980 年《婚姻法》的重大突破，有利于单亲家庭亲情维系和交流，有利于子女的身心健康，也可以监督共同生活的父母一方行使监护权的正当性和适当性，避免父或母滥用监护权而伤害子女的利益。

1. 探视权的概念

探视权是指离婚后不直接抚养子女的父或母依照法律所享有的探望子女的权利。探视权源于监护权，对监护权而言，探视权是从权利，而监护权是主权利。父母监护权是一种身份权，是基于亲子关系而拥有的，它是权利和义务的统一体，即父母监护权不仅是一种权利，也是一种义务。从义务的角度看，父母监护权不仅是对子女的义务，也是对社会应尽的义务。探视权是不直接抚养子女的父或母行使监护权的一种特殊形式。

2. 探视权的行使

《婚姻法》第 38 条第 2 款规定，行使探视权的方式、时间由当事人协议，协议不成由人民法院判决。探视子女以其时间的长短为标准，可分为暂时性的探视和逗留性探视两种，前者是指探视时间短，方式灵活；后者是指探视的时间较长，探望人领走子女，并按时送回被探望的子女。行使探视权发生纠纷，首先的救济方式是父母协商，双方不应基于夫妻双方的情绪而各抒己见，作为共同生活的一方更不应以拒绝对方探视的方式惩罚其前配偶，应从"子女在离婚中受害最小化"的角度出发，对探视子女的时间、地点、探视方式、持续时间的长短、探视时对子女的具体安排等作出协商。

当双方无法就探视子女的诸多事宜达成一致时，特别是共同生活方为探视权的实现人为设置障碍，或教唆子女拒绝探视的，享有探视权的一方可以向人民法院起诉，请求人民法院确认并保护探视权的正常行使。但是，强制执行的标的决不是子女的人身权。依据我国《民事诉讼法》第 102 条的规定，诉讼参与人或其他拒不履行人民法院已经发生法律效力的判决、裁定的，人民法院可以根据情节的轻重予以罚款、拘留，构成犯罪的依法追究刑事责任。因此，对无故拒绝对方探视子女的当事人，情节严重的可依照《民事诉讼法》及相关法律规定加以处罚。

3. 探视权的中止

《婚姻法》第 38 条第 3 款规定，父或母探望子女不利于子女身心健康的，由人民法院依法中止探望权利，中止的事由消失后，应当恢复探望的权利。在司法实践中，探视权一般在出现下列情况时中止：

(1)患有严重危害子女健康的传染性疾病；

(2)在探望过程中，对子女有严重违法行为和犯罪行为的；

(3)有赌博等不良生活方式或者怂恿子女犯罪的；

(4)有借机藏匿子女的企图和行为的。

4. 探视权的恢复和消灭

当不利于子女身心健康的情形消除以后，应当恢复非直接抚养子女一方原有的探视权。无论中止还是恢复探视权都应由权利人的主张，具体程序由人民法院根据《民事诉讼法》的相关规定办理。需要说明的是，探视权的中止不同于探视权的消灭，中止的情形消除后，原探视权是可以恢复的。探视权的消灭则不一样，满足消灭的条件后，原探视权就不存在了，对子女的探视权随监护权的消灭而消灭，具有时间限制，并与监护权紧密联系。因此，有下列情形的可以导致探视权消灭：(1)行使探视权人死亡。探视权有严格的人身性，不可转让。当行使子女探视权人死亡时，探视子女的权利也随之消灭。(2)监护权消灭。一种是监护权自然消灭，即子女长大成人，不需要监护的；另一种是法定消灭，如监护人的监护被依法剥夺；抚养关系变更时，子女的探视权与探视权换位。(3)离异父母复婚时，探视权无存在意义而消灭。

(五)子女抚养费的负担

《婚姻法》第37条规定："离婚后，一方抚养的子女，另一方应负担必要的生活费和教育费的一部或全部，负担费用的多少和期限的长短，由双方协议；协议不成时，由人民法院判决。关于子女生活费和教育费的协议或判决，不妨碍子女在必要时向父母任何一方提出超过协议或判决原定数额的合理要求。"这一规定说明，离婚后，父母有负担子女抚养费的平等义务。无论子女随父方还是随母方生活，对方都应自觉地付给子女生活费和教育费。在协议离婚时，如果抚养子女的一方，既有负担能力，又愿独自承担全部费用，也允许对方不分担抚养费。但经查实，抚养方的抚养能力明显不能保障子女所需费用，影响子女健康成长的，不予准许。

1. 子女抚养费的数额

确定子女抚养费数额，既要根据子女的实际需要，又要考虑父母的负担能力和当地的实际生活水平。给付抚养费一方有固定收入的，抚养费一般可按其月总收入的20%~30%的比例给付；负担两个以上子女抚养费的，比例可适当提高，但一般不超过月收入的50%。无固定收入的，抚养费的数额可依据当年总收入或者同行业平均收入，参照上述比例确定；有特殊情况的，可适当提高或降低上述比例。

2. 子女抚养费的给付期限

抚养费的给付期限，一般至子女18周岁为止；16周岁以上，不满18周岁，以其劳动收入为主要生活来源，并能维持当地一般生活水平的，父母可停止给付抚养费。尚未独立的成年子女，有下列情形之一，父母又有给付能力的，仍应负担必要的抚养费：(1)丧失劳动能力或者虽未完全丧失劳动能力，但其收入不足以维持生活的；(2)尚在校就读的；(3)无独立生活能力和条件的。

3. 子女抚养费的给付方法

子女抚养费应定期给付，有条件的可一次性给付。在农村地区，可按收益季度或年度给付。对一方无经济收入或下落不明的，可用其财产折抵子女抚养费。离婚时，应将子女抚养费的数额、给付的期限和办法明确、具体地载入离婚协议书或离婚判决书中。

(六)子女抚养费的变更

《婚姻法》第37条第2款规定:“关于子女生活费和教育费的协议或判决，不妨碍子女在必要时向父母任何一方提出超过协议或判决原定数额的合理要求。”子女要求增加抚养费有下列情形之一的，父或母有给付能力的，应予支持:

(1)由于物价上涨，原定抚养费数额不足以维持当地生活水平的。

(2)因子女患病、上学实际需要已超过原定数额的。

(3)有其他正当理由应当增加的。如负有给付义务的父方或母方的收入增加，使其子女与其生活水平相差悬殊。

凡有下列情形之一的，有给付义务的一方可以提出减少或免除其给付义务:

(1)有给付义务的一方由于长期患病或丧失劳动能力，失去经济来源，确实无力按原协议或判决确定的数额给付，而抚养子女的一方又能够负担，有抚养能力的。

(2)有给付义务的一方因犯罪被收监改造，无力给付的。

(3)抚养子女方再婚，继父或继母愿意承担子女抚养费的一部分或全部，在这种情况下，负有给付义务的一方所承担的抚养费数额可以相对减少或免除。

【思考题】

1. 什么是婚姻终止?
2. 离婚与无效离婚有什么区别?
3. 登记离婚的条件是什么?
4. 怎样理解“感情确已破裂”?
5. 怎样解决离婚后的子女随父或随母生活的问题?
6. 离婚时，怎样分割夫妻共同财产?
7. 夫妻一方从事家务劳动等付出较多的，离婚时如何进行补偿?

第八章 亲子关系

【本章学习重点提示】婚生子女的推定和否认；非婚生子女认领。

第一节 概 述

一、亲子关系的概念和种类

亲子关系，即父母子女关系，在法律上是指父母和子女之间的权利、义务关系。父母和子女是血亲关系中最近的直系血亲，是家庭关系中的重要组成部分。亲子法，亦称父母子女关系法，是指调整父母子女亲属关系的法律规范。

在我国现行《婚姻法》中，父母子女关系可分为两大类：

(一)自然血亲的父母子女关系

这是基于子女出生的法律事实而产生的，其中包括生父母和婚生子女的关系、生父母和非婚生子女的关系。其特点为：自然血亲的父母子女关系以血缘为纽带，只能因依法送养子女或父母子女一方死亡的原因而终止。在通常情况下，其相互关系是不允许解除的。

(二)拟制血亲的父母子女关系

这是基于收养或再婚的法律行为以及事实上抚养关系的形成，由法律认可而人为设定的。其中包括养父母和养子女的关系、继父母和受其抚养教育的继子女的关系。其特点为：拟制血亲的父母子女关系，可因收养的解除或继父(母)与生母(父)离婚及相互抚养关系的变化而终止。

这两类父母子女关系在法律上有其共同点，即他们的法律地位相同，享有和履行相同的父母子女之间的权利和义务。但其也存在区别，即二者产生和终止的原因不同。①

二、亲子关系的历史沿革

父母子女的法律地位在不同社会中差别明显，在不同历史时期、不同国家社会制度下，随着思想意识、文化传统等因素的变化，古今中外的法律规定有着很大的差别。

(一)我国亲子关系的历史沿革

我国奴隶社会和封建社会的亲子关系呈现出家族本位的特点，父母子女关系完全遵从宗法家族制度，父权、夫权、家长权集于一身。在我国古代封建社会，由于纳妾、宗教制度即恩义名分等原因，亲子关系名目繁多。自然血亲中包括生父母、嫡子女、庶子女、婢

---

① 参见王洪著：《婚姻家庭法》，法律出版社 2003 年版，第 218 页。

生子女、奸生子女等，拟制血亲中包括嗣父嗣子、养父母养子女等。此外，礼俗与法典中还有所谓“三父八母”①、“四父六母”②等，各类主体之间具有远近、亲疏之别，其法律地位有所差别。但总体上均强调“父为子纲”，父母享有支配子女的绝对权，子女被视为父母的私有财产，无独立人格，其在人身和财产上均依附于父母。

直至近代，国民政府颁行民法亲属篇，主要吸收了其他大陆法系亲子法的立法经验，形成了与现行制度近似的亲子关系分类。新中国成立后，封建制度解体，1950年《婚姻法》中确立了以保护子女合法权益为原则和父母子女之间平等的相互扶养的权利和义务关系。此后，经过多次的修改和完善，我国亲子关系制度逐渐向“儿童最大利益”原则的方向发展。

(二)国外亲子关系的历史沿革

西方国家的亲子关系源于亲权制度，由罗马法的家父权和日耳曼法的保护权发展而来。亲权是指父母对未成年子女在人身和财产方面的管教和保护的权利和义务。亲权是一种身份权，因此不得任意抛弃。

在早期罗马法中，与我国古代家长权相似，家父权以亲权人的利益为出发点，家父对家子享有绝对的支配权和惩罚权。而日耳曼法的父权则以子女利益为出发点，以父对子女的保护为主要内容，但其规定仍体现亲权本位。早期资本主义社会继受了日耳曼法的父权制度，亲子关系以个人为本位，并设置了亲权制度，规定了较为详尽的亲子间权利义务，但其有较多封建残余，尤其是父亲对子女拥有很大权利。

后来，随着社会的发展及观念的变化，父权色彩逐渐淡化，许多国家均对父母双方的亲权在原则上作出了平等的规定。③

三、我国《婚姻法》规定的亲子间的权利和义务

在我国，无论是依自然血亲还是拟制血亲而产生的亲子关系，父母子女均享有同样的权利和义务，其法律地位是完全相同的。

(一)父母对子女的抚养教育义务

我国《婚姻法》第21条第1、2款规定：“父母对子女有抚养教育的义务；……父母不履行抚养义务时，未成年的或不能独立生活的子女，有要求父母付给抚养费的权利。”可见，抚养教育子女是父母的义务，也是子女的权利。

1. 抚养义务

抚养是指父母从物质上供养子女和在日常生活中照料子女，保障子女的生活，使子女得以健康成长。④

---

① 如明清律，三父：同居继父、不同居继父、从继母嫁；八母：嫡母、继母、养母、慈母、嫁母、出母、庶母、乳母。

② 如五服图解，四父：继父同居(两无大功之亲，义服，期年)、继父同居(两有大功之亲，义服，三月)、继父(先同后异居，义服，三月)、继父不同居(无服)；六母：嫡母、继母、养母、慈母、庶母、乳母。

③ 参见巫昌祯主编：《婚姻与继承法学》，中国政法大学出版社2011年版，第218页。

④ 王洪著：《婚姻家庭法》，法律出版社2003年版，第221页。

父母对未成年子女的抚养是无条件的，即使父母离婚，仍需对未成年子女履行抚养义务。除非法律另有规定(如被依法送养的子女、被视为具有完全民事行为能力的子女等)，否则不能免除该义务。一般情况下，父母对子女的抚养义务至子女18周岁为止，对成年子女不再负有抚养义务。但是对于不能独立生活的成年子女，父母有给付能力的，仍应负担必要的抚养费。《婚姻法解释(一)》第20条规定，“不能独立生活的子女”是指“尚在校接受高中及其以下学历教育，或者丧失或未完全丧失劳动能力等非因主观原因而无法维持正常生活的成年子女”。

因此，父母抚养子女的期限是自子女出生至子女成年或能够独立生活为止。对于有独立生活能力的成年子女，父母自愿给予经济帮助的，法律不予干涉。

2. 教育义务

教育是指父母在思想品德上对子女的关怀和培养。①

教育子女是家庭的一个重要职能。父母和子女因为共同生活，会形成紧密的联系，使父母对子女的影响和感染十分强烈和重要。家庭生活中，父母应对子女在思想、品质、生活技能等方面加以正确的引导和教诲。② 我国《未成年人保护法》第11条规定：“父母或者其他监护人应当关注未成年人的生理、心理状况和行为习惯，以健康的思想、良好的品行和适当的方法教育和影响未成年人，引导未成年人进行有益身心健康的活动，预防和制止未成年人吸烟、酗酒、流浪、沉迷网络以及赌博、吸毒、卖淫等行为。”

在家庭教育之外，父母还应当主动为子女提供接受学校教育的机会和条件。在我国，适龄儿童接受学校教育既是权利也是义务。《义务教育法》第11条规定：“凡年满6周岁的儿童，其父母或者其他法定监护人应当送其入学接受并完成义务教育；条件不具备的地区的儿童，可以推迟到7周岁。”父母必须保障子女按时接受教育并负担相应的费用，不得以任何借口侵害和剥夺子女接受法定教育的权利，这也是父母对子女教育义务的一部分。

3. 对于不履行抚养义务者的强制措施

因父母和子女的身份关系，父母必须保障未成年子女的生存权及健康成长。父母双方对子女均负有抚养的义务和责任，无论其婚姻状况如何、财产分配状况如何，其与子女的亲子关系都不会发生改变，只要子女尚未成年或无法独立生活，父母双方就必须抚养子女并承担相应的费用。

《婚姻法》第21条第2款规定：“父母不履行抚养义务时，未成年的或不能独立生活的子女，有要求父母付给抚养费的权利。”《婚姻解释法(三)》第3条规定：“婚姻关系存续期间，父母双方或者一方拒不履行抚养子女义务，未成年或者不能独立生活的子女请求支付抚养费的，人民法院应予支持。”可见，当未成年子女和不能独立生活的成年子女的受抚养权被侵犯时，他们有权向父母追索抚养费。抚养费包括生活费、教育费、医疗费等。子女追索抚养费的要求可以经抚养义务人所在单位或有关部门调解，或通过诉讼程序向人民法院提出请求。人民法院应依据子女的需要和父母的抚养能力，通过调解或判决的方式

① 巫昌祯主编：《婚姻与继承法学》，中国政法大学出版社2011年版，第219页。

② 王洪著：《婚姻家庭法》，法律出版社2003年版，第222页。

确定抚养费数额、给付期限和方法。对拒不履行抚养义务、恶意遗弃未成年子女，情节恶劣、构成犯罪的，应依法追究其刑事责任。有劳动能力的成年子女拒不参加生产劳动的，父母没有继续抚养他们的义务。

4. 禁止通过任何手段危害婴儿的生命

《婚姻法》第21条第4款规定："禁止溺婴、弃婴和其他残害婴儿的行为。"自子女出生起，父母就对其负有抚养义务，无论男婴女婴，父母都必须履行抚养义务。任何遗弃或伤害婴儿的行为都是违法甚至犯罪的行为，将会受到法律的制裁。

(二)父母对未成年子女保护和教育的权利和义务

我国《婚姻法》第23条规定："父母有保护和教育未成年子女的权利和义务。在未成年子女对国家、集体或他人造成损害时，父母有承担民事责任的义务。"这一规定是现行法律对1950年《婚姻法》的重要补充，兼有亲权和监护的含义。

1. 保护的权利和义务

保护是指父母应当防范和排除来自自然界或他人对未成年子女的人身或财产权益的非法侵害，保护未成年子女的人身安全和合法权益。① 首先，父母本身不得危害子女的人身安全、不得侵害未成年子女的财产权益。其次，父母有义务保障子女的安全和健康，防止和排除来自外界的侵害；当未成年子女的权益受到侵害时，父母有权以其法定代理人的身份提起诉讼，请求停止侵害、赔偿损失。在子女从事与其年龄不相符的民事活动时，应当由父母代理或取得父母同意，以免其权益受到侵害。当未成年子女被人拐骗、脱离家庭或监护人时，父母有权要求司法机关追究拐骗者的刑事责任，归还子女。

2. 教育的义务

此处的"教育"意指管教，即父母按照国家法律和社会公德的要求，采取正确、适当的方法，对子女加以必要的管理、约束，使他们在思想上、品德上得以健康成长。② 未成年人在法律上属于无行为能力人或限制行为能力人，他们缺乏对事物的全面理解和处理能力，是非意识、非理智与自控能力差，当子女的言行错误时，父母有责任对其进行批评并帮助其改正。我国《预防未成年人犯罪法》中对父母的管教义务作出了一系列的具体规定。父母应当正确引导未成年子女的行为，既要保障子女的健康成长，又要防止未成年子女损害他人或社会的权利。

3. 承担民事责任的义务

在未成年子女对国家、集体或他人造成损害时，父母有赔偿经济损失的义务；未成年子女的行为虽然致人损害，但没有造成经济损失的，父母也应承担停止侵害、排除妨害、赔礼道歉等民事责任。《民法通则》第133条规定："无民事行为能力人、限制民事行为能力人造成他人损害的，由监护人承担民事责任。监护人尽了监护责任的，可以适当减轻他的民事责任。有财产的无民事行为能力人、限制民事行为能力人造成他人损害的，从本人财产中支付赔偿费用。不足部分，由监护人适当赔偿，但单位担任监护人的除外。"《最高人民法院关于贯彻执行〈中华人民共和国民法通则〉若干问题的意见(试行)》(以下简称

① 参见王洪著：《婚姻家庭法》，法律出版社2003年版，第223页。

② 参见王洪著：《婚姻家庭法》，法律出版社2003年版，第222页。

(《民通意见》)第158条规定:“夫妻离婚后,未成年子女侵害他人权益的,同该子女共同生活的一方应当承担民事责任;如果独立承担民事责任确有困难的,可以责令未与该子女共同生活的一方共同承担民事责任。”第161条规定:“侵权行为发生时行为人不满18周岁,在诉讼时已满18周岁,并有经济能力的,应当承担民事责任;行为人没有经济能力的,应当由原监护人承担民事责任。行为人致人损害时年满18周岁的,应当由本人承担民事责任;没有经济收入的,由扶养人垫付,垫付有困难的,也可以判决或者调解延期给付。”

(三)子女对父母的赡养扶助义务

我国《婚姻法》第21条第1款规定:“子女对父母有赡养扶助的义务。”可见,亲子关系是平等的,父母子女之间的权利义务是对等的。父母抚养了子女,对社会和家庭尽到了责任;当父母年老体衰时,子女也应尽赡养扶助的义务。

1. 赡养扶助的义务

赡养是指子女在物质上为父母提供必要的生活费用和条件。扶助是指子女给予父母精神上的安慰和生活上的照料。①

《宪法》第49条规定:“成年子女有赡养扶助父母的义务。”本条限定了负有赡养扶助义务的主体是有独立生活能力的成年子女,未成年人不是父母的赡养义务人。子女的赡养扶助义务是法定的,不得附加任何条件。子女不能以放弃继承权或其他任何理由拒绝履行义务,无论子女是否与父母共同居住、无论父母婚姻状况如何,都应根据父母的实际需求自觉履行赡养扶助义务。并且子女的赡养扶助义务是无期限的,只要父母需要赡养扶助,子女就应当履行这一义务。

2. 对拒不履行赡养义务者的强制措施

《婚姻法》第21条第3款规定:“子女不履行赡养义务时,无劳动能力的或生活困难的父母,有要求子女付给赡养费的权利。”父母可以直接向子女索要赡养费,也可以请求有关组织进行调解,说服子女给付。父母还可以直接通过诉讼程序,向人民法院提出诉讼请求,人民法院应当根据父母的实际需要和子女的经济负担能力,通过调解或判决方式,确定赡养费数额、给付期限和方式。② 对于被赡养人有生活来源,但因丧失劳动能力、生活不能自理而需要劳务扶助,起诉至人民法院的,法院应当受理并促使义务人全面履行义务。义务人有能力赡养而拒绝赡养,构成遗弃,情节恶劣的,应依法追究其刑事责任。

(四)父母子女间相互继承财产的权利

我国《婚姻法》第24条第2款规定:“父母和子女有相互继承遗产的权利。”这项权利是基于亲子间的特定身份而产生的。依《继承法》的规定,父母和子女互为第一顺序的法定继承人,一方死亡时,另一方有继承遗产的权利。父母子女均为独立的继承主体,在具体分配遗产时,应遵循《继承法》的遗产分配原则、方法,使各方的继承权得以实现。值得注意的是,继子女继承了继父母遗产的,仍可以继承生父母的遗产;但是继子女如果已

① 巫昌祯主编:《婚姻与继承法学》,中国政法大学出版社2011年版,第223页。

② 参见王洪著:《婚姻家庭法》,法律出版社2003年版,第223页。

依《收养法》被继父或继母收养，则不得继承不与其共同生活的生父或生母的遗产。①

（五）子女应当尊重父母的婚姻自由

《婚姻法》第30条规定："子女应当尊重父母的婚姻权利，不得干涉父母再婚以及婚后的生活。子女对父母的赡养义务，不因父母的婚姻关系变化而终止。"婚姻自由是我国婚姻制度的基本原则之一，公民有权依法自主决定自己的婚姻问题，不受任何人的干涉或强迫。实践中有很多成年子女干涉父母婚姻的现象，现行《婚姻法》明确了子女应当尊重父母的婚姻自由。

第二节 婚生子女

一、婚生子女的概念

婚生子女是指婚姻关系存续期间妻子受胎而出生的子女。严格意义上的婚生子女应具备下列要件②：(1)其父母间须有婚姻关系；(2)其为生父之妻所怀孕分娩；(3)其为生母之夫的血缘；(4)其在父母的婚姻关系存续期间受胎。

早期在法律上确认婚生子女是为了防止血统混乱、确保家庭身份与财产继承人的血统纯正，由于当时医学技术并不发达，世界各国在对婚生子女的认定上都规定了比较严格的要件。随着现代医学的发展，确认子女血统的难度逐渐降低，各国亲属立法对婚生子女的认定要件也日益宽松。基于尊重婚姻制度及道德，维护和巩固因合法婚姻关系建立的家庭、保护子女利益的需要，大多数国家都根据医学上的生育经验设立了婚生子女的推定制度。

二、婚生子女的推定

（一）婚生子女推定的概念

婚生子女推定是指在婚姻关系存续期间妻子受胎或生育的子女，得以推定为婚生子女的法律制度。婚生子女推定制度是对子女婚生性和合法性的法律认定，目的是为了保护子女的合法权益，以及善意当事人的合法权益，维护家庭的和睦与稳定。③

分析各国婚生子女推定制度的立法和理论观点，大致可得出以下几点基本认识④：

第一，婚生子女的推定不仅是对子女的婚生身份的推定，同时也是对父亲身份的推定，即婚生子女推定的效力既涉及了婚生子女的法律地位，又证明了其母亲的丈夫为该子女法律上的父亲。

第二，在婚生子女的推定中决定父子女关系的主要因素既有婚姻关系也有血缘关系，而不仅取决于其中的一方面。

---

① 巫昌祯主编：《婚姻与继承法学》，中国政法大学出版社2011年版，第224页。

② 参见陈棋炎、黄宗乐、郭振恭著：《民法亲属新论》，台湾三民书局1987年版，第202页。

③ 巫昌祯主编：《婚姻与继承法学》，中国政法大学出版社2011年版，第227页。

④ 参见王洪著：《婚姻家庭法》，法律出版社2003年版，第226页。

第三，婚生子女的推定只是一种法律上的推定，并非事实的认定，因此可以被客观事实推翻。但是这种推定在被依法推翻前都受到法律的保护，法律允许利害关系人提出否认之诉，但是仅在法院判决确认后才能撤销推定，公民的自行否认没有法律效力。

大多数国家都规定了婚生子女的推定制度，但具体内容有所差别。如《法国民法典》第312条规定："夫妻婚姻期间生育的子女，夫为其父。"第314条规定："夫妻结婚后满180天出生的子女为婚生子女，并且视其自受孕其即为婚生子女。"《日本民法典》第772条规定："(一)妻于婚姻中怀胎的子女，推定为夫的子女。(二)自婚姻成立之日起200日后或自婚姻解除或撤销之日起300日以内所生的子女，推定为婚姻中怀胎的子女。"我国对于婚生子女的认定没有明确规定，在习惯上，凡是在婚姻关系存续期间生育的子女，就推定为婚生子女。

(二)婚生子女推定的标准

各国婚生子女推定制度除了具体内容有所差别之外，所采用的推定标准也不尽相同。总结来说，各国的婚生子女推定标准大致分为以下三种：

第一种是受胎标准，即以子女是否在婚姻关系存续期间受胎所生为标准。只要受胎发生在婚姻关系存续期间，无论出生时婚姻状态如何(包括婚姻存续、离婚或配偶死亡等情况下)，所生子女即推定为婚生子女。

第二种是出生标准，即以子女是否在婚姻关系存续期间出生为标准。无论受胎发生时婚姻状态如何，只要子女在婚姻关系存续期间出生，即推定为婚生子女。如瑞士采用的就是这种标准。不可否认，将婚前受胎而在婚后出生的子女推定为婚生子女确实是对严格意义上的婚生子女推定的扩张。但是在婚前同居行为日益普遍的现代社会，这一扩张不仅不会紊乱传统婚生子女推定的秩序，还有效地保障了此类子女的权益。

第三种是混合标准，即将受胎标准和出生标准综合，而不局限于其中一方面。在婚姻存续期间受胎或者出生的子女，都推定为婚生子女。

学者认为①，在上述三种标准中，混合标准对于保护子女利益和父亲的利益是较为有利的，理由如下：受胎标准过于严格，排除了婚前受胎而婚后出生的子女，不利于保护子女利益和维护婚姻关系的稳定；出生标准又会将在婚姻存续期间受胎而在婚姻终止后出生的子女排除。这两种标准的弊端较为明显，因此在我国婚姻制度中宜采用混合标准。

(三)婚生子女推定制度的意义

现在大多数国家都赋予婚生子女和非婚生子女身份最大限度的平等，对于从子女出生时起确定其父母身份而言，婚姻仍然具有特别重要的意义。外国立法例大都设立婚生子女推定制度，其意义在于②：

第一，尊重婚姻道德。近现代婚姻法确立了一夫一妻制的基本原则，现实生活经验显示，妻子在婚姻关系中所生子女通常都是与丈夫受胎所生，为了尊重妻子的婚姻贞洁，即应推定丈夫是妻子所生子女的父亲。

第二，保护子女的权益。对于妻子在婚姻关系中受胎生育的子女，先由法律推定为其

① 王洪著：《婚姻家庭法》，法律出版社2003年版，第228页。

② 王洪著：《婚姻家庭法》，法律出版社2003年版，第226~227页。

夫的婚生子女，使子女在受胎期间和出生后能切实享有法律规定的权利。否则，易使子女的法律地位处于不确定状态，不利于保护其权益。

第三，保护丈夫的权益。由于婚生子女推定只是一种法律上的推定，若有相反事实证据就可以否认和推翻。这一否认权不仅是法律努力实现血缘真实性的表现，使法律上的亲子关系尽可能与血缘上的亲子关系相统一，也可以使丈夫免除其不应承担的义务，而促使真正的生父承担其法律责任。

第四，维护婚姻家庭的和睦和稳定。设立婚生子女推定制度，可以增强夫妻双方的信任感和责任感，在法律机制上有助于保障婚姻家庭关系的和睦与稳定。

三、婚生子女的否认

(一)婚生子女否认的概念

婚生子女的否认是指在婚生子女推定的前提下，否认子女为夫的亲生子女的民事法律行为，是对婚生子女推定制度的一种限制。

婚生子女推定是一种法律推定，所以允许当事人依据一定的事实证据对其推定结果予以否认。为了维护婚生父母子女关系的血缘真实性，使法律推定与事实尽可能一致，以保障当事人权益，促使生父履行其法律责任，实现法律的公正，各国在设立婚生子女推定制度的同时也允许提出对婚生子女的否认。但是这种否认权须以诉讼方式行使，只有经法院裁决确认之后，才能撤销婚生子女的推定，自行否认不发生法律效力。

在罗马法时期，就有规定，如果子女在结婚第 7 个月以后或者更确切地说在婚后 182 天以后出生并且自婚姻解除起 10 个月以内出生，则被推定为婚生子女，否则，如果丈夫否认是其后代，就必须证明否定这种亲子关系。① 这就是婚生子女否认制度的前身。近现代以来，各国民法普遍设立了该制度。我国《婚姻法》没有明确规定这一制度，但在司法实践中，人民法院是受理否认婚生子女之诉的。

(二)婚生子女否认权的行使

1. 否认的原因

否认婚生子女的原因，即否认婚生子女的事实依据。对此，各国多采用概括主义，凡能证明子女为非婚生的证据即可。否认的基本原因是证明在妻受胎期间夫妻并未同居(如夫旅居外地、监内服刑、外出服役等情况)，或能证明妻受胎与夫无关(如夫因病无生育能力、夫已结扎等情况)。此外，现代医学发展水平较高，权威的医学亲子鉴定结论也可作为否认的证据。亲子鉴定作为最有说服力的证据，在实践中广为采用。但是针对一方无正当理由拒绝让子女配合做亲子鉴定的情况，《婚姻法解释(三)》第 2 条第 1 款规定："夫妻一方向人民法院起诉请求确认亲子关系不存在，并已提供必要证据予以证明，另一方没有相反证据又拒绝做亲子鉴定的，人民法院可以推定请求确认亲子关系不存在一方的主张成立。"即在一方已提出必要证据的情况下，另一方如无正当理由拒绝做亲子鉴定，人民法院就支持否认权人一方，推定子女为非婚生子女。

---

① [意]彼得罗·彭梵得著：《罗马法教科书》，黄风译，中国政法大学出版社 1992 年版，第 156 页。

2. 否认权人

否认权人的范围关系到亲子关系和家庭生活的稳定，也与丈夫、母亲和子女、真实生父或者有关第三人的权益息息相关。对此，各国出于不同的立法目的，作出了不同的规定。有的立法例以法律上的亲子关系应尽量符合自然血缘的真实性为主要目的，将否认权人的范围扩大，甚至对否认权人的范围不加限制。多数立法例认为，法律上的亲子关系原则上以真实的血缘关系为基础，同时还需兼顾家庭和身份关系的稳定性，故对否定权人的范围作出一定的限制，避免第三人随意打扰已形成的和睦的家庭和亲子关系，这类立法例都将否认权人限制在家庭成员中。

《婚姻法解释(三)》第 2 条第 2 款规定："当事人一方起诉请求确认亲子关系，并提供必要证据予以证明，另一方没有相反证据又拒绝做亲子鉴定的，人民法院可以推定请求确认亲子关系一方的主张成立。"可见，我国婚姻制度是以还原真实自然血缘为价值取向。虽然本条规定并不是针对婚生子女的推定或否认，但其中包含了第三人请求确认其与被推定的婚生子女有亲子关系的情况。若当事人与子女的亲子关系被确定，则从侧面推翻了婚生子女的推定。可见，除夫或妻外，子女的生父对子女的婚生身份也有否认权。

3. 否认权行使的期限

为了促使否认权人及时行使权利，早日确定子女的法律身份，各国及地区均规定了否认权的行使期限，在规定期限内不行使则否认权消灭。但根据不同的立法目的，各国及地区除斥期间的长短及计算方式有所差异。

日本和我国台湾地区的规定是否认之诉应于知悉子女出生之日起 1 年内提出，德国法规定只能在权利人得知反对此种父亲身份的情况之时起 2 年内向法院提出①，《瑞士民法典》第 256-3 条对此规定得最为完善："(1)夫在知悉生育及知悉本人并非子(女)之父或第三人在妻受胎期间与其同居的事实之后，得在 1 年的期限内起诉。超过出生后的 5 年，诉权自行失效。(2)子女最迟得在其成年后的 1 年内起诉。(3)超过上述期限，须因重要原因得到谅解之后，始得起诉。"该规定与单一期间相比更为合理、可行。② 目前我国《婚姻法》对此尚无明确规定。

4. 否认的方式及效力

婚生子女的推定只能经婚生否认之诉予以推翻，故否认权须以诉讼方式行使。经法院判决确定否认之诉胜诉时，子女即丧失婚生资格，成为非婚生子女。

四、人工授精与婚生子女

(一)人工授精技术

人工授精，是指不同于人类传统基于两性自然生育过程，而是根据生物遗传工程理论，采用人工方法取出精子或卵子，然后用人工方法将精子或受精卵胚胎注入妇女子宫内，使其受孕的一种人工生育技术。采用这一技术生育的子女，即为人工授精子女。

施用人工授精技术，有体内与体外、同质与异质之分：人工体内授精，通常不孕的原

---

① 王洪著：《婚姻家庭法》，法律出版社 2003 年版，第 231 页。

② 杨立新著：《亲属法专论》，高等教育出版社 2005 年版，第 173 页。

因在于丈夫。因此，可将丈夫的精子或第三人的精子注入妻子体内授精。人工体外授精，是指以妻子（或第三人）的卵子供给丈夫（或第三人）的精子，移入培养皿中，使其成为受精卵。然后，将受精卵分裂的胚胎移入妻子的子宫内着床发育而分娩。按照此过程而生育的子女，俗称“试管婴儿”。1978 年 7 月 25 日，英国伦敦诞生了人类有史以来第一位试管婴儿——路易斯·布朗。之后，这一技术被世界各国普遍使用。

人工生殖就其供体而言，一般可分为两种情况：一种是同质人工授精，即使用丈夫的精液或妻子的卵子进行人工授精，简称 AIH；另一种是异质人工授精，即使用第三人的精液或卵子进行人工授精，简称 AID。此外，人工生殖还涉及“代孕”问题。代孕，即因妻子子宫有障碍而无法使受精卵在其子宫着床，借用第三人的子宫孕育并分娩子女。

（二）人工授精子女的法律地位

人工授精问题涉及伦理道德、婚姻、血统、法律等领域，生育上的单向关系变成了多重关系，由此，它向传统法律提出了一系列新的挑战。人工生育子女有别于法律所明确的其他四类子女的确认。一般来说，采用同质（AIH）人工授精方式而出生的子女，与父母有血统关系属直系血亲并为婚生子女。夫妻双方均不得向法院提出否认亲子之诉，除非有充分证据证明医生误用了第三人的精子或卵子。而对于异质（AID）人工授精子女的法律身份的确认，则涉及较复杂的问题。其基本特征是：血缘父亲、母亲的一方是不特定的。这种不特定的父或母无法对孩子行使行为能力，孩子和他们之间不能互相享有权利并履行义务。因此，采用异质人工授精方法时，夫妻双方的共同意向是十分重要的。目前，一些国家已通过立法，规定了将夫妻双方的同意作为异质人工授精的先决条件。

1. 我国关于人工授精子女法律地位的法律现状

目前，我国《婚姻法》对人工授精所生子女的法律地位问题，没有作出明确规定。1991 年《最高人民法院关于夫妻关系存续期间以人工授精所生子女的法律地位的函》中指出：“在夫妻关系存续期间，双方一致同意进行人工授精，所生子女应视为夫妻双方的婚生子女，父母子女之间权利义务关系适用《婚姻法》的有关规定。”这是依据《民法通则》中诚实信用原则和《婚姻法》保护子女权益的原则而制定的。据此，只要夫妻双方协议一致同意进行人工授精的，不论所生子女是否与父母具有血缘关系，均应视为夫妻双方的婚生子女。

2. 外国亲属法关于人工授精子女法律地位的规定

在立法上，发达国家倾向于保护 AIH，但允许有限制地使用 AID。在美国，20 世纪 50 年代除纽约州以外，其他各州的判例都将 AID 视为通奸，甚至有的法院裁定：即使是在丈夫同意的情况下，接受 AID 的妇女也犯有通奸罪。但到了 80 年代中期，美国法院又倾向于将妇女经丈夫同意后接受 AID 视为合法。美国联邦法律规定：“婴儿以其生母及生母的丈夫为父母，不管该丈夫是否为提供精子的人。”1972 年《美国统一亲子法》规定：“在 AID 情况下，丈夫必须书面承诺，并要求经夫妻双方签字，法律对丈夫和胎儿的自然父亲同样对待”、“AID 的提供者在法律上不视为胎儿的自然父亲”。1987 年《英国家庭法改革条例》规定：“如果妻子因捐精人工授精而产下婴儿，丈夫应被视为孩子的父亲，除非丈夫不同意妻子接受人工授精。”1991 年统一后的德国颁布《胚胎保护法》规定：只允许在婚姻关系内（即夫妻间）进行人工授精。如果丈夫不育，可以用另一男子的精子进行体外授精。澳大利亚颁布法律："凡是人工授精生育的婴儿，生育婴儿的母亲及其丈夫是婴儿的父母。"

综合各国学者意见及法律规定，可归结一条确认人工授精子女法律地位的原理，即精子或卵子的捐献者的意愿是帮助他人生孩子，而不扩展到随之而来的身为人父(母)的法律义务和责任。相反，接受人工生殖夫妇的意愿是承担对该婴儿的法律责任。因此，丈夫优先于供精者成为父亲；妻子即分娩者优先于供卵者成为母亲。

值得注意的是接受人工生育的主体，应当是已婚的不孕夫妇。现代各国都倾向于保护AIH，有限制地允许使用AID，尽量防止和避免人工授精技术的滥用。凡夫妻就实施人工生育技术达成协议的，所生子女即为婚生子女。妻子如未经丈夫同意而进行人工生育，则丈夫对该人工生育的子女享有否认权。对于以营利为目的的代孕行为则为各国立法所禁止。①

第三节　非婚生子女

一、非婚生子女的概念

非婚生子女，是指没有婚姻关系的男女所生的子女。非婚生子女一般包括无婚姻关系的妇女所生的子女、已婚妇女所生但被法院判决否认婚生推定的子女，已婚妇女所生的不受婚生推定的子女。对于无效婚姻或被撤销婚姻的当事人所生的子女，有的国家将其视为非婚生子女，也有国家基于保护子女利益的需要，仍然将其视为婚生子女。我国对此没有明确规定，但是《婚姻法》第12条规定："无效或被撤销的婚姻，自始无效。"基于此，可以推知我国将无效婚姻或被撤销婚姻的当事人所生的子女视为非婚生子女。

二、非婚生子女的地位

(一)非婚生子女与母亲的法律关系

对于非婚生子女与其生母的法律关系，绝大多数国家都遵循罗马法"谁分娩，谁为母亲(matersemper certa ist)"的原则，依生理上的出生分娩事实发生法律上的母子(女)关系。基于此，几乎所有国家都规定母亲身份是依子女出生的事实或者在出生证上登记母亲的姓名而自动取得。

除上述基本方法之外，还有以下三种确认母亲身份的方法②：

(1)认领。生母对于自己的子女可以认领。例如，出生之时被母亲抛弃的弃儿，母亲对其进行认领，经查属实者，可以认定为生母子(女)关系。

(2)诉讼。通过诉讼，人民法院经过调查确认母亲和子女关系的，应当认定为母子(女)关系。

(3)身份占有的事实。身份占有的事实是指双方一直以母子(女)关系相称，彼此以母

① 参见巫昌祯主编：《婚姻与继承法学》，中国政法大学出版社2011年版，第229~231页。

② 杨立新著：《亲属法专论》，高等教育出版社2005年版，第178页。

子(女)相待，母亲以此身份负担了该子女的抚养、教育以及监护的责任，家庭以及社会也将他们视为母子(女)关系的事实。通过身份占有的事实作为确定母子(女)关系的根据，也可以确定母亲的地位。

(二)非婚生子女与父亲的法律关系

确定非婚生子女的父亲身份比证明母亲的身份要复杂和困难得多，因为无法以分娩的事实来认定或推定非婚生子女的父亲。常见的确认非婚生子女的父亲的方法是自愿认领和强制认领(司法裁决)。法国民法还承认通过身份占有证明非婚生血缘关系。

对于确认非婚生父子(女)关系的依据，大致有以下两种①：

1. 血缘主义

血缘主义又称客观主义或事实主义。此种立法主义观点认为，非婚生父子(女)为自然血亲，故只要有自然血缘关系存在，法律上当然发生非婚生父子(女)关系，本来无须任何手续，但发生父子(女)关系前提之血缘关系的存在，则应有证明，从而生父自愿认领或通过诉讼强制生父认领即成为确定生父的证明方式。血缘主义重在对客观事实的承认，即只要有自然血缘的亲子关系，则当然成立法律上的亲子关系，与生父母的主观意思无关。

2. 认领主义

认领主义又称主观主义。此种立法主义观点认为，自然血缘的亲子关系与法律上的亲子关系并不相同，后者除具有前者之事实外，尚须经生父的认领。因而非婚生父子(女)关系的发生，以认领之意思表示为法律上唯一的证据，血缘关系仅为认领之意思表示的原因。认领主义以区分血缘关系与亲子法律关系为基础，重在生父母的主观意愿，生父若不为自愿认领或被通过诉讼强制认领，则无法发生法律上的父子女关系。在认领主义下，非婚生子女被区分为两种：一为经生父自愿认领或经强制认领从而与生父间具有法律上的父子(女)关系之非婚生子女，即所谓“准婚生子女”；二为未经生父自愿认领或经强制认领从而与生父间不具有法律上的父子(女)关系之非婚生子女，即所谓“事实上的非婚生子女”。

概言之，两种立法主义都是以血缘关系为确定非婚生父子(女)关系的依据，不同的是血缘主义以此为唯一依据，而认领主义在此前提下还要求有认领行为。但这一差异在事实上并无实质意义，故目前各国立法通常兼采二者，而非将某一规定绝对化。

(三)非婚生子女的法律地位

婚生子女的法律地位在不同国家、不同时代，随着社会观念和传统习俗的变化，有着很大的差异。在奴隶社会、封建社会以及资本主义社会早期，人们对非婚生子女的态度普遍是排斥的。婚生子女和非婚生子女的地位一度差异巨大，非婚生子女不仅没有继承权等财产性权利，甚至连一些人身权都被剥夺，受尽歧视与虐待。然而，非婚生子女的出现是其父母的行为造成的，子女们无法选择自己的出生，却要对父母的行为负责，从出生起就遭受欺凌与抛弃，这种现象显然有违公平和平等的价值理念。因此，从 20 世纪开始，随着人道主义、人权思想的发展和传播，各国逐渐开始重视对非婚生子女的保护，使婚生子

① 王洪著：《婚姻家庭法》，法律出版社 2003 年版，第 232~233 页。

女和非婚生子女的差距逐渐缩小。

各国非婚生子女的法律地位都经历了一个从否定出发，经过消极的肯定，到如今积极肯定的阶段。规定非婚生子女与婚生子女具有同等的法律地位、享有同等的人格、其合法权利受到同等的保护，这是现代社会维护儿童合法权益的基本要求，也是实现人人生而平等的必经之路。我国《婚姻法》第 25 条规定："非婚生子女享有与婚生子女同等的权利，任何人不得加以危害和歧视。"我国《继承法》第 10 条规定："遗产按照下列顺序继承：第一顺序：配偶、子女、父母。……本法所说的子女，包括婚生子女、非婚生子女……"可见，我国的非婚生子女与婚生子女具有相同的权利义务，法律保障其人身和财产权益。

三、非婚生子女的准正

(一)非婚生子女准正的概念

非婚生子女准正，是指已出生的非婚生子女因其生父母结婚或司法宣告而取得婚生子女的法律地位。此制度是为了让非婚生子女在其父母结婚后能婚生化，使非婚生子女取得婚生子女身份。准正乃自罗马法以来大陆法系各国法律所承认的保护非婚生子女的制度。此制度巧妙地将鼓励正式婚姻与保护非婚生子女两个理念相联结，而具有奖励、促进非婚生子女之生父母正式结婚之功能。① 我国法律对此没有明确规定，但是在实践中承认生父母结婚可发生非婚生子女准正的效果，其子女视为婚生子女。现代大多数国家都规定了准正制度，但是各国具体规定有所不同。

(二)非婚生子女准正的形式

根据各国立法规定，非婚生子女的准正一般有两种形式：

1. 婚姻准正

一般规定，非婚生子女的父母结婚，可使子女取得婚生子女的法律地位。② 但是各国对婚姻准正的适用又分为两种方法：一种是生父母结婚即为非婚生子女准正的必要条件，无须其他要件。如德国、比利时等，均采用这种规定。二是除了生父母结婚的要件之外，还须对非婚生子女进行认领，未经认领的非婚生子女，即使其父母结婚，也不发生准正的法律效果。如日本、瑞士、法国等，均采此制。相比而言，第一种方法更有利于保护子女的合法利益。

2. 司法准正

司法宣告的非婚生子女准正，是指男女双方订立婚约后，因一方死亡或者存在婚姻障碍，使婚姻准正不能实现时，可依婚约当事人一方或其子女的请求，由法官宣告该子女为婚生子女。这种制度也有利于保障子女的合法权益，为一些国家所采用。

(三)非婚生子女准正的要件

根据各国立法例，非婚生子女的准正应当包含以下要件③：

---

① 陈棋炎、黄宗乐、郭振恭著：《民法亲属新论》，台湾三民书局 1987 年版，第 270 页。

② 王洪著：《婚姻家庭法》，法律出版社 2003 年版，第 235 页。

③ 杨立新著：《亲属法专论》，高等教育出版社 2005 年版，第 180~181 页。

1. 须有事实上的非婚生父母子女关系

非婚生子女准正，必须是生父母的非婚生子女，他们之间须有事实上的血缘关系。在证明上，如果生父母一致主张子女的血缘关系，没有其他相反证据，当然没有问题。如果有相反的证明，则应当举证证明血缘关系，在现代，这种证明较为容易，只要举出 DNA 证明即可。如果司法准正，则须向法庭提供证据，证明血缘关系，方可获得法官的确信，作出准正的宣告。

2. 须有生父母结婚的事实或者婚约

婚姻准正，必须有生父母结婚的事实。该事实已经发生，即发生非婚生子女的准正效力。婚姻被宣告无效的，亦不妨因生父母的结婚而成为婚生子女，即使是生父母被宣告无效，也应当承认非婚生女的婚生性，以保障其合法权利。

在司法准正中，因为没有结婚的事实，因此可以依据双方的婚约事实而认其为准正。婚约事实的证明，应由主张的一方承担举证责任。除了婚约事实之外，还应有生父母一方死亡或者结婚障碍的事实证明，也应由主张的一方举证证明。

3. 婚姻准正无须法律行为，司法准正须经法定程序

非婚生子女准正的性质为事件，而不是法律行为，是生父母结婚的附随效力。因此，非婚生子女准正对生父母子女行为能力没有要求，也不以任何人同意为必要。在程序上，也无须当事人任何表示，无须经过任何程序。惟有司法准正必须经过司法程序，经过法院的准正宣告而发生效力。

(四)非婚生子女准正的效力

非婚生子女准正后，即获得婚生子女的身份和法律地位。但各国法律规定中，准正效力发生的时间有所不同。有的国家规定准正的效力自父母结婚或法院宣告为婚生之日起发生，没有溯及力，如《法国民法典》第 332 条的规定；有的国家则规定准正具有溯及力，要件达成后，即自子女出生之日起发生准正效力，如《瑞士民法典》第 259 条的规定。对比来看，后一种规定更有利于保障子女的利益。准正的效果发生于一切结婚前当事人之间的共同子女，包括已被认领的子女、已死亡的子女及其后裔、已被他人收养的子女等。

四、非婚生子女的认领

(一)非婚生子女认领的概念

非婚生子女的认领，是指非婚生子女的生父自愿承认或被法院强制其承认为该子女之父并领为自己的子女的行为，是通过法定程序使非婚生子女实现婚生化的法律行为。

对于非婚生子女的认领制度，不同社会在立法态度上有主观主义和客观主义之分。主观主义又称意思主义或认领主义，即生父在主观上承认自己为该非婚生子女的生父，而又有领为自己子女的意思。客观主义又称血缘主义或事实主义，即只要有自然血缘关系，就当然成为法律上的父子女关系，与生父的主观意思无关。从世界各国及地区立法例的发展趋势来看，认领制度正由主观主义向客观主义变化。①

非婚生子女的认领制度和准正制度都是非婚生子女制度中的重要组成部分，现代各国

① 巫昌祯主编：《婚姻与继承法学》，中国政法大学出版社 2011 年版，第 234 页。

及地区民事立法中多有认领制度规定。我国《婚姻法》中未明确规定非婚生子女的认领制度，但在实践中对这类问题的处理方式与世界通例相同。

(二)非婚生子女认领的形式

综合各国及地区的立法看来，认领的形式分为自愿认领和强制认领两种，分别与上述两大立法态度对应。

1. 自愿认领

自愿认领又称任意认领，即生父自愿承认自己为该非婚生子女的生父，并自愿对其承担抚养义务的法律行为。

通常认为，认领为生父的单方法律行为，即认领效果的发生由生父决定，原则上对此权利的行使没有限制，不依赖于其他人的同意，也不论母亲或子女是否反对。在这种模式下，父亲身份的确定根本上取决于父亲的意愿，具有父权主义色彩，因而很多国家及地区也对认领的发生规定了一些限制条件。如《德国民法典》第1595条规定，生父的自愿认领必须经母亲的同意，如果母亲在此范围内不享有父母照顾权，认领还必须经子女的同意。

关于认领行为的要式与否，各国及地区立法大多将其规定为要式行为，如瑞士、法国民法规定，应以公证书为必要，日本民法则依户籍法所定，以申报为必要。也有将认领规定为非要式行为的立法，如我国台湾地区的相关规定。

2. 强制认领

强制认领又称生父的寻认，即当生父应当认领而不认领时，有关当事人得诉请法院予以强制认领的行为。在强制认领中，法院以判决代替生父的自愿认领，以确认当事人之间亲子关系存在。

强制认领以非婚生子女与认领人之间存在血缘关系为基础，一般由强制认领的请求权人承担举证责任，由国家予以认定。① 强制认领适用于生父逃避认领责任，而母及子女要求认领的场合，所以请求权人一般为非婚生子女本人或其生母。此制度对保护非婚生子女之利益有重大意义。

我国《婚姻法》第25条规定："非婚生子女享有与婚生子女同等的权利，任何人不得加以危害和歧视。不直接抚养非婚生子女的生父或生母，应当负担子女的生活费和教育费，直至子女能独立生活为止。"我国虽未明确非婚生子女的强制认领制度，但在实践中，经亲子鉴定证据确凿的，人民法院可以强制孩子的生父对其认领，并负担子女必要的生活费和教育费直至子女成年或能独立生活为止。

(三)非婚生子女认领的效力

自愿认领和强制认领的效力基本相同，都是使非婚生子女取得婚生子女的身份与资格，享有婚生子女的权利和义务。非婚生子女一经认领，即视为婚生子女，产生父亲与子女之间的权利义务关系。认领一般具有溯及力，其效力溯及子女出生之时，但不得侵害第三人的既得权利。此外，认领的效力可能还及于生母在妊娠、生育等费用方面的补偿责任等。

---

① 王洪著：《婚姻家庭法》，法律出版社2003年版，第234页。

第四节 继 子 女

一、继父母子女的概念和类型

(一)继父母子女的概念

所谓继子女，通常指配偶一方对他方与前配偶所生的子女，称为继子女；所谓继父母，是指子女对母亲或父亲的后婚配偶，称为继父或继母。继父母与继子女的关系，是因父母一方死亡、他方带子女再行结婚，或者因父母离婚，抚养子女的一方或双方再行结婚，从而在继父母与继子女间形成的亲属关系。在通常情况下，继父母子女之间的关系属于姻亲范围，如果继父母与继子女形成抚养关系，或者继父母将继子女收养为养子女，他们才具有法律拟制直系血亲的关系。①

(二)继父母子女关系的类型

根据继父母子女之间的实际抚养状态，其关系可分为以下几种：

(1)受继父母抚养教育的继子女，即生父(母)与继母(父)再婚时，继子女尚未成年，且他们随生父母一方与继母或继父共同生活时，继母或继父对其承担了部分或全部生活教育费、进行了教育和生活上的照料。此类继子女与继父母之间形成了抚养关系，继子女成年后对继父母有扶养的义务。若其生父母未死亡，则继子女与生父母、继父母之间形成了双重权利义务关系。

(2)未受继父母抚养教育的继子女，即生父(母)与继母(父)再婚时，继子女已经成年独立生活；或虽未成年但仍由其生父母照料并提供生活教育费，没有受继父母的抚养教育。此类继父母子女关系为纯粹的直接姻亲关系，继子女对继父母没有赡养扶助的义务。

(3)被收养的继子女，即继父或继母经继子女的生父母同意，已正式收养该继子女为其养子女。在这种情况下，遵循《收养法》的相关规定，继父母子女关系变为养父母子女关系，该子女与共同生活的生父(母)一方仍为直系血亲关系，而与不在一起共同生活的生母(父)一方之间的权利义务随之消灭。

二、继父母子女的法律地位

我国《婚姻法》第 27 条规定：“继父母与继子女间，不得虐待或歧视。继父或继母和受其抚养教育的继子女间的权利和义务，适用本法对父母子女关系的有关规定。”根据此条规定，不管是否形成抚养教育关系，继父母子女间应当平等对待，不得虐待或歧视。未形成抚养教育关系的继子女与继父母之间无法定的权利义务。已形成抚养教育关系的继父母子女，双方享有父母子女间的各种权利，承担相应的义务。

同时应当注意，已形成抚养关系的继父母子女之间的关系不同于养父母子女。一方面，继子女与其生父母之间的权利义务关系，并不因这种抚养关系的形成而终止。即该继子女既与其生父母继续保持父母子女间的权利义务关系，同时又与继父母发生父母子女间

① 杨立新著：《亲属法专论》，高等教育出版社 2005 年版，第 185 页。

的权利义务关系。《最高人民法院关于贯彻执行〈中华人民共和国继承法〉若干问题的意见》(以下简称《继承法意见》)第21条规定:“继子女继承了继父母遗产的,不影响其继承生父母的遗产。继父母继承了继子女遗产的,不影响其继承生子女的遗产。”其依据即在于此。另一方面,继子女与继父母的近亲属之间、继父母与继子女的近亲属之间不因此当然产生近亲属之间的权利义务。《继承法意见》第24条规定:“继兄弟姐妹之间的继承权,因继兄弟姐妹之间的扶养关系而发生。没有扶养关系的,不能互为第二顺序继承人。”可见,我国司法解释不承认拟制血亲的继父母子女关系的效力可及于其他近亲属。①

三、继父母子女关系的终止

(一)继父母子女关系的终止事由

关于已形成抚养关系的继父母子女之间的权利义务能否解除的问题,我国《婚姻法》并未作出规定。根据有关审判实践和理论通说,继父母子女关系的终止事由有以下几种②:

1. 继父母子女一方死亡

继父母子女关系和其他任何父母子女关系一样,当其中一方死亡时,他们之间的权利义务关系消灭,彼此之间不再具有法律上的约束力。

2. 继父母离婚

未成年的继子女,由于生父(母)与继母(父)离婚而使其与继父母之间的权利义务消失。生父(母)与继母(父)离婚时,对曾受其抚养教育的继子女,继父或继母不同意继续抚养的,仍由生父母抚养。如果继父母愿意继续抚养该继子女,生父母又同意的,可以允许。例外的情况是,如果继子女已经被继父母抚养成人,已经形成的抚养关系不能因为生父与继母或生母与继父离婚而自然消灭其权利义务关系,继子女对于年老体迈、生活困难的继父母仍然应当承担其晚年的赡养义务。

3. 协议解除

已经形成抚养关系的继父母子女关系,是一种拟制血亲,可以因协议而解除。在继子女未成年时,经生父母、继父母协商一致,并经有识别能力的继子女同意,可以协议解除继父母和继子女之间的权利义务关系。继子女成年后,成年继子女与继父母关系恶化,也可以解除权利义务关系。但继子女对将其抚养成年的继父母,如果年老体弱、生活困难的,应当承担给付必要生活费的义务。

4. 诉讼解除

在解除已经形成抚养关系的继父母子女关系发生争议的,可以诉请人民法院裁决是否解除继父母子女间的权利义务关系。法院一经判决解除继父母与继子女之间的权利义务关系,则即行解除,双方不再存在父母子女的权利义务关系。

应当注意的是,生父母死亡时,继父母与继子女形成抚养关系的,不能自行解除。继父母不能因为未成年继子女的生父母死亡而停止对继子女的抚养教育。如果继子女的生父

---

① 参见王洪著:《婚姻家庭法》,法律出版社2003年版,第240~241页。

② 杨立新著:《亲属法专论》,高等教育出版社2005年版,第186~187页。

母一方还健在，要求将子女领回抚养的，要经继父母的同意。双方协商不成的，由人民法院根据子女的利益判决。如果在生父母死亡时，继子女已经由继父母抚养成人，无论继父母子女关系是否解除，继子女都应当对继父母尽赡养扶助义务。

(二)继父母子女关系消灭的效力

继父母子女关系消灭的，双方之间的父母子女权利义务关系即行消灭。但是，若继子女是由继父母抚养成人的，继父母子女关系的消灭并不使其对继父母的赡养扶助义务消灭。

第五节 亲　　权

亲权是近现代各国亲子关系中最重要、最核心的内容。“亲权”一词为大陆法系多数国家所采用，英美法系国家一般称监护权或父母权。我国《婚姻法》一直未使用“亲权”概念，现行《婚姻法》第 23 条规定的“父母有保护和教育未成年子女的权利和义务”，类似与亲权的原则性规定。亲权制度的缺失使得解决许多亲子生活中的实际问题较为困难，也不能防止父母滥用权利。因此，我国《婚姻法》中应当考虑采用亲权概念、建立完善的亲权制度。①

一、亲权的概念与特征

(一)亲权的概念

亲权，是指父母对未成年子女在人身和财产方面的管教和保护的权利和义务。②

亲权既是一种民事权利也是父母的法定义务。由于亲权与保护教养子女为目的，为使子女利益有所保障，父母原则上不得抛弃法律所认可父母身份与地位，不得转移此权利。对于父母而言，亲权的行使具有职责性质，故父母基于天生自然的权利义务，因全责养育照顾子女。③

(二)亲权的特征

现代法律中的亲权具有以下特征：

1. 亲权的性质是基本身份权

亲权是父母基于其身份，依法律规定而当然发生。亲权只存在于父母与其未成年子女之间，以特定的人身关系为前提。亲权作为基本身份权，是由若干具体权利构成的，与配偶权、亲属权相并列，三者统一构成亲属法上的身份权。

2. 亲权具有权利义务双重性

亲权既是父母享有的民事权利，又是父母的法定义务。权利义务既相互联系，构成了亲权的统一内容，又界限清晰地作为亲权的两个独立的方面。作为权利，亲权人依法自行行使，以实现其目的；作为义务，亲权人必须履行，不得抛弃和转让，也不得滥用。

---

① 参见王洪著：《婚姻家庭法》，法律出版社 2003 年版，第 252~253 页。

② 李志敏主编：《比较家庭法》，北京大学出版社 1988 年版，第 227~228 页

③ 王洪著：《婚姻家庭法》，法律出版社 2003 年版，第 253 页。

3. 亲权以保护教养未成年子女为目的

亲权具有一定的支配性质，但这种支配并非专制的人身支配，而是以保护教养未成年子女为目的。亲权要求父母保护未成年子女的人身和财产权利，但是这种权利的行使并非毫无限制，仅限于监护子女的必要范围且符合子女的利益始可。

4. 亲权具有绝对权、支配权和专属权的性质①

亲权的行使一般不用借助他人的积极行为，只要义务人不加妨害和侵犯，亲权就可以实现，因而具有绝对权的性质；亲权人依法对未成年子女的人身和财产进行支配，又具有支配权色彩，但是这种支配以父母子女间的人格平等为前提，且支配的内容和目的，被法律严格限制在保护教养子女的范围内；亲权专属于父母，不得让与、继承或抛弃，没有法律特殊规定不得由他人代为行使，具有专属性和排他性。

二、亲权的主体

(一)亲权人

(1)婚生子女的亲权人。婚生子女的父母均健在，且处于正常婚姻状态时，父母均为亲权人；父母一方死亡(包括受死亡宣告)时，他方为单独亲权人。父母一方因受无行为能力或限制行为能力宣告，或有受停止亲权宣告的法律上的障碍，或因行踪不明、长期不在等事实上的障碍，而不能行使亲权时，他方为单独亲权人。父母离婚后，因父母双方的协议或者由法院裁决父母双方或者一方为亲权人。

(2)非婚生子女的亲权人。在世界各国立法例中，依非婚生子女是否准正或被认领而有所不同。② ①未经生父认领的非婚生子女，其亲权大体上由生母一方单独行使。②经生父认领的非婚生子女的亲权归属，立法例中有规定原则上以生父母为亲权人，但可依协议或裁判确定生父为亲权人的；有规定生父、生母都为亲权人的。

(3)关于养子女的亲权人，完全适用上述婚生子女的亲权人规则。

(4)与继父(母)形成抚养教育关系的继子女的亲权人由生父母和继父(母)共同行使亲权。

(二)受亲权保护的子女

受亲权保护的子女，各国民法都仅指未成年子女而言。未成年子女具有服从亲权的义务、享有受保护教养的权利。我国《民事通则》第 11 条规定：“16 周岁以上不满 18 周岁的公民，以自己的劳动收入为主要生活来源的，视为完全民事行为能力人。”此类未成年人不受父母亲权的保护。③

三、亲权的内容

(一)人身照护权

人身照护权的基本内容，是父母对未成年子女人身的教养、保护的权利和义务。具体

---

① 王洪著：《婚姻家庭法》，法律出版社 2003 年版，第 254 页。

② 王洪著：《婚姻家庭法》，法律出版社 2003 年版，第 254 页。

③ 王洪著：《婚姻家庭法》，法律出版社 2003 年版，第 254~255 页。

内容如下：

1. 管教和保护权

管教是指父母管理教导子女，以谋求子女的身心健全成长；保护是指预防和排除危害。亲权人因依法使未成年子女接受义务教育，并以健康的思想、品行和适当的方法教育子女全面发展，预防和制止其不良行为。在法律允许范围内，亲权人可采取说服教育、斥责等必要手段惩戒子女，对有严重不良行为的未成年子女，父母应当采取措施严加管教。

2. 住所指定权

为实现父母管教和保护未成年子女的目的，父母自然有指定其住所的权利和义务，子女不得随意离开父母指定的居所，另住他处。

3. 子女交还请求权

亲权具有排他性，其他人不得随意妨害亲权的行使。亲权人对合法扣留、拐卖未成年子女而使其脱离父母的人，有请求交还子女的权利。因为他人违法掠夺和扣留子女时，不但侵害了子女的人身自由权，还侵害了亲权人的保护教养权，亲权人为行使亲权而尽其义务，自应有请求交还子女的权利。

4. 身份行为的代理权和同意权

各国民法均规定，无行为能力人须由法定代理人代为意思表示，限制行为能力人为法律行为须经法定代理人同意。因此，父母对未成年子女有身份行为的代理权和同意权、身份上事项的决定或同意权、身份上的诉讼行为的代理权。

(二)财产照护权

对于未成年子女的财产，亲权人有保护的权利和义务。

1. 财产管理权

财产管理权是父母对子女特有财产的管理权，此种管理须以财产价值的保存或增加为目的。亲权人基于其管理权，可以占有、处分子女的财产，在行使权利时，应与处理自己事务为同样的注意行使管理权，不滥用权利。父母未尽注意义务而使子女财产受到损害的，应负损害赔偿义务责任。如因此而危及子女财产时，其管理权可被宣告停止。

2. 使用收益权

使用收益权是指亲权人在不损毁、变更未成年子女享有的物或权利的性质的前提下，有支配、利用财产和获取天然孳息或法定孳息的权利。行使该种权力的目的应当是维护未成年子女的财产权益，应从有利于保护未成年子女的合法财产和权益出发来进行使用和收益。①

3. 处分权

各国法律规定，亲权人原则上不得处分未成年子女的财产，但为了子女利益的需要除外。亲权人对子女财产处分权利的行使有较为严格的限制，即应以子女利益为判断标准，有利于子女利益的处分，如增加财产价值、有利于子女的生活、有利于子女长期利益的，为有效处分，否则只对父母有利而对子女利益不利的处分行为为法律所禁止，造成子女利益损害的应当承担赔偿责任。

---

① 杨立新著：《亲属法专论》，高等教育出版社2005年版，第263页。

4. 财产行为的代理权

父母为未成年子女的法定代理人，依法享有对其财产行为的代理权。当未成年子女实施具有财产内容的民事法律行为时，应其不具有或欠缺相应的民事行为能力，需要亲权人代为实施。代理权的实施也应为维护子女利益为原则，行为方为有效。

四、与亲权相关的几个概念

（一）亲权与监护权

在英美法系中，监护权与亲权并无区别，统称监护权。但是在大陆法系中，亲权与监护权是两个有着严格区别的概念。我国《亲属法》采用大陆法系的立场，认为亲权与监护权是有差别的。

1. 性质不同

亲权与监护权虽然同为身份权，但二者在其具体属性上有严格区别。亲权是父母与未成年子女之间的身份权，是亲属法的具体内容；而监护权是基于身份权而发生的权利，是民事主体制度的组成部分。

2. 权利主体的范围不同

亲权仅限于父母与未成年子女之间，因而亲权的主体是有限、单一的。监护权的权利人范围远远宽于亲权的主体范围，包括祖父母、外祖父母、兄、姐、配偶、子女、其他亲属、朋友、所在单位、居民委员会、村民委员会或民政部门。

3. 权利范围不同

亲权仅限于父母对未成年子女的教养和保护的权利义务。监护权的范围则不包括父母对未成年子女的身份利益支配权，而是包括对无民事行为能力人或限制行为能力人的身份权益支配权。

4. 权利内容不同

亲权的内容包括教养和保护未成年子女，监护权却只限于保护权不具有教养权的内容。

亲权与监护权除上述区别之外，还具有相应的联系和共同之处。主要表现在，亲权和监护权都表明人与人之间的身份关系，亲权表现的是父母与未成年子女之间的身份关系，而监护权则表明的是监护人与被监护人之间的身份关系。亲权与监护权的客体都具有身份利益的性质。

（二）亲权与亲属权

亲权与亲属权都是亲属法上的身份权，都是关于亲属之间身份关系的权利，其功能都是表明特定的亲属之间的身份和地位，规范特定亲属之间的权利和义务。但两者之间存在以下几点区别①：

1. 权利主体不同

亲权的权利主体只是父母，不包括其他人。亲属权的权利主体不仅包括父母，还包括其他亲属，即除了配偶和未成年子女的父母之外的其他近亲属。

---

① 杨立新著：《亲属法专论》，高等教育出版社 2005 年版，第 251~252 页。

2. 权利主体的相对人不同

亲权权利主体是父母，其相对人是未成年子女。子女成年以后，不再是亲权主体的相对人，而是亲属权的权利主体。亲属权从严格的意义上说，不存在相对人，亲属权的权利主体是特定的亲属。

3. 亲权的内容宽于亲属权

亲权的主要内容是教养、保护权，内容很广泛。亲属权的内容则比较狭窄、单一的，一是表明亲属的身份，二是相互之间的扶养、赡养、抚养权等。

4. 亲权是父母的权利

亲权从总体上说，是父母的权利，包括权利和义务。亲属权是亲属关系当事人的权利，其权利义务是相互的。

【思考题】

1. 试述亲子关系的概念及其种类。
2. 父母子女之间有哪些法定权利义务？
3. 各类型子女的概念及其特征是什么？其法律地位分别如何？
4. 各类子女在法律上的异同有哪些？

第九章 收 养

【**本章学习重点提示**】收养的概念和特征；收养关系的成立要件；收养关系解除的条件和程序。

第一节 概 述

收养制度是家庭制度的重要组成部分，也是生育制度的必要补充。我国《婚姻法》第26条规定："国家保护合法的收养关系。养父母和养子女间的权利和义务，适用本法对父母子女关系的有关规定。"本条对养子女的法律地位作出了明确的规定。1991年12月29日颁布了《中华人民共和国收养法》(以下简称《收养法》)，自1992年4月1日起施行。该法标志着我国有了专门调整收养关系的部门法。1998年对《收养法》进行修正，于1999年施行，进一步完善了我国的收养制度。

一、收养的概念及特征

收养，是指自然人领养他人的子女为自己的子女，从而依法创设拟制血亲的亲子关系的民事身份法律行为。依收养身份法律行为创设的收养关系，就是拟制血亲的亲子关系，是基于收养行为的法律效力而发生的身份法律关系。在收养关系中，收养人与被收养人之间具有与自然血亲的父母子女相同的权利与义务。

在收养的身份法律行为中，当事人分别是收养人、被收养人和送养人。其中领养他人子女为自己的子女的人就收养人，被他人收养的人为被收养人，将子女或者儿童送给他人收养的自然人或者社会组织为送养人。应当注意的是，收养行为是变更收养人身份关系的行为，而不是一般的民事法律行为，因此，尽管被收养的是自然人，但被收养人是收养法律行为的主体，而不是收养行为的标的。①

收养具有以下法律特征②：

(一)收养是一种民事身份法律行为

收养关系是基于当事人的法律行为而产生的，原本没有自然直系血亲关系的收养人和被收养人之间产生父母子女间的权利义务的唯一法律事实是当事人按照法律规定的条件和程序，以意思表示为构成要素的收养行为。收养行为的成立需要收养人与送养人及有识别能力的被收养人达成收养的合意。因而收养行为是以意思表示为构成要素、能够引起行为

---

① 杨立新著:《亲属法专论》，高等教育出版社2005年版，第196页。

② 参见王洪著:《婚姻家庭法》，法律出版社2003年版，第265页。

人预期的创设身份关系的法律效果的法律行为。收养关系成立后，收养人与被收养人之间发生亲属身份及相应的权利义务，同时解除了被收养人与其生父母及其近亲属间的权利和义务关系。因此收养行为在本质上属于民事身份法律行为，有别于一般财产法上的民事法律行为。收养这种法律关系只产生于公民之间，适用于自然人，而不适用于法人。公民之间的收养和社会对孤儿、弃儿的收养有以下区别：

1. 法律性质不同

公民间的收养关系是依据《婚姻法》和《收养法》的规定和程序而进行的民事法律行为；社会福利院的收养是依据行政法规而实施的具有公法性质的社会福利措施。

2. 收养目的不同

公民间的收养主要目的是设立父母子女关系；社会福利院的收养目的在于让弃孤儿能够得到社会的抚养和教育，使他们能够健康地生存和成长。

3. 收养方式不同

公民间的收养必须经过法定程序、符合法定条件才得以为之；社会福利院的收养，只要符合收养条件即可自行决定收养，无须经过机关的准许或同意。

4. 收养效力不同

公民间的收养发生父母子女间的权利义务关系；社会福利院的收养，除抚养、教育和监护的职能外，不产生父母子女关系。

(二)收养是一种要式法律行为

收养不仅涉及当事人的人身关系和财产关系，而且关系到社会公共利益，因此各国均对收养关系的成立和解除设定了法定条件和程序。这些法定形式主要是为了保护养子女的利益、强化身份变动的公示性。我国《收养法》也将收养规定为要式行为，收养关系的成立和解除应当办理收养登记手续，收养登记是收养行为的生效要件，欠缺法定形式要件的收养行为无效。

(三)收养关系的当事人为法律所特定的人

在一般的民事法律行为中，对行为人的身份通常不加限制，但是收养行为涉及父母子女的身份关系，因此法律对当事人的资格设有特别的限制：第一，收养人、送养人和被收养人必须符合法律所规定的资格和条件，否则不得收养子女、送养子女或被他人收养。收养人和被收养人只能是自然人，社会组织不能充当。第二，收养只能发生在非直系血亲关系的自然人之间。原本就有直系血亲关系的人之间，自然血缘密切，辈分分明，如果允许收养，必然造成血缘关系的混乱，因此许多国家都对直系血亲之间的收养加以限制。我国《婚姻法》中没有明确禁止直系血亲间的收养行为，但最高人民法院在有关司法解释中明确规定直系血亲之间不能建立收养关系。第三，除了夫妻共同收养之外，被收养人不得同时为二人所收养。为避免违反亲子间的身份秩序、损害被收养人的利益，各国立法例均明文禁止双重收养。我国《收养法》虽对此无明文规定，但从收养制度的基本原则出发，应做同样的解释。

(四)收养产生法律拟制血亲法律关系

收养关系成立后，被收养人与收养人及其近亲属间产生与其生父母及其亲属相同的权利义务关系，与自然血亲的亲子关系没有区别。通过法律拟制的血亲关系，可依法律行为产生，也可通过法律行为解除。

二、收养的基本类型

根据不同的标准，可以对收养进行不同的分类，将其划分为不同的类型。

(一)未成年人收养与成年人收养

根据收养对象不同，可将收养分为未成年人收养和成年人收养。因为未成年人需要得到更多的抚养和教育，而他们自身缺乏自我保护能力，因此现在收养制度更加注重保护和促进未成年养子女的利益。而成年人除非有特殊原因，一般无出养的必要。各国收养立法趋势均以收养未成年人为原则，收养成年人为例外。我国《收养法》第 4 条明确规定，不满 14 周岁的未成年人才能被收养，只有在收养三代以内旁系血亲的子女、收养继子女等特殊情形才允许收养成年人。

(二)完全收养与不完全收养

根据收养的效力，收养可以分为完全收养与不完全收养。完全收养是指收养成立以后，养子女与其生父母及其近亲属间的权利义务关系完全消除，只与养父母之间发生父母子女关系，这种收养一般只允许收养未成年人。不完全收养是指收养关系成立之后，养子女不仅与养父母之间发生亲子关系，而且与其生父母仍保留一定的权利义务关系。这种收养既适用于未成年人，也适用于成年人。现代各国收养法基于有利于被收养的未成年人的最大利益原则，对收养未成年人大多采用完全收养制度，且单纯采取完全收养的国家越来越多。我国《收养法》单采完全收养制度。

(三)生前收养与遗嘱收养

按照收养发生的时间，收养可分为生前收养和遗嘱收养，这种收养形式为大多数国家立法所采用。生前收养是指收养人在生存期间与被收养人建立收养关系。遗嘱收养是指收养人生前通过订立遗嘱的方式指定养子女，在收养人死后遗嘱生效，被收养人有权继承遗产。遗嘱收养主要是为死而无后者所设立，但与现代收养制度理念相悖，故这种收养形式被现代收养法废止。我国不采遗嘱收养制度，如有这类遗嘱，按照遗嘱继承或遗赠的规定处理。

(四)法定收养与事实收养

按照收养的成立是否依法履行法定的形式要件，可分为法定收养与事实收养。法定收养是指依照法定的收养实质要件与形式要件成立的收养关系，即有效收养。事实收养是指不具备收养法规定的实质要件和形式要件，但已形成事实上的父母子女关系的收养。现在收养制度多为国家监督主义，因此各国收养立法不再承认事实收养关系，将其规定为无效。我国对于 1992 年 4 月 1 日实施《收养法》以前的事实收养原则上予以承认，其后发生的事实收养关系则不予承认。

(五)共同收养与单独收养

根据收养人人数的不同，收养可分为共同收养和单独收养。单独收养，是指收养人仅为一人，它包括独身收养和已婚夫妻单方收养。无配偶者收养子女的，为独身收养。已婚夫妻单方收养子女，各国立法对其则有不同的规定。我国《收养法》允许继父或继母收养继子女即为单方收养。共同收养则指收养人为两人或以上的。一般，共同收养仅限于夫妻双方收养子女，非夫妻者则不能共同收养。

三、收养制度的历史沿革

收养制度是亲属法律制度不可缺少的组成部分。早在原始社会里就有了收养现象。进入阶级社会以来，收养作为一项法律制度，必然受到经济、政治等诸多因素的影响和制约。

中国随着历史的发展进程，收养制度也有着相应的发展变化。

(一)我国古代封建社会的收养制度

在我国古代宗法制度下，实行以男性为中心的宗祧制度。其收养制度亦分为“立嗣”和“乞养”两类。

1. 立嗣

立嗣即立后，指男子无子，许立同宗辈分相当的他人之子为嗣子。它是我国封建社会里的一种主要的和特殊的收养方式。

2. 乞养

古代的乞养为非亲属间收养。乞养主要基于怜悯之心，与立嗣不同。无论同姓异姓不分男女，均可收养。而立嗣仅限定为同宗同姓的男子。收养人为义父母，被收养人为义子女。义子与义父之间不发生宗祧继承财产的关系，也不得以无子为由将义子立为嗣子。可见，立嗣的效力高于乞养，嗣子的地位高于义子女。

(二)新中国的收养制度

新中国成立后，收养制度也随着中国社会政治、经济制度的变革而发生了深刻的变化，但这种变化是在新中国成立以后40多年实践中逐步实现的①。这一变化过程经历了以下几个阶段：

1. 萌芽状态

新中国成立初期至20世纪70年代，收养制度处于萌芽状态。1950年《婚姻法》虽然承认和保护合法的收养关系，但对于收养关系的成立、效力、终止等问题缺乏具体的规定。综合新中国成立初期最高人民法院在收养、亲属、继承等有关问题的批复中，关于收养关系的规定可概括为以下方面：废除封建宗法的立嗣制度；承认事实上的收养关系；收养应由收养一方和送养一方根据自愿原则，订立收养契约；收养关系已经成立，不能任意单方取消。只能由双方协议或经法院判决解除。

2. 逐步完善阶段

20世纪70年代末至80年代末，处于收养法规政策逐步完善阶段。多项政策、法律调整收养法律行为。此外，地方性法规也对收养条件作了相应规定。80年代后期，一些省、自治区、直辖市先后制定了地方性计划生育条例，这些条例都从推行计划生育的角度，作出了在何种情况下，允许收养子女的规定，从而形成了现阶段中国收养制度的时代特色。

---

① 参见杨立新著：《亲属法专论》，高等教育出版社2005年版，第199页。

3. 健全完备阶段

20 世纪 90 年代初，《中华人民共和国收养法》颁布施行，收养制度进入健全、系统、完备的阶段。

第二节 我国收养立法的基本原则

我国《收养法》的基本原则是国家制定收养法的宗旨和指导思想，又是当事人进行收养活动必须遵守的基本准则，还是国家司法机关执法、司法及解释收养法的出发点和依据。收养法的基本原则集中体现了我国收养制度的任务、性质和特征，对一切收养关系具有普遍的使用效力，同时对新问题具有填补法律空白的作用。由于社会生活复杂多变，《收养法》无法对每一种具体情况一一作出规定，因此必须确立一系列原则来保障收养活动的秩序与稳定。

我国《收养法》确立了以下的基本原则：

一、有利于被收养人的抚养、成长原则

联合国大会通过的《儿童权利公约》规定："凡承认或许可收养制度的国家应确保以儿童的最大利益为首要考虑。"我国已加入该公约，因此我国在《收养法》中明确有利于被收养人的抚养、成长原则，是我国应当履行的国际义务，也是实现收养制度保护被收养的未成年子女健康成长之目的的首要原则。

在我国，被收养的对象绝大多数是未成年人，他们身心尚未发育成熟，缺乏识别能力，没有自我保护能力，属于无民事行为能力或限制民事行为能力的人，因此需要良好的家庭环境来保护其健康成长。只有在收养制度中明确有利于被收养人的抚养、成长原则，才能有效保护其合法权益。

这一原则是我国《收养法》中最重要的基本原则，其贯穿与收养活动的全过程，在多处具体法律规定中有所体现。例如，收养人必须是有抚养被收养人能力的人；收养年满 10 周岁以上的未成年人，应当征得被收养人的同意；被收养人成年以前不得随意解除收养关系等。此外，《收养法》第五章还对借收养名义拐卖儿童的行为，规定了制裁措施，使得未成年的被收养人的权益得到更有力的法律保障。

二、保障被收养人的收养人的合法权益原则

《收养法》是规范收养人与被收养人之间收养关系的法律，同时也保障其合法权益不受侵犯。任何危害收养关系双方当事人权利的行为都与《收养法》及其原则相抵触。因此在《收养法》中，不仅规定了收养关系当事人之间的权利和义务，也对第三人作出了约束。如其他人对当事人收养关系的保密义务、尊重当事人隐私权的义务等。该原则从立法目的上保护收养人与被收养人的合法权益，维护合法收养关系的稳固。

三、平等自愿原则

收养行为是一种民事法律行为，因此必须遵循《民法通则》规定的民事活动基本原则，

平等自愿即为其中一项重要原则。

平等原则是指当事人在收养活动的法律地位平等。其包括收养关系当事人在成立或解除收养关系的民事活动中的地位是平等的，不得存在特权或强迫；同时还包括男女在收养行为中的地位平等。平等原则反映了《收养法》调整收养关系的基本要求，只有建立在平等基础上的收养关系，才更为稳定。

自愿原则是意思自治原则在收养法上的具体表现，是指收养当事人在从事收养活动时的意志自由，不受国家公权力和其他人的非法干预。拟制血亲的一个重要法定条件即为当事人的合意，收养关系的建立或解除取决于当事人的感情和意志，因此收养必须遵循自愿原则。

四、不违背社会公德的原则

尊重社会公德，不损害社会公共利益，是我国公民在从事一切民事活动时应当遵守的道德规范和行为准则。收养关系涉及身份的变动，具有强烈的伦理性，因此当事人在进行收养活动时不仅要遵守法律规范，还应尊重社会公德。该原则有利于保障收养关系的健康顺利发展，维护社会血缘秩序，保障当事人的根本利益。

五、不违背计划生育的基本原则

推行计划生育，使人口增长同市场经济和社会发展计划相适应，是我国的基本国策之一，也是婚姻法的基本原则之一。收养子女作为补充自然生育之不足的必要手段，与计划生育有着直接联系，因此收养子女也必须遵循计划生育政策的基本规定。我国《收养法》对收养人和送养人的资格作出了严格的限制，以防止违背计划生育政策的收养活动发生。

第三节 收养关系的成立

收养关系的成立是指收养当事人依照《收养法》规定的条件和程序建立收养关系。收养变更了亲属身份和权利义务关系，其后果不仅涉及当事人的人身关系和财产关系，还与社会的整体秩序紧密相连。因此，各国均规定收养关系须同时具备一定的实质要件和形式要件，收养行为才具有法律效力。我国《收养法》中对收养关系的成立也规定了必要的实质要件和形式要件。

一、收养关系成立的实质要件

收养关系成立的实质要件就是收养关系成立的实体性的必要条件，我国《收养法》不仅对一般的收养行为作出了明确的普适的规定，还针对某些特殊情形作出了特别规定。

（一）一般收养关系成立的实质要件

一般情况下，收养关系的成立应当符合以下几个要件：

1. 被收养人的条件

《收养法》第 4 条规定，被收养人应当符合下列条件：

(1)被收养人应当是未满 14 周岁的未成年人。这是由收养的目的和性质所决定的，收养的目的是使无法得到生父母抚养的未成年人得到养父母的抚养和教育，成年人一般应具备独立生活能力，无须他人抚养。此外，收养 14 周岁以下的未成年人更有利于与其建立亲子间的感情，有利于收养关系的稳定和发展。因此，没有的亲属关系的一般公民不允许收养成年子女。

（2）被收养人应当是丧失父母的孤儿，或查找不到生父母的弃婴和儿童，或是生父母有特殊困难无力抚养的子女。依据《关于办理收养登记中严格区分孤儿与查找不到生父母的弃婴的通知》的规定，孤儿是指父母自然死亡或被宣告死亡的不满 14 周岁的未成年人。弃婴和儿童是指被父母或其他监护人丢弃而脱离家庭或监护人的未满 14 周岁的未成年人。生父母有特殊困难无力抚养的子女是指其生父母因身体状况或家庭经济状况的原因，确有特殊困难无力抚养的子女。

以上几种情况是对未满 14 周岁的未成年人可以被收养的范围作出限定。不属于这几类情形的未成年人不得被收养，应当由其生父母抚养。

2. 收养人的条件

从有利于被收养的未成年人的抚养和成长的原则考虑，收养人应当具有一定的资格和能力。对此，《收养法》第 6 条、第 8 条、第 9 条、第 10 条作出以下规定：

（1）收养人必须年满 30 周岁且无子女。收养是建立拟制直系血亲的行为。因此，养父母与养子女之间应有合理的年龄差距。30 周岁是我国对收养人年龄限制的最低要求。这一年龄界限是较符合我国国情的，且与各国收养制度对年龄的限制较为接近。收养人年满 30 周岁，在心理与生理上均已相对成熟，并且有一定经济实力，能够承担作为养父母的责任。

收养人无子女主要是指夫妻一方或双方无生育能力，或虽有生育能力但本人不愿生育或生育的子女已死亡。无子女包括没有亲生子女及养子女。

（2）收养人应当有抚养被收养人的能力。收养人不仅需要具有完全民事行为能力，还应当有较好的经济条件、健康的身体状况和良好的道德品质等。否则，收养人便不能很好地履行抚养和管教子女的职责，甚至可能危害未成年人的健康成长。

（3）收养人未患有在医学上认为不应当收养子女的疾病。一方面，收养人须有良好的身体状况，才能较好地照顾养子女，若收养人自身身患重病，自己的生活都有困难，更谈不上照顾养子女了；另一方面，若收养人患有传染病，则会对养子女的身体健康造成不良的影响及危害，不利于其健康成长。因此，患有医学上认为不应当收养子女的疾病的人，不得收养子女。

（4）收养人只能收养一名子女。这是基于我国计划生育的基本国策作出的规定，城乡公民都必须遵守本条规定。现在虽然放开了二胎政策，但是《收养法》的本条规定还未改变，因此仍然应当遵守。

（5）收养人有无配偶的限制条件。《收养法》第 10 条第 2 款规定：“有配偶者收养子女，须夫妻共同收养。”收养关系成立后，需要夫妻双方同意并共同抚养被收养人，才能维持收养关系的稳定和家庭关系的和睦。一般，我国不承认夫或妻一方的单独收养行为，仅在继父或继母收养继子女的情况下可为本条规定的例外。此外，《收养法》第 9 条规定：“无配偶的男性收养女性的，收养人与被收养人的年龄应当相差 40 周岁以上。”这是出于伦理道德上的考虑和保护被收养的女性而对无配偶男性作为收养人的特殊限定条件。

3. 送养人的条件

《收养法》对送养人同样作出了限定：

孤儿的监护人、社会福利机构、有特殊困难无力抚养子女的生父母可以送养子女。

孤儿的监护人在孤儿的父母已经死亡时，可以依法将其送养，但是监护人不得在未征得扶养义务人同意的情况下擅自将孤儿送养。对此，《收养法》第13条规定："监护人送养未成年孤儿的，须征得有抚养义务的人同意。有抚养义务的人不同意送养、监护人不愿意继续履行监护职责的，应当依照《中华人民共和国民法通则》的规定变更监护人。"这种限制性规定更有利于未成年孤儿的成长。

对于民政部门或其他社会组织设立的社会福利机构养育的弃婴和儿童，社会福利机构作为其监护机关，在有适合条件的收养人的情况下，可以将其送养。

生父母若确有特殊困难，无法履行抚养教育子女的法定义务时，可以依法将子女送养。送养时，应受一定条件限制：生父母送养子女，须经协商一致共同送养；配偶一方死亡，另一方送养子女的，死亡一方父母有优先抚养的权利；未成年人的父母均不具备完全民事行为能力的，该未成年人的监护人不得将其送养，但父母对该未成年人有严重危害可能的除外。这些限制有利于维护被送养子女的家庭和谐与稳定。

4. 收养当事人必须具有收养的合意

收养行为是变更身份的民事行为，当事人间意思表示一致是收养关系成立必不可少的实质要件。《收养法》第11条规定："收养人收养与送养人送养，须双方自愿。收养年满10周岁以上未成年人的，应当征得被收养人的同意。"该条包含了两方面的内容：一方面，对于不满10周岁的未成年人，收养人与送养人双方应在意思表达真实的情况下，达成收养的合意，不得存在欺诈、胁迫等情形，送养人或收养人有配偶的，须夫妻双方协商一致同意送养或收养；另一方面，年满10周岁的被收养人具有是否同意被收养的意思能力，因而应当征得被收养人本人的同意。

（二）特殊收养关系成立的实质要件

除一般情况下的收养之外，考虑某些主体的特殊身份状况或者出于保护被收养人的利益，我国《收养法》中对一些特殊的收养行为作出了有别于一般收养条件的规定，使收养关系在特定条件下的发生更能符合收养制度的宗旨和社会生活的实际情况。

这些特殊收养关系成立的实质要件只适用于法律明文规定的情况中，《收养法》未明确说明的情况下，均适用一般收养关系成立的实质要件。

1. 收养三代以内同辈旁系血亲的子女

这种收养是指收养人与送养人是三代以内同辈旁系血亲关系，即双方是兄弟姐妹、堂/表兄弟姐妹关系，被收养人是送养人的生子女。这种收养关系之间因为当事人存在血缘关系，受传统伦理道德的约束更多，所以《收养法》对其规定了较一般收养关系更宽松的条件。

我国《收养法》第7条规定，收养三代以内同辈旁系血亲的子女，可以不受"被收养人为生父母有特殊困难无力抚养的子女"、"送养人为有特殊困难无力抚养子女的生父母"、"无配偶的男性收养女性的，收养人与被收养人的年龄应当相差40周岁以上"和"被收养人不满14周岁”的限制；华侨收养三代以内同辈旁系血亲的子女，还可以不受收养人无子女的限制。

2. 收养孤儿、残疾儿童或者社会福利机构抚养的查找不到生父母的弃婴和儿童

收养孤儿、弃儿或者残疾儿童的行为，具有援助弱者的人道主义性质，是分担社会负担的积极行为，这种行为是国家鼓励和提倡的，因此，我国《收养法》对这种收养行为也放宽了一定的条件。

《收养法》第8条第2款规定：“收养孤儿、残疾儿童或者社会福利机构抚养的查找不到生父母的弃婴和儿童，可以不受收养人无子女和收养一名的限制。”只要收养人确实具备抚养、教育被收养人的能力，自愿收养一名或数名孤儿、弃儿或残疾儿童都是允许的。

3. 收养继子女

生父母一方再婚后，其子女与生父母及其继父母形成了双重权利义务关系，为避免双方对子女抚养的相互推诿，减少纠纷的发生，我国《收养法》第14条规定，继父或继母经继子女的生父母同意，可以收养继子女；并且这种收养可以不受“被收养人为生父母有特殊困难无力抚养的子女”、“送养人为有特殊困难无力抚养子女的生父母”、“收养人年满30周岁，无子女且有抚养教育被收养人的能力”、“被收养人不满14周岁以及收养一名”的限制。

继子女被继父或继母收养后，其身份即由继子女变成养子女，其与再婚关系之外的一方生父(母)的权利义务，即因收养关系的成立而消除。然而，他们与再婚的婚姻关系之内的生母(父)一方之间仍保留原直系血亲的母子(或父子)权利义务关系。这一规定，改变了原双重权利义务关系，从而有利于家庭关系的稳定和睦。①

二、收养关系成立的形式要件

收养行为涉及亲子身份关系的重大变更，因此除符合一定的实质要件外，还必须符合法定的形式要件。收养关系成立的形式要件，是指收养人、送养人将收养、送养的意愿表现于外部的法定方式，旨在确立并公示合法的收养关系，维护收养关系的稳定，防止不法收养。对此，我国实行统一收养的登记制度，登记即为收养成立的形式要件。

(一)登记是收养成立的必经程序

1. 登记机关

我国《收养法》第15条规定：“收养应当向县级以上人民政府民政部门登记。收养关系自登记之日起成立。”《中国公民收养子女登记办法》根据被收养人的具体情况，规定应当分别向以下县级以上人民政府民政部门登记：收养社会福利机构抚养的查找不到生父母的弃婴、儿童和孤儿的，在社会福利机构所在地的收养登记机关办理登记；收养非社会福利机构抚养的查找不到生父母的弃婴和儿童的，在弃婴和儿童发现地的收养登记机关办理登记；收养生父母有特殊困难无力抚养的子女或者由监护人监护的孤儿的，在被收养人生父母或者监护人常住户口所在地(组织作监护人的，在该组织所在地)的收养登记机关办理登记；收养三代以内同辈旁系血亲的子女，以及继父或者继母收养继子女的，在被收养

① 巫昌祯主编：《婚姻与继承法学》，中国政法大学出版社2011年版，第255页。

人生父或者生母常住户口所在地的收养登记机关办理登记。

2. 收养登记的办理程序

收养登记的具体程序为申请、审查和登记三个步骤①。

(1)申请

要求收养子女的当事人夫妻双方，必须亲自到民政部门登记机关申请办理收养登记。当事人须提交一系列证件、证明材料，如居民身份证、户籍证明，以及收养当事人所在单位或居民委员会或村委会出具的本人婚姻状况、家庭成员、身体健康检查证明、家庭经济能力、生育状况等证明材料。

收养非社会福利机构抚养的查到不到生父母的弃婴、儿童的，应当提交收养人经常居住地计划生育部门出具的收养人无子女证明及公安机关出具捡拾弃婴、儿童报案的证明。社会福利机构为送养人的，应当提交弃婴、儿童进入社会福利机构的原始记录，公安机关出具的捡拾弃婴、儿童报案的证明，或者孤儿的生父母死亡或者宣告死亡的证明。监护人为送养人的，应当提交实际承担监护责任的证明，孤儿的父母死亡或者被收养人生父母无完全行为能力并对被收养人有严重危害的证明。生父母为送养人的，应当提交与当地计划生育部门签订的不违反计划生育规定的协议；有特殊困难无力抚养子女的，还应当提交其所在单位或者村民委员会、居民委员会出具的送养人有特殊困难的证明。被收养人是残疾儿童的，还应当提交县级以上医疗机构出具的该儿童的残疾证明。

(2)审查

收养登记机关收到收养登记申请书及有关材料后，应当自次日起 30 日内进行审查。以查明收养人、送养人是否符合《收养法》规定的条件，有无欺骗、隐瞒的情况和不良的收养动机，全面权衡收养是否有利于被收养人的抚养、成长。

根据《收养法》第 15 条第 2 款和《中国公民收养子女登记办法》第 7 条的规定，收养查找不到生父母的弃婴、儿童的，收养登记机关应当在登记前公告查找其生父母，自公告之日起满 60 日，弃婴、儿童的生父母或者其他监护人未认领的，视为查找不到生父母的弃婴、儿童。

(3)登记

经审查，对证件齐全有效、符合《收养法》规定条件的，准予办理收养登记，发给收养证，收养关系自登记之日起成立。收养关系成立后，需要为被收养人办理户口登记或者迁移手续的，收养人持收养登记证到户口登记机关按照国家有关规定办理。

(二)自愿订立书面收养协议

《收养法》第 15 条第 3 款规定：“收养关系当事人愿意订立收养协议的，可以订立收养协议。”可见，在收养人与送养人自愿的基础上，只要满足《收养法》规定的条件，就可以订立书面的收养协议。订立书面协议的，仍需经登记收养关系才可成立，只有书面协议并不发生收养的法律效力。因为协议不是收养成立的必经程序，书面收养协议还需符合我国《民法通则》中规定的条件才能生效。

---

① 巫昌祯主编：《婚姻与继承法学》，中国政法大学出版社 2011 年版，第 257 页。

（三）允许办理收养公证

《收养法》第 15 条第 4 款规定："收养关系当事人各方或者一方要求办理收养公证的，应当办理收养公证。"可见，是否办理收养公证取决于当事人的意愿，同收养协议一样，收养公证程序属于收养关系成立的可选择性程序，并非必经程序。经过公证的收养关系仍需登记才能成立。

第四节 收养关系的法律效力

一、收养成立的法律效力

收养法律效力是指法律赋予收养行为的强制性法律后果，这种法律后果有两个方面的表现。

（一）收养的拟制效力

收养关系成立的目的是使本无直系血亲关系的当事人之间发生父母子女关系，故其主要效力在于设立法律拟制的亲子关系。收养成立后，收养人与被收养人之间即确立养父母与养子女的身份关系，相互间产生父母子女间的权利和义务关系。而且收养的拟制效力还及于养父母的近亲属和养子女的后代。①

1. 收养人与被收养人之间产生法律拟制的父母子女关系

《收养法》第 23 条规定："自收养关系成立之日起，养父母与养子女间的权利义务关系，适用法律关于父母子女关系的规定。"因此，自收养关系成立之日起，养父母与养子女之间形成与生父母子女之间完全相同的法律地位，这是收养行为最根本的效力。

具体而言，养父母有抚养教育、管教保护未成年养子女的权利和义务，养子女对养父母有赡养扶助的义务，养父母与养子女之间有相互继承遗产的权利。此外养子女的姓名可以发生相应的变化，《收养法》第 24 条规定："养子女可以随养父或者养母的姓，经当事人协商一致，也可以保留原姓。"

2. 养子女与养父母的近亲属产生拟制血亲的关系

《收养法》第 23 条规定："养子女与养父母的近亲属间的权利义务关系，适用法律关于子女与父母的近亲属关系的规定。"养子女与养父母的近亲属之间的权利义务关系，是养父母子女关系在法律上的延伸。收养行为使得养子女与养父母的近亲属之间取得亲属的身份，发生法律拟制的权利义务关系。

（二）收养的解消效力

《收养法》第 23 条第 2 款规定："养子女与生父母及其他近亲属间的权利义务关系，因收养关系的成立而消除。"可见我国收养制度采取完全收养制。收养关系一经成立，养子女即与其生父母及其近亲属断绝权利义务关系，而完全进入养父母的家庭。《收养法》这样规定的目的，在于稳定收养关系，有利于使养子女与养父母及其近亲属间建立亲密和睦的家庭关系。收养关系的成立虽然消除了养子女与生父母及其他亲属间的权利义务关

---

① 王洪著：《婚姻家庭法》，法律出版社 2003 年版，第 284 页。

系，但他们之间原本存在的自然血缘关系不会因收养而消除，仍是自然血亲，因此，《婚姻法》关于禁止直系血亲和三代以内的旁系血亲结婚的规定仍然适用。①

二、收养行为的无效

无效的收养行为是指欠缺收养关系成立的有效条件，因而不能产生法律效力的收养行为。收养行为涉及重要的身份关系变更，因此，必须符合《收养法》规定的实质要件并履行法定的形式要件，否则不发生法律效力。

(一)收养无效的原因

根据《收养法》第25条的规定，有以下情形之一的收养行为无效：

(1)违反《民法通则》第55条规定时，收养行为无效。具体包括：行为人不具有相应的民事行为能力；收养人、送养人或年满10周岁的被收养人的意思表示不真实；违反了法律或违背社会公共利益的收养行为。

(2)违反了《收养法》规定的收养实质要件或形式要件的，收养行为无效。

(二)确认收养无效的程序和法律后果

收养行为的无效需要通过一定的法定程序来确认。一般应当通过诉讼程序或者行政程序宣告收养行为无效。《收养法》第25条第2款规定："收养行为被人民法院确认无效的，从行为开始时起就没有法律效力。"可见，无效的收养行为自始无效，无效宣告具有溯及力，自行为开始时，当事人之间就不发生收养关系。

第五节　收养关系的解除

一、收养关系解除的概念

收养关系解除是指收养的法律效力发生后，因一定的法定事由，无法继续养亲子关系，通过法定程序将其人为消灭。

收养关系成立后，原则上不得随意解除，尤其是在被收养人成年之前。这是因为收养是变更身份及权利义务关系的重要法律行为，涉及一系列的法律后果。但是，由于收养关系是拟制的血缘关系，如果出现收养关系恶化，难以为继，或在事实上已经解体，那么，既然通过法律行为可以设立它，也就可以通过法律行为和法定程序解除。②

二、收养关系解除的程序

(一)协议解除

根据我国《收养法》的规定，在以下几种情形下，可以协议解除收养关系。

《收养法》第26条第1款规定："收养人在被收养人成年以前，不得解除收养关系，但收养人、送养人双方协议解除的除外，养子女年满10周岁以上的，应当征得本人同

① 王洪著：《婚姻家庭法》，法律出版社2003年版，第285页。

② 杨立新著：《亲属法专论》，高等教育出版社2005年版，第206页。

意。"这一规定是基于有利于未成年人的抚养成长原则和平等自愿原则而制定的，以防止发生因收养人、送养人相互推卸抚育责任而侵害未成年人权益的现象。据此，只有当收养人、送养人双方自愿协议同意解除收养关系，并且经年满 10 周岁以上的养子女同意，才可协议解除收养关系。

《收养法》第 26 条第 2 款规定："收养人不履行抚养义务，有虐待、遗弃等侵害未成年养子女合法权益行为的，送养人有权要求解除养父母与养子女间的收养关系。"收养关系成立后，若养父母不能依法承担抚育、管教、保护养子女的义务，甚至作出损害养子女身心健康的行为，因此，在这种情况下，送养人有权要求解除养父母与养子女之间收养关系。

《收养法》第 27 条规定："养父母与成年养子女关系恶化、无法共同生活的，可以协议解除收养关系。"在这种情况下，养父母与养子女关系已难以为继，且养子女已成年，在双方同意的情况下，可以协议解除收养关系。

协议解除收养关系还须符合相应的法律规定。如解除收养关系的协议应不违反《民法通则》第 55 条规定的民事法律行为应具备的条件，双方应在协议中对财产问题作出明确且自愿协商一致的约定。此外，还应当到被收养人常住户口所在地的收养登记机关办理解除收养关系的登记等。

(二)诉讼解除

当收养关系当事人不能自愿达成解除收养关系的协议，或者双方虽同意解除收养关系，但对财产分配有争议的情况下，可以向人民法院提起诉讼，请求解除收养关系。人民法院审理这类案件，应当查明当事人要求解除收养关系的真实原因，养父母与养子女间的关系状况和生活实际情况，本着保护合法的收养关系，维护收养当事人的权利和有利于未成年被收养人的抚养、成长的原则，根据《收养法》的有关规定处理。①

三、解除收养关系的法律后果

无论协议解除或诉讼解除收养关系，都会使因收养关系成立所产生的一切法律行为归于消灭，产生一系列身份和财产上的法律后果。

《收养法》第 29 条规定："收养关系解除后，养子女与养父母及其他近亲属间的权利义务关系即行消除，与生父母及其他近亲属间的权利义务关系自行恢复，但成年养子女与生父母及其他近亲属间的权利义务关系是否恢复，可以协商确定。"对于解除收养关系的未成年子女与其生父母之间的关系，我国采取当然恢复主义，因为父母子女间的血缘关系仍然存续，子女扔需要父母的抚养教育，从有利于未成年子女的抚养成长原则来说，其与生父母的亲子关系在收养关系解除后，应当恢复。但成年子女由养父母抚养成人，且与生父母分离多年，双方感情已经疏远，因此允许双方对其亲子关系是否恢复进行协商，若双方同意，可以恢复；协商不成的，也可以不恢复。

《收养法》第 30 条规定："收养关系解除后，经养父母抚养的成年养子女，对缺乏劳动能力又缺乏生活来源的养父母，应当给付生活费。因养子女成年后虐待、遗弃养父母而

---

① 王洪著：《婚姻家庭法》，法律出版社 2003 年版，第 287 页。

解除收养关系的，养父母可以要求养子女补偿收养期间支出的生活费和教育费。生父母要求解除收养关系的，养父母可以要求生父母适当补偿收养期间支出的生活费和教育费，但因养父母虐待、遗弃养子女而解除收养关系的除外。”有关生活费、抚养费的具体数额可由双方协议，协议不成的，由人民法院根据养子女在收养期间的实际花费、生父母的经济能力和当地的生活水平酌情确定。

【思考题】

1. 什么是收养？其法律特征有哪些？
2. 收养的基本原则是什么？
3. 收养成立时，当事人应具备哪些条件？应遵循哪些法定程序？
4. 收养成立有哪些法律效力？
5. 收养终止有哪些法定条件？应遵循什么法定程序？
6. 收养终止产生哪些法律后果？

第十章 继承制度概述

【本章学习重点提示】继承权的取得、行使与丧失；遗产的范围。

第一节 继承的概念和特征

一、继承的概念

《中华人民共和国继承法》(以下简称《继承法》)未对继承的概念进行明确的规定。一般来说，继承有广义与狭义之分。从广义上说，继承是指生者对死者生前所享有的身份及财产上的权利义务的承受，身份的承受包括死者王位、爵位、户主及其他身份地位的承受等。从狭义上说，继承则专指生者对死者财产的继承，即继承人依照法律的直接规定或被继承人的有效遗嘱，无偿取得其死亡近亲属遗留的个人合法财产的一种法律制度。古代法上的继承是就其广义而言，而现代法上的继承一般是指其狭义来说的。

二、继承的特征

继承作为民法法律制度的重要组成部分，其具有以下法律特征：

第一，自然人自然死亡或者被宣告死亡是继承发生的法定原因。① 继承是由被继承人的死亡所引起的，不管被继承人生前是否有遗嘱，遗嘱是否有效，只要发生了被继承人死亡这一法律事实，同时被继承人生前留有合法的财产，继承就会发生。

第二，继承法律关系的权利主体具有特定性。② 我国《继承法》在法定继承部分规定了继承人的范围，其只能是被继承人的特定亲属，其中包括配偶、父母子女、兄弟姐妹、祖父母、外祖父母以及丧偶儿媳对公、婆或丧偶女婿对岳父母尽了主要赡养义务的。③

第三，继承关系的客体是被继承人死亡时遗留的财产。④ 继承关系的客体，也称遗产，是继承人死亡时遗留的个人合法财产和《继承法》规定可以继承的其他财产权益，其范围小于一般民事法律关系的客体。国有财产、集体所有的财产和他人的财产都不能成为继承的客体。

---

① 陈苇主编：《婚姻家庭继承法学》，高等教育出版社 2014 年版，第 190 页。

② 陈苇主编：《婚姻家庭继承法学》，高等教育出版社 2014 年版，第 190 页。

③ 《继承法》第 10 条、第 12 条。

④ 陈苇主编：《婚姻家庭继承法学》，高等教育出版社 2014 年版，第 190 页。

第四，有合法的继承人且继承人未丧失继承权。① 继承的发生还需要在被继承人死亡时其有合法的继承人来继承其财产。合法的继承人包括法定的继承人、合法有效的遗嘱指定的继承人以及合法有效的遗赠扶养协议约定的协议人继承，且继承人没有法律规定的丧失继承权的情形。

第五，继承死者的财产权利和清偿债务相统一。② 按照法律规定，继承的遗产应承担清偿被继承人依法应当缴纳的税款和债务，缴纳税款和清偿债务以其遗产的实际价值为限。继承人放弃继承的，可以不对被继承人依法应当缴纳的税款和债务承担偿还责任。③

第六，继承是死者财产转移的基本方式。④ 自然人死亡后，遗产的转移方式有法定继承、遗嘱继承、遗赠扶养协议及无人继承又无人受遗赠这几种遗产处理方式。就我国而言，在上述遗产转移方式中，法定继承和遗嘱继承是死者财产转移的基本方式，其他方式并不多见。

三、继承的分类

(一)法定继承与遗嘱继承

依照继承人继承财产的方式，继承可分为法定继承与遗嘱继承。⑤

法定继承，是指依照法律的直接规定继承被继承人遗产的继承方式。在法定继承中，法律直接规定了继承人的范围、继承人参与继承的顺序、继承人继承财产的份额或对象和遗产的分配原则等内容，其并不由被继承的意思而确定。

遗嘱继承，是指继承人依照被继承人所确立的遗嘱来继承被继承人遗产的继承方式。在遗嘱继承中，继承人、继承人参与继承的顺序、继承人继承财产的份额或对象等都由被继承人在其遗嘱中确定，这些都取决于被继承人的意思。

自然人生前可以通过立遗嘱的方式将自己的合法财产进行处分，也可以不立遗嘱在其死后依照法定继承处理其合法财产。自然人死亡时，有遗嘱的，按照遗嘱来办理继承；无遗嘱或遗嘱无效的，按照法定继承办理，遗嘱部分无效的，其无效部分所涉及的财产按照法定继承办理。

(二)单独继承与共同继承

根据参与继承的人数，继承可以分为单独继承和共同继承。

单独继承是指只有一个继承人的继承，由一个人继承全部遗产。单独继承有两种情形，一种是被继承人死亡后，其只有一个符合法律规定的近亲属参与继承；另一种是虽有多位继承人，但依照法律只有一人可以继承死者全部遗产，如长子继承、幼子继承、旁系继承等，这种情形只在古代法上有规定。

共同继承是指继承人为两人以上，由他们共同继承被继承人遗产。数个继承人共同继

① 陈苇主编：《婚姻家庭继承法学》，高等教育出版社 2014 年版，第 190 页。

② 陈苇主编：《婚姻家庭继承法学》，高等教育出版社 2014 年版，第 190 页。

③ 《继承法》第 33 条。

④ 陈苇主编：《婚姻家庭继承法学》，高等教育出版社 2014 年版，第 190 页。

⑤ 李静芹、王艳玲：《转继承与夫妻财产制》，载《河北法学》2005 年第 12 期。

承被继承人遗产的，为共同继承人。共同继承根据继承人应分份额的不同又分为均等份额继承和不均等份额继承。《继承法》第 13 条规定：“同一顺序继承人继承遗产的份额，一般应当均等。”但在某些特定情形中，某些特定继承人能够多分遗产，而某些特定继承人要少分遗产。

（三）有限责任继承和无限责任继承①

根据继承人在继承遗产时所承担的债务清偿责任，继承可分为有限责任继承与无限责任继承。

有限责任继承又称为限定继承，是指继承人在所继承遗产的范围内清偿被继承人所欠的税款和债务，而无须使用继承人的个人财产进行清偿的继承方式。无限责任继承是指继承人对被继承人的生前债务承担无限责任的继承方式。如果被继承人的遗产不能清偿其生前所欠的税款和债务，继承人要以自己所有的财产予以清偿。依照我国《继承法》第 33 条的规定，我国采取的是限定继承方式。

（四）本位继承、代位继承与转继承

根据继承人参与继承的地位，继承可以分为本位继承、代位继承与转继承。

本位继承是指继承人按照法律规定，自己在继承中的地位及继承顺序来继承财产的继承方式。我国《继承法》第 10 条规定，配偶、子女、父母为第一顺序继承人。代位继承是指被继承人的子女先于被继承人死亡，由被继承人子女的晚辈直系血亲代替继承②被继承人遗产的一种法定继承方式。《继承法》第 11 条中规定：“被继承人的子女先于被继承人死亡的，由被继承人的子女的晚辈直系血亲代位继承。”转继承是指在被继承人死后、遗产分割前继承人死亡，其应当继承的遗产专有他的合法继承人来继承的继承方式。

第二节　我国继承法的基本原则

我国立法没有用专门条文集中规定继承制度的基本原则，而是贯穿于《继承法》的各项制度当中，它体现着我国《继承法》的立法指导思想。一般来说，我国《继承法》的基本原则主要包括以下几项。

一、保护公民私有财产继承权原则

我国《继承法》在第 1 条就明确规定：“根据《中华人民共和国宪法》规定，为保护公民的私有财产的继承权，制定本法。”因此，保护公民私有财产继承权是我国《继承法》最重要和最基本的原则，也是我国《继承法》的立法目的和立法宗旨。我国《宪法》第 13 条规定：“国家依照法律规定保护公民的私有财产和继承权。”我国《民法通则》第 76 条规定：“公民依法享有财产继承权。”

保护公民私有财产继承权原则，主要体现在以下方面：(1)凡是公民死亡时遗留的个

---

① 杨培景：《略论财产继承中的债务清偿》，载《河南师范大学学报(哲学社会科学版)》2005 年第 3 期。

② 陈爱萍：《论孙子女和外孙子女的继承权》，载《政法学刊》2001 年第 4 期。

人合法财产都是遗产，继承人都可以继承，包括生活资料以及法律允许公民占有的生产资料。(2)根据私法自治原则，公民可以根据自己的意愿订立遗嘱，在不违法的情形下，可以通过继承或遗赠的方式，处分自己个人所有的财产。如果公民死亡时未留有遗嘱，则其遗留的财产由其法定继承人继承。(3)继承人享有继承权，不受有无民事行为能力的限制。(4)除法律特别规定外①，公民的继承权不得被非法剥夺或取消。(5)当公民继承权遭受不法侵害时，有权在法律规定的诉讼时效期间内向人民法院请求法律保护。

二、继承权男女平等原则

我国《继承法》第9条规定："继承权男女平等。"这一原则规定彻底摒弃了中国几千年封建宗法制度下的"女子不得继承"的旧思想，明确表示继承权的主体不因性别不同而享有不同的权利。这一原则有以下具体表现：(1)男女均享有按照自己的意愿以遗嘱的方式处分自己遗产的权利；(2)法定继承人的范围和继承顺序男女平等；(3)同一顺序的法定继承人不论性别，继承遗产的份额均等；(4)代位继承权和转继承权男女平等；(5)对公婆或岳父母尽了主要赡养义务的丧偶儿媳或丧偶女婿，享有平等继承权，都可以作为第一顺位法定继承人。②

三、养老抚幼原则

养老抚幼是中华民族的传统美德，也是我国《继承法》的一项重要原则。这一原则的具体表现在：(1)继承人与被继承人之间相互扶养的法律义务是确定继承人范围的法定顺序的出发点。(2)在遗产分配上，对生活有特殊困难，缺乏劳动能力又没有生活来源的人，应给予适当照顾。③ (3)公民可以在生前与扶养人或集体所有制组织签订遗赠扶养协议，以解决独身老人安度晚年的问题。④ (4)遗嘱应当为缺乏劳动能力又没有生活来源的继承人保留必要的遗产份额，以保证他们的基本生活需要。⑤ (5)应当保留胎儿的应留份额。⑥

四、权利义务一致原则

根据《继承法》中的相关规定，法定继承和遗嘱继承都在一定程度上反映了权利义务相一致的原则。在法定继承中，分配遗产的考虑因素是基于继承人尽扶养义务的情况。具体体现在：(1)对被继承人尽了主要扶养义务或与被继承人共同生活的继承人，分配遗产时，可以多分；(2)有扶养能力和扶养条件但不尽扶养义务的继承人，分配遗产时，应当不分或少分；(3)对被继承人生前不负扶养义务但对其扶养较多的人，可以适当分配遗

---

① 《继承法》第7条规定了继承人丧失继承权的法定事由。

② 参见《继承法》第12条的规定。

③ 参见《继承法》第14条。

④ 参见《继承法》第31条。

⑤ 参见《继承法》第13条。

⑥ 参见《继承法》第28条。

产；(4)对被继承人负有法定扶养义务而虐待、遗弃被继承人的，丧失继承权；① (5)法定继承人或遗嘱继承人，自愿接受继承遗产者都应依法在遗产的实际价值范围内清偿被继承人生前所欠的税款和债务。

五、互谅互让、协商处理遗产的原则

互谅互让、协商处理遗产是我国《继承法》和司法事务中一直倡导的原则，它要求当事人在处理遗产时要互谅互让、团结和睦。这一原则具体体现在：(1)在法定继承时的遗产分配上，虽然法律规定同一顺序的法定继承人应当均等分割，但如经协商同意，可以不均等分割；(2)遗产分割的时间、办法，可以由继承人协商确定。②

第三节 继承的开始

继承的开始是指继承法律关系的发生。只有在被继承人完全丧失民事权利能力而不能成为自己财产的权利主体时，继承才有可能发生。因此，被继承人死亡是继承开始的唯一原因。

一、继承开始的时间

如何确定继承开始的时间，对继承人关系重大。首先，法定继承人的范围要根据继承开始的时间确定。只有在继承开始时与被继承人具有法定的近亲属关系的人，才有继承权；只有在继承开始时未丧失继承权的人，才能参与继承被继承人的遗产；只有继承开始时尚未死亡的法定继承人或遗嘱继承人才能通过继承取得遗产，继承开始前死亡的，产生代位继承；继承开始后遗产分割前死亡的，发生转继承。其次，遗嘱只有在被继承人死亡时才会发生法律效力，因此，要根据继承开始的时间来确定遗嘱的效力。最后，要根据继承开始的时间确定遗产继承的范围和继承人的应继份额。

继承开始的时间就是被继承人的死亡时间。《继承法》第2条规定：“继承从被继承人死亡时开始。”死亡又包括自然死亡(即生理死亡)和宣告死亡两种。

(一)生理死亡时间的确定

生理死亡又称自然死亡，是指人的生命的绝对消失，在生理上已经无法恢复生命，至于是正常死亡还是非正常死亡并没有影响。在认定生理死亡的时间上，民法学界一直争论不休，如停止呼吸说、脑死亡说、心脏跳动停止说、脉搏停止说等。在我国目前的司法实践中，一般以呼吸停止和心脏搏动停止为生理死亡的时间。具体死亡时间按照下列情况确定：医院死亡证书中记载了公民死亡时间的，以死亡证书记载为准；户籍登记册中记载公民死亡时间的，应以户籍记载的死亡时间为准；死亡证书与户籍登记册中的记载不一致的，应当以死亡证书为准；继承人对被继承人死亡时间有争议的，应以法院查证的死亡时

① 参见《继承法》第13条。

② 参见《继承法》第15条。

间为准。①

(二)互有继承权的继承人在同一事故中死亡的时间确定

两个及以上互有继承权的人在同一事故中死亡的时间确定，直接影响到继承人的利益。我国并未在《继承法》中对此问题作出规定，但《继承法意见》第 2 条明确规定：相互有继承关系的几个人在同一事件中死亡，如不能确定先后死亡时间的，推定没有继承人的人先死亡；死亡人各自都有继承人的，如几个死亡人辈分不同，推定长辈先死亡；几个死亡人辈分相同，推定同时死亡，彼此不发生继承，由他们各自的继承人分别继承。

(三)宣告死亡的时间确定

宣告死亡，是指公民离开自己的住所，下落不明达到法定期限，人民法院经利害关系人申请，依法宣告失踪人死亡的法律制度。② 确定宣告死亡的时间应当按照《民通意见》第 36 条的规定执行，即被宣告死亡的人，其死亡日期为死亡判决宣告之日。

二、继承开始的地点

(一)确定继承开始地点的意义

继承开始的地点也称继承开始的场所，是继承人行使继承权，接受遗产的场所。确定该地点有重大意义：(1)从继承关系的主体来看，继承人、受遗赠人通常是以继承开始的地点作为行使继承权和接受遗产的地点，同时在继承开始地点的继承人负有通知其他继承人并保管遗产的责任，确定继承开始的地点有利于继承人参与继承、接受遗产、继承开始的通知、遗产的保管等。(2)从继承关系的客体看，通常被继承人生前最后的住所地与主要遗产所在地是一致的，继承开始的地点通常也是主要遗产所在地，所以确定继承开始的地点有利于调查被继承人的遗产，确定遗产的范围。(3)从国家角度看，有利于人民法院的审判管辖③和当事人参加诉讼，保护国家财产不受非法侵害。

(二)继承开始地点的确定

继承开始的地点是继承人参与继承法律关系、行使继承权、接受遗产的场所。关于继承开始的地点，世界上有本籍地主义、住所地主义、死亡地主义、财产所在地主义等各种不同的主张。④ 我国现行《继承法》没有明确规定继承开始的地点，但我国《民事诉讼法》第 33 条规定了专属管辖："下列案件，由本条规定的人民法院专属管辖：(一)因不动产纠纷提起的诉讼，由不动产所在地人民法院管辖……(三)因继承遗产纠纷提起的诉讼，由被继承人死亡时住所地或者主要遗产所在地人民法院管辖。"由此，我国继承开始的地点，应当以被继承人死亡时住所地或主要遗产所在地为准。

(三)继承开始的通知

继承开始后，应当把被继承人死亡的事实通知继承人或遗嘱执行人，以便于继承人、

---

① 陈苇主编：《婚姻家庭继承法学》，高等教育出版社 2014 年版，第 194 页。

② 《中华人民共和国民法通则》第 23 条。

③ 我国《民事诉讼法》第 33 条第(3)项规定：因继承遗产纠纷提起的诉讼，由被继承人死亡时住所地或者主要遗产所在地人民法院管辖。

④ 史尚宽著：《继承法论》，中国政法大学出版社 2000 年版，第 149 页。

遗嘱执行人及时有效地处理继承问题。

我国《继承法》第23条规定："继承开始后，知道被继承人死亡的继承人应当及时通知其他继承人和遗嘱执行人。继承人中无人知道被继承人死亡或者知道被继承人死亡而不能通知的，由被继承人生前所在单位或者住所地的居民委员会、村民委员会负责通知。"该条规定明确了负有通知义务的人：(1)知道被继承人死亡的继承人，即知道被继承人死亡的继承人应当及时将这一事实通知其他继承人和遗嘱执行人；(2)如果继承人中无人知道被继承人死亡，或虽然知道继承人死亡却无法通知的，则被继承人生前所在单位或住所地的居民委员会、村民委员会负有通知义务。

继承开始的通知是《继承法》明确规定的一项义务，负有通知义务的个人或单位、组织都应当积极履行。人民法院在审理继承案件时，如果知道有继承人但无法通知的，分割遗产时，应当保留其应继承的遗产，并确定该遗产的保管人或保管单位。

第四节 继承法律关系

一、继承法律关系概述

(一)继承法律关系的概念

继承法律关系，是指由继承法所调整的、基于被继承人死亡的事实而发生的继承人之间、继承人与其他民事主体之间的财产方面的权利义务关系。继承法律关系包括法定继承法律关系和遗嘱继承法律关系。前者是发生在法定继承人之间、法定继承人与继承参加人之间、继承参加人之间以及他们与其他民事主体之间的权利义务关系。在一个继承关系中，可能会同时存在法定继承关系和遗嘱继承关系，遗嘱继承优先于法定继承是世界各国的通例。

(二)继承法律关系的特征

继承法律关系是特殊的民事法律关系，其既具有一般民事法律关系的属性，又具有区别于一般民事法律关系的特征：

第一，继承法律关系主要是一种绝对财产法律关系，它与一般的债权、物权关系不同，不以商品经济关系为基础，不适用等价有偿原则。

第二，继承法律关系的权利主体只能是自然人，而且只能是被继承人的特定亲属，不包括法人和国家；义务主体除了极少数负有协助义务的继承人外，一般只要求承担对权利人行使法定权利不予干涉、妨碍的义务。

第三，继承人的权利义务是继承法律关系的核心内容，继承法律关系中的权利仅限于遗产的继承权。

第四，继承法律关系的客体仅限于被继承人生前所遗留的个人合法财产，其范围比一般的民事法律关系的客体狭窄。

第五，继承法律关系与婚姻家庭法律关系紧密联系。

(三)继承法律关系的客体

继承法律关系的客体是指遗产，即被继承人死亡时遗留下来的个人合法财产，包括不动产、动产、金钱、有价证券、债券等。

(四)继承法律关系的内容

继承法律关系的内容包括权利主体所享有的权利以及义务主体所承担的义务。

二、继承法律关系的要素

(一)继承法律关系的主体

继承法律关系的主体是按照法律规定或者遗嘱指定而享有继承权利和承担继承相关义务的人。继承人是继承法律关系的基本主体，即依法享有继承权、能够取得被继承人遗产的人，包括法定继承人和遗嘱继承人。①

法定继承人是指根据法律规定直接承受被继承人遗产的继承人。法定继承人要按照法定的顺序依法享受继承权利，其法律地位在一定的条件下可以被替代。我国《继承法》对法定继承人的规定有三个特点：(1)法定继承人必须是自然人，且必须是被继承人的近亲属；(2)对公、婆或岳父、岳母尽了主要赡养义务的丧偶儿媳、丧偶女婿可以成为法定继承人；(3)只设定了两个继承顺序。

遗嘱继承人是指依据被继承人生前留下的合法有效的遗嘱而接受其遗产的继承人。②遗嘱继承人的法律地位是不可以被替代的。我国《继承法》对遗嘱继承人进行了限定，规定遗嘱继承人只能是法定继承人中的一人或数人。

实务中还应当注意区分继承人与继承参与人、遗产承受人。继承参与人是指除了继承人以外参与了继承活动的人，包括但不限于遗嘱见证人、遗嘱执行人、遗产管理人、酌情分得部分遗产的人等。遗产承受人则是指所有承受被继承人遗产的人，包括继承人、受遗赠人和其他可分得遗产的人等。

(二)继承法律关系的客体

继承法律关系的客体是指遗产，即被继承人死亡时遗留下来的个人合法财产。它包括不动产，也包括动产、金钱、有价证券、债权等。

(三)继承法律关系的内容

继承法律关系的内容是指权利主体所享有的权利和义务主体所承担的义务。其中，权利主体所享有的权利仅限于对遗产的继承权，而继承权的行使又依赖于被继承人死亡这一法律事实的出现。义务主体所承担的义务除协助继承人实现权利外，一般人只需要承担不作为义务即可，即不妨碍和干涉继承人行使继承权。

第五节　继　承　权

一、继承权的概念和特征

(一)继承权的概念

继承权是自然人依照法律规定或被继承人生前所立的合法有效的遗嘱，而承受被继承

① 申建平：《遗产酌分请求权刍议》，载《北方论丛》2002 年第 4 期。

② 申静梅：《遗嘱自由原则探析》，载《鲁东大学学报(哲学社会科学版)》2013 年第 3 期。

人遗产的权利。① 法定继承人享有的是法定继承权，遗嘱继承人享有的是遗嘱继承权。按照我国《继承法》的相关规定，继承权可以分为客观意义上的继承权和主观意义上的继承权。

客观意义上的继承权发生在继承开始之前，是自然人依照法律规定或者遗嘱指定而具有接受被继承人遗产的资格。② 比如，夫妻之间相互继承遗产的权利。再如，父亲立下遗嘱，表明在其身故后将自己的全部财产交由其小女儿继承，由于此时被继承人没有死亡，遗嘱还未生效，因而小女儿并未享有实际取得其父遗产的权利，只是将来可能通过该遗嘱继承父亲的遗产。因此，客观意义上的继承权是一种继承期待权。由于它是基于继承人与被继承人之间的身份关系而存在的一种继承资格，具有专属性，因而不可以放弃和转让。同时，这种继承资格又具有可变性，比如，它可能因为夫妻离婚而消失，也可能因为遗嘱的设立或变更而变化。

主观意义上的继承权是指继承开始后，在继承人没有丧失继承期待权及被继承人留有遗产的情况下，或遗嘱合法有效情况下，继承人得依照法律规定或遗嘱指定而实际取得被继承人遗产的权利，所以又称为继承既得权。主观意义上的继承权可以依法行使，也可以自由放弃。

(二)继承权的特征

通常说的继承权是继承既得权，它具有以下法律特征：

第一，继承权是特殊的财产权。继承权是以公民的财产所有权和利益为内容的，因而它是财产权不是人身权。但由于它的权利人只能是与被继承人有特定亲属关系的自然人，因而，继承权是一种基于亲属身份关系而产生的财产权。

第二，继承权是绝对权，具有排他性。继承权的权利主体是特定的，除了继承人以外的一切自然人、集体和国家都负有不得侵犯继承人之继承权的义务。

二、继承权的取得

取得继承权是继承人承受被继承人遗产的权利依据。自从继承制度产生以来，血缘关系和姻亲关系就是产生继承权的最基本前提。随着社会的发展变化，扶养关系也逐渐成为取得继承权的依据。自然人取得继承权应当符合三个条件：(1)有法律依据，即法律规定或被继承人合法有效的遗嘱指定；(2)事实条件，即被继承人的死亡和存在遗嘱；(3)身份条件，即继承人与被继承人之间有法定的亲属关系。具体说来，继承权的取得有两种方式：一是依据法律取得，即法定继承；二是依据被继承人所立的合法有效的遗嘱指定取得，即遗嘱继承。

三、继承权的行使和放弃

(一)继承权的行使

继承权的行使，是指在继承开始后，继承人按照法律规定接受或放弃继承，参与遗产

① 王琼娟：《论放弃继承制度》，载《中国电子商务》2010 年第 11 期。

② 韩琦：《浅析继承权》，载《商情》2013 年第 8 期。

的分割，以及在继承权受到侵害时请求法律保护的行为。权利的行使，一般须具有相应的行为能力，继承权也不例外。依据《民法通则》规定的不同民事行为能力，继承权也有不同的行使方式。

1. 完全民事行为能力的继承人对其继承权的行使

具有完全民事行为能力的继承人可以依法独立行使继承权，排除他人干涉。他们可以独立决定是否接受继承，有权参与遗产的分配，当继承权遭受侵害时可以独立提起诉讼。

2. 限制民事行为能力的继承人对其继承权的行使

我国《继承法》第 6 条第 2 款规定："限制行为能力人的继承权、受遗赠权，由他的法定代理人代为行使，或者征得法定代理人同意后行使。"《继承法意见》第 8 条规定："法定代理人代理被代理人行使继承权、受遗赠权，不得损害被代理人的利益。法定代理人一般不能代理被代理人放弃继承权、受遗赠权。明显损害被代理人利益的，应认定其代理行为无效。"限制民事行为能力的继承人享有受一定限制的继承权，即在征得法定代理人同意后得行使继承权。

3. 无民事行为能力的继承人对其继承权的行使

我国《继承法》第 6 条第 1 款规定："无行为能力人的继承权、受遗赠权，由他的法定代理人代为行使。"对于无民事行为能力的人，由其监护人担任法定代理人。法定代理人代理无民事行为能力的继承人行使继承权时，应当维护被代理人的合法财产权益。法定代理人不得损害被代理人的利益，否则其代理行为无效；滥用代理权，已经给被代理人造成损害的，应当承担民事责任；和第三人串通的，由代理人和第三人负连带责任。①

（二）继承权的放弃

按照法律规定，继承权可以接受也可以放弃。继承权的放弃是指继承人在继承开始后，遗产处理前，明确作出放弃继承的意思表示。②

我国《继承法》第 25 条第 1 款规定："继承开始后，继承人放弃继承的，应当在遗产处理前，作出放弃继承的表示。没有表示的，视为接受继承。"这一规定表明，继承权的放弃，是继承人对自己权利的一种处分，所以，继承的放弃只能在继承开始后，遗产分割前实施。在继承开始前，继承人享有的继承权仅仅是继承遗产的一种资格，不能放弃；遗产分割后，继承人已经实际取得遗产的所有权，此时放弃的已经不是继承权了。

放弃继承权，必须采用明示方式，通常以书面形式出现。对不动产继承权的放弃，还需要进行公证。按照相关的司法解释，继承人放弃继承权应当以书面形式向其他继承人表示。③ 用口头方式表示放弃继承，本人承认，或有其他充分证据证明的，也应当认定其有效。④ 在诉讼中，继承人向人民法院以口头表示放弃继承的，要制作笔录，由放弃继承的

---

① 法律出版社法规中心编：《中华人民共和国婚姻家庭法典》，法律出版社 2015 年版，第 386 页。

② 张恒潮：《论我国遗产清偿制度的立法完善——从遗产债权人利益保护的视角》，内蒙古大学 2010 年硕士学位论文。

③ 《继承意见》第 47 条。

④ 《继承意见》第 47 条。

人签名。① 继承人没有明确放弃继承的，不发生放弃继承权的效力。

放弃继承权是对继承地位和继承份额的放弃。放弃继承后，被放弃的遗产将由其他继承人继承。放弃了继承权，就不必承担被继承人的债务和依法缴纳的税费的清偿责任。但是，继承人因放弃继承权，致其不能履行法定义务的，放弃继承权的行为无效。② 比如，负有扶养、抚养、赡养义务的继承人以不履行法定义务为条件或放弃继承后无法履行相应法定义务的，其放弃继承权的行为无效。

放弃继承权是对其财产权利的自愿放弃，因而不能附加任何条件。一方面，放弃继承权不能附加任何指定性条件，如不能指定将自己的应继份额分配给指定的人。因为这种指定不是对继承权的放弃，而是对自己接受继承所获财产的处分。另一方面，也不能附加限制性条件，如限制他人放弃或接受继承作为自己放弃继承的条件，因为这种限制妨碍他人自由行使其权利。

继承权的放弃是一种单方法律行为，以放弃继承人的意思表示而发生法律效力。继承人只要按照法定的方式作出放弃继承的意思表示，就具有法律效力。而且继承权放弃的效力溯及至继承开始之时。按照相关司法解释的规定，遗产处理前或在诉讼进行中，继承人对放弃继承翻悔的，由人民法院根据其提出的具体理由，决定是否承认。遗产处理后，继承人对放弃继承翻悔的，不予承认。③

四、继承权的丧失

(一)继承权丧失的概念

继承权的丧失，是指继承人因对被继承人或其他继承人犯有某种罪行或者其他违法行为而被依法剥夺继承资格，故亦称继承权的被剥夺或剥夺继承权。④

依据继承权应被剥夺时可否不予剥夺，或者被剥夺后是否可以恢复，继承权的丧失可以分为绝对丧失和相对丧失。继承权的绝对丧失亦称为终局丧失，是指一旦发生某种法定事由，不论被继承人的态度为何，继承人的继承权将无可挽回地丧失，该继承人绝对不能再享有继承权。继承权的相对丧失亦称为非终局丧失，是指虽然发生了某种丧失继承权的法定事由，依法应当剥夺继承人的继承权，但因为被继承人事先表示宽恕，对该继承人的继承权不予剥夺或予以恢复。

(二)继承权丧失的法定事由

在我国，继承人丧失继承权的原因是由法律直接规定的。我国《继承法》第 7 条规定了丧失继承权的法定事由。凡有下列行为之一的，丧失继承权：

1. 故意杀害被继承人的

继承人故意杀害被继承人剥夺他人生命，除了应当受到刑法的制裁外，依照《继承

---

① 《继承意见》第 48 条。

② 《继承意见》第 46 条。

③ 《继承意见》第 50 条。

④ 姜海顺：《试析中朝两国法定财产继承制度的差异》，载《延边大学学报(社会科学版)》2004 年第 4 期。

法》的规定，也应剥夺其继承权。构成故意杀害被继承人的行为需满足三个条件：一是继承人须实施了杀害被继承人的行为。如果继承人没有实施杀害行为，或者杀害的不是被继承人，则不能构成该行为。二是继承人主观上具有杀害被继承人的故意。无须考虑故意是间接故意还是直接故意。如果继承人主观上不存在杀害的故意，或是因过失导致被继承人死亡的，则不构成该行为。凡是故意杀害被继承人的，无论出于何种动机，采用何种手段，也无论是否受到刑事制裁，都绝对丧失继承权。属于过失杀害或出于正当防卫而杀害被继承人的，不丧失继承权。三是无论故意杀害行为是既遂还是未遂，均丧失继承权。

2. 为争夺遗产而杀害其他继承人的

构成为争夺遗产而杀害其他继承人的要件有两个：一是继承人杀害的对象必须是继承人以外的其他法定继承人。二是继承人杀害其他继承人的主观目的是为了争夺遗产，而且是故意而为之。如果不是为了争夺遗产，而是出于其他动机和目的杀害了其他继承人，则不构成该行为。只要同时具备上述两个条件，继承人的继承权即绝对丧失，不论继承人的杀害行为是既遂还是未遂，亦不论是否被追究刑事责任。

3. 遗弃被继承人或虐待被继承人情节严重的

遗弃被继承人是指对没有劳动能力又没有生活来源的被继承人，无正当理由拒绝履行扶养义务。构成该行为需具备两个条件：一是被遗弃的是没有独立生活能力的被继承人。如果被继承人具有独立生活的能力，则不会造成被遗弃的后果。二是继承人有进行扶养的能力和条件而拒不扶养被继承人。如果继承人本身不具备扶养的能力和条件，则不构成遗弃。遗弃不限于继承人的积极行为，也包括消极行为，如子女对年老而生活无法自理的父母置之不理。只要继承人遗弃被继承人，则继承人的继承权丧失。

虐待被继承人是指以各种手段对被继承人进行肉体上的摧残或精神上的折磨。虐待被继承人导致丧失继承权的，只有情节严重才丧失。而情节严重的判断，要综合考虑事实虐待行为的时间、手段、后果和社会影响等因素。一般来说，如果继承人的虐待行为具有长期性、经常性，而且手段比较恶劣、后果比较严重的，可以认定为情节严重。继承人虐待被继承人情节严重的，也构成虐待罪。无论是否追究刑事责任，继承人都丧失继承权。

继承人因遗弃或虐待被继承人情节严重所丧失的继承权属于继承权的相对丧失。根据相关司法解释，继承人虐待被继承情节严重的，或者遗弃被继承人的，如以后确有悔改表现，而且被虐待人、被遗弃人生前又表示宽恕，可不确认其丧失继承权。①

4. 伪造、篡改或者销毁遗嘱，情节严重的

伪造遗嘱是指故意以被继承人的名义制作假遗嘱。由于继承人伪造的遗嘱并不是被继承人的真实意思表示，所以，不论继承人的动机为何，只要客观上有制作假遗嘱的行为，均可构成伪造遗嘱。篡改遗嘱是指继承人故意擅自更改或歪曲了被继承人所立遗嘱的内容。由于继承人的篡改行为改变了被继承人的意思表示，限制了被继承人生前对自己财产的处分，所以，只要继承人客观上改变了遗嘱的内容，就构成篡改遗嘱。销毁遗嘱是指继承人将被继承人所立的遗嘱完全破坏、销毁的行为。由于销毁遗嘱完全否定了被继承人的生前意愿，剥夺了被继承人对自己财产的处分权，因而是违法的。

---

① 《继承法意见》第 13 条。

伪造、篡改或者销毁遗嘱，情节严重的，当然丧失继承权。继承人伪造、篡改或者销毁遗嘱，侵害了缺乏劳动能力又无生活来源的继承人利益，并造成其生活困难的，应认定其行为情节严重。①

(三)继承权丧失的效力

丧失继承权的法定事由可以发生于继承开始后，也可以发生在继承开始前。由于继承权的丧失是使继承人失去继承资格，所以，继承权的丧失是在继承开始时发生效力。

我国继承权丧失制度的特征：除被继承人可以遗嘱取消法定继承人的继承权外，对基于法定事由的继承权丧失采取当然主义，只要存在丧失法定继承权的事由，就自动发生丧失继承权的效力。根据相关司法解释的规定，在遗产继承中，继承人之间因是否丧失继承权发生纠纷诉讼到人民法院的，由人民法院根据《继承法》第 7 条的规定，判决确认其是否丧失继承权。②

继承权的丧失，是继承人对被继承人的继承权的丧失，即对该特定被继承人发生效力。但根据相关司法解释的规定，继承人丧失继承权的，其晚辈直系血亲不得代位继承。但如该代位继承人缺乏劳动能力又没有生活来源，或对被继承人尽赡养义务较多的，可适当分给遗产。③

五、继承权的保护

我国《继承法》保护公民的合法继承权不受侵害，当公民的继承权遭受他人的不法侵害时，其可以通过诉讼或非诉讼的方式保护自己的继承权利。现实生活中，继承人的继承权被侵害的情形经常发生，比如：第三人不法占有继承财产；个别继承人多占继承财产；第三人或者继承人伪造、篡改、毁损遗嘱；继承人中的一人或数人，排斥其他合法继承人，在遗产分割前抢占或者侵吞被继承人的全部财产，比较典型的是亲生子女排斥养子女合法继承权、男性继承人排斥女性继承人的合法继承权等；非继承人侵害继承人的继承权或者非法占有被继承人的遗产；虽然属于法定继承人的范围以内，但依法无权继承遗产的人或者其他表见遗产承受人(如放弃或者丧失继承权的继承人、无效遗嘱或者被撤销遗嘱中指定的继承人和受遗赠人)侵害真正继承人的继承权，非法占有被继承人的遗产；遗产分割前擅自处分继承人应得遗产，等等。④ 不管是遗嘱继承还是法定继承，继承人在继承权遭受侵害后，都可以选择与侵权人协商或调解解决双方纠纷，或是请求人民法院通过诉讼程序予以确认、保护自己继承被继承人遗产的合法权利。

继承纠纷如果通过诉讼解决必须是在继承开始之后。继承人通过诉讼解决继承纠纷的诉讼时效，我国《继承法》第 8 条规定："继承权纠纷提起诉讼的期限为 2 年，自继承人知道或者应当知道其权利被侵犯之日起计算。但是，自继承开始之日起超过 20 年的，不得再提起诉讼。"自继承开始之日起的第 18 年后至第 20 年期间内，继承人才知道自己的权利

① 《继承法意见》第 14 条。

② 《继承法意见》第 9 条。

③ 《继承法意见》第 28 条。

④ 陈苇主编：《婚姻家庭继承法学》，高等教育出版社 2014 年版，第 203 页。

被侵犯的，其提起诉讼的权利，应当在继承开始之日起的 20 年之内行使，超过 20 年的，不得再行提起诉讼。① 有关诉讼时效的中止或中断，按照以下原则处理：在诉讼时效期间内，因不可抗拒的事由致继承人无法主张继承权利的，人民法院可按中止诉讼时效处理。继承人在知道自己的权利受到侵犯之日起的 2 年之内，其遗产继承纠纷确在人民调解委员会进行调解期间，可按中止诉讼时效处理。继承人因遗产继承纠纷向人民法院提起诉讼，诉讼时效即为中断。②

第六节　遗　　产

一、遗产的概念和特征

(一)遗产的概念

遗产是继承人继承的标的或对象，是继承法律关系的客体，不仅包括财产权利(积极财产)，也包括财产义务(消极财产)。我国《继承法》第 3 条明确界定了遗产的含义："遗产是公民死亡时遗留的个人合法财产……"即遗产是自然人死亡时遗留的，可依法转移给他人的个人合法财产。

(二)遗产的特征

1. 时间性

遗产是被继承人死亡时遗留的财产，具有特定的时间性。被继承人活着时，其财产不是遗产，继承人不享有主观意义的继承权。遗产处理之后，已经转移给继承人所有，亦不再具有遗产的性质。只有当被继承人死亡后，遗产处理完毕前，其遗留下来的财产才是遗产。

2. 限定性

能够作为被继承人遗产并可以依法转让给他人的只能是民事上的财产，包括所有权、债权、债务、知识产权等。被继承人生前所享有的人身权利以及基于人身权利而产生的义务，不能作为遗产。

3. 专属性和合法性

遗产是被继承人个人的财产，包括被继承人个人单独所有的财产，也包括被继承人与他人共有财产中应属该公民所有的份额。遗产是被继承人的合法财产，非法侵占的国家、集体或者其他公民的财产，以及依照法律规定不允许公民所有的财产，不能成为遗产。

二、遗产的范围

我国《继承法》第 3 条规定了遗产的范围："遗产是公民死亡时遗留的个人合法财产，包括：(一)公民的收入；(二)公民的房屋、储蓄和生活用品；(三)公民的林木、牲畜和家禽；(四)公民的文物、图书资料；(五)法律允许公民所有的生产资料；(六)公民的著

① 《继承法意见》第 18 条。
② 《继承法意见》第 15~17 条。

作权、专利权中的财产权利；(七)公民的其他合法财产。"《继承法》第4条还规定："个人承包应得的个人收益，依照本法规定继承。个人承包，依照法律允许由继承人继续承包的，按照承包合同办理。"从上述规定中可以看出，我国《继承法》对遗产的范围是采取概括式和列举式相结合的立法体例。

(一)自然人的个人合法财产所有权

遗产中的公民个人合法财产所有权是指被继承人依法对自己所有的合法财产享有的占有、使用、收益和处分的权利。这些财产主要是由被继承人通过劳动或其他合法途径取得，具体包括：

1. 自然人的合法收入

这主要是指劳动收入，也包括其他合法收入。比如：工资、奖金、劳务报酬及其他形式的劳动收入；个人承包经营应得的个人收益；合法的非劳动收入；通过继承、接受赠与所获得的财产；原有财产的孳息，等等。

2. 自然人个人所有的房屋、储蓄和生活用品

公民生前享有所有权的房屋可以作为遗产。但农民宅基地所有权不属于公民个人，故不是遗产。但由于房地不可分离，继承人继承宅基地上房屋的所有权时，也享有宅基地的使用权。公民个人所有的储蓄，是指公民个人在金融机构的存款本金及其利息，也包括个人合法持有的有价证券，如支票、股票、债券、国库券等。公民个人的生活用品，只为满足公民个人生活消费所需要的物质资料，既包括一般的生活用品，也包括高档的生活用品，如机动车、高档家用电器、高档饰品等。

3. 自然人个人合法拥有的林木、牲畜和家禽

居住在农村和乡镇的公民，在自己承包的土地和荒山、荒滩或者集体划归自己使用的宅基地、自留地、自留山上种植的林木等，归公民个人所有，可以作为遗产继承。公民个人饲养的牲畜和家禽及其天然孳息，也属于遗产。

4. 自然人的文物、图书资料

凡是法律政策允许公民个人私有的文物和图书资料，不论其价值，在所有人死亡之后，都可以作为遗产继承。但是，对于特别珍贵的文物，须按照我国《文物法》的相关规定处理。

5. 法律允许自然人所有的生产资料

随着市场经济的发展，我国法律允许公民个人拥有的生产资料范围不断扩大，数量增多，公民死亡后这些生产资料都属于遗产。

(二)自然人知识产权中的财产权

在我国《民法通则》中，知识产权被称为智力成果权，是人们在科学、艺术和文化等领域从事智力活动而创造的财富，是法律确认的产权。其范围包括著作权、专利权、商标权、发明权、发现权与其他科技成果权等。知识产权具有双重属性，既包括人身权利，也包括财产权利。知识产权的权利主体既可以是自然人，也可以是法人，还可以是国家。属于国家和法人的知识产权不存在继承的问题。知识产权中的人身权不可转让，也不能列入遗产的范围。只有公民个人所有的知识产权中的财产权，才能作为继承的客体。此外，知识产权还具有时间性，即公民所享有的知识产权仅在法定期间内有效，其财产权利只有在

法定期间内才能成为遗产。超过该期限，则公民个人拥有的知识产权就成为全人类的财富。

1. 自然人所有的著作权中的财产权

公民基于创作完成的或通过继受取得的文字作品，口述作品，音乐、戏剧、曲艺、舞蹈、杂技艺术作品，美术、建筑作品，摄影作品，电影作品和以类似摄制电影的方法创作的作品，工程设计图、产品设计图、地图、示意图等图形作品和模型作品，计算机软件，法律、行政法规规定的其他作品的使用和许可使用而获得报酬的权利①，可以作为遗产依法继承。上述作品中著作权的人身权，如署名权、修改权、保护作品完整权不能作为遗产继承，但继承人可以进行保护。公民生前没有发表的作品，如果其本人没有明确规定不发表，在其死后50年内，可以由其继承人行使发表权，同时，该作品发表后在保护期间内的财产权利也可由其继承人继承。

2. 自然人所有的专利权中的财产权

公民作为专利所有人，对其已经取得专利权的发明、实用新型、外观设计等发明创造享有所有权。公民专利权中的人身权利是指给予发明人或设计人特定的身份形成的，体现为其有权在专利文件中写明自己是发明人或设计人的权利，它不可转让和继承。公民专有权利中的财产权利包括公民自己实施该专利、许可他人实施该专利、转让该专利以及禁止他人未经许可而为生产经营目的制造、使用、许诺销售、销售、进口其专利产品，或者使用其专利方法以及使用、许诺销售、销售、进口依照该专利方法直接获得的产品。② 公民死亡后，其拥有的尚在保护期内的专利权中的财产权利以及通过上述权利的行使所获得的财产利益都可以作为遗产继承。

3. 自然人所有的商标中的财产权

公民个人是商标所有人时，对其注册商标享有专有使用权、禁止使用权、许可使用权、转让权和求偿权。如果公民在注册商标的有效期内死亡，则该商标的财产权利可以作为遗产继承。继承人应当依法办理商标所有权人姓名及地址的变更登记。继承人取得商标所有权后，可以行使注册商标的财产权利及申请商标续展。

4. 自然人所有的商业秘密及其他科技成果权中的财产权

商业秘密，是指不为公众所知悉，能为权利人带来经济利益、具有实用性并经权利人采取保密措施的技术信息和经营信息。③ 公民个人所拥有的商业秘密，在其死亡后，可以作为遗产由继承人继承。

自然人因自己的科学发现、发明创造和其他科技成果所获得的奖金及其他物质奖励属于财产权利，在其死亡后，可以作为遗产由继承人继承。

对于个体工商户的名称权，虽然《民法通则》中将其列入“人身权”，但明确规定名称可以依法转让。④ 所以，个体工商户业主死亡后，其字号作为无形财产可以进行继承。

---

① 《中华人民共和国著作权法》第48条第1项。

② 《中华人民共和国专利法》第11条第1款。

③ 《中华人民共和国反不正当竞争法》第10条第3款。

④ 《民法通则》第99条。

(三)公民的其他合法财产

除个人财产中的所有权和知识产权外，公民的合法财产权利包括其他物权和债权。

他物权是与财产所有权相关的财产权，也是不完全的物权，包括用益物权和担保物权。在我国，他物权主要有抵押权、留置权、质权、土地承包权、国有资源的使用权等。其中，能够作为继承权客体的他物权包括抵押权、留置权、质权。

债是依据合同的约定或者法律规定，在当事人之间产生的一种特定的权利义务关系。① 依据我国《继承法》及相关司法解释的规定，履行标的为财物的债权属于遗产的范围。② 凡是公民个人合法拥有的可以与人身关系分离的债权都可以作为遗产继承，不论是合同之债、侵权行为之债、不当得利之债、无因管理之债，还是单方法律行为所生之债。

三、认定遗产应注意的问题

(一)不能作为遗产的物及权利义务

1. 遗体

对于遗体是否可以作为继承权客体的问题，国内外学者都有不同的观点。有人认为，遗体是物，其所有权转归继承人，属于遗产的一部分；有人认为，遗体不是物，也不是财产所有权的标的，而是由最近亲属埋葬权的标的或者是其亲属人格权的标的。③ 我们认为，遗体虽然是物，但它不能作为死者的遗产，由继承人继承。首先，人的身体是公民固有的人身权利的本源，这些人身权利是不可转移的。后人依照社会公共准则以及尊重死者生前的愿望，妥善处理死者的遗体，是尊重死者人格权的基本要求。其次，作为特殊物的遗体不能转化为继承人的私有财产。最后，死者生前对遗体的处理留有遗愿的，应当尊重死者本人的意愿。

2. 被继承人的人身权利及与人身有关的权利义务

按照相关法律规定，自然人的人身权利及其基于人身权利而产生的财产权利是不能作为遗产的。在我国，公民可以依法取得国有资源的使用权，如采矿权、狩猎权、渔业权、养殖权等。国有资源使用权一旦为特定人拥有，即不得随意转让，也不得继承。自留地、自留山、宅基地的使用权及应由公民亲自履行的合同，也不能作为遗产继承。

3. 其他不得为遗产的权利与财产

人身保险合同中指定了受益人的人寿保险金、支付给死者家属的抚恤金、丧葬费和生活补助费以及合伙经营权等，不能作为死者的遗产继承。

(二)注意遗产与夫妻共同财产的区分

首先，死亡一方的法定个人财产和约定个人财产都属于遗产。按照我国《婚姻法》第18条的规定，属于夫妻一方个人所有的财产有：一方的婚前财产；一方因身体受到伤害获得的医疗费、残疾人生活补助费等费用；遗嘱或赠与合同中约定只归夫或妻一方的财产；一方专用的生活用品；其他应当归一方的财产，如军人的伤亡保险金、伤残补助金、

---

① 周才汇：《论债的内容与特征》，载《网络财富》2009年第23期。

② 《继承法意见》第3条。

③ 刘春茂主编：《中国民法学·财产继承》，中国人民公安大学出版社1990年版，第107页。

医药生活补助费等。由于以上财产属于一方个人所有的财产，因而，该方死亡后，其遗留的上述财产可以作为遗产继承。按照我国《婚姻法》第 19 条的规定，夫妻在婚前或婚姻关系存续期间，可以约定婚姻关系存续期间所得的财产以及婚前财产归各自所有、共同所有或部分各自所有、部分共同所有。如果夫妻有约定的个人财产，则约定属于死亡中一方的财产都属于遗产。

其次，夫妻共同财产中属于死者的部分才是遗产。按照我国《婚姻法》第 17 条的规定，夫妻在婚姻关系存续期间所取得的下列财产归夫妻共同所有：工资、奖金；生产、经营的收益；知识产权的收益；继承或赠与所得的财产，但《婚姻法》第 18 条第(3)项规定的除外；其他应当归共同所有的财产。对于夫妻共同财产，按照我国《继承法》第 26 条第 1 款的规定，在夫妻一方死亡后，对夫妻在婚姻关系存续期间所得的共同财产，除有约定的外，如果分割遗产，应当先将共同所有的财产的一半分出为配偶所有，其余的一半才是被继承人的遗产。

(三)注意遗产与家庭共有财产的区分

在我国的家庭中，其成员除夫妻外，还可能有父母、子女、祖父母、外祖父母、孙子女、外孙子女、兄弟姐妹等。在家庭成员的共同生活中，可能会产生家庭成员共同所有的财产，包括家庭成员通过共同劳动、共同购置、共同继承或共同受赠等方式取得共同财产。当某一家庭成员死亡时，应当首先确定其个人财产的范围以及所占家庭共同财产中的份额。只有属于死者个人的财产以及其在共同财产中所占的份额，才属于遗产。

四、遗产的保管

我国《继承法》第 24 条规定：“存有遗产的人，应当妥善保管遗产，任何人不得侵吞或者争抢。”自继承开始至遗产分割前的这段时间，由于遗产的最后归属尚未确定，因此，遗产的妥善保管，对于继承人和受遗赠人来说是相当重要的。作为遗产保管人的有：(1)财产继承人；(2)财产继承人以外的人；(3)遗嘱执行人；(4)保管单位。此外，《继承法意见》第 44 条规定：“人民法院在审理继承案件时，如果知道有继承人而无法通知的，分割遗产时，要保留其应继承的遗产，并确定该遗产的保管人或保管单位。”同时，《继承法意见》第 59 条规定：“人民法院对故意隐匿、侵吞或者争抢遗产的继承人，可以酌情减少其应继承的遗产。”

【思考题】(2011 年国家司法考试真题)

1. 下列哪一行为可引起放弃继承权的后果？

A. 张某口头放弃继承权，本人承认

B. 王某在遗产分割后放弃继承权

C. 李某以不再赡养父母为前提，书面表示放弃其对父母的继承权

D. 赵某与父亲共同发表书面声明断绝父子关系

2. 张某李某系夫妻，生有一子张甲和一女张乙。张甲于 2007 年意外去世，有一女丙。张某在 2010 年死亡，生前拥有个人房产一套，遗嘱将该房产处分给李某。关于该房产的继承，下列哪些表述是正确的？

A. 李某可以通过张某的遗嘱继承该房产
B. 丙可以通过代位继承要求对该房产进行遗产分割
C. 继承人自张某死亡时取得该房产所有权
D. 继承人自该房产变更登记后取得所有权

第十一章　法定继承

【本章学习重点提示】法定继承；代位继承；转继承。

第一节　概　　述

一、法定继承的概念和特征

(一)法定继承的概念

法定继承是遗嘱继承的对称，是指法律直接规定继承人范围、继承顺序、代位继承、转继承和遗产分配原则等问题的继承方式。

法定继承是继承制度形成早期应用最广泛的继承方式，虽然在近代遗嘱继承得到长足发展，却从未削弱法定继承的固有地位。法定继承在中国法制史中起源于宗法制度，在历朝历代中形成了重身份、重伦理，以家庭(家族)为本位的继承模式，礼法两种规范共同致力于维护身份、财产、宗祧于一体的法定继承，因而法定继承不仅在制度层面一统天下，遗嘱继承得势甚微，而且在现实生活中，人们也多从法定或习俗，缺乏遗嘱继承的观念和行为取向。新中国的继承立法彻底走出了宗法继承的历史阴影，确认了法定继承与遗嘱继承并行不悖的平等关系，但在社会实践中法定继承比遗嘱继承具有更重要、更普遍的适用效果，绝大多数的继承关系都依法定继承而运作。

(二)法定继承的特征

1. 法定继承适用的法定性

继承法虽为民法的重要组成部分，却在一定程度上带有强行性规范色彩。继承法规范的强行性集中表现于法定继承。继承法关于继承人的范围、继承的顺序和遗产分配原则的规定具有普遍适用的强行性效力，只要是发生了法定继承，都必须照此遵行。否则即构成违法，侵犯有关继承人的继承权，产生相应的民事法律后果。

法定继承的法定性又可以分为两个特征：(1)继承要素具有法定性；(2)继承效力具有法定性。

法定继承是由法律直接规定继承人继承遗产的继承方式，因而各基本要素都显示出鲜明的法定性，只能按法律预设的标准模式进行。这种法定性的要素集中于三个方面：(1)继承人的范围由法律统一界定，使继承人能够作为法定继承人，享有法定继承权具有明确的规范依据；(2)继承人参与继承的先后顺序由法律明确规定，法定范围内的继承人不仅能知道其是否享有继承权，而且能把握其权利顺位，知道在什么条件下才能实际享受和行使其继承权；(3)对同一顺位的继承人分配遗产的原则或比例由法律作概括性规范，任何法定继承关系中不论其遗产实际状况如何，都能有“万变不离其宗”的归属。

2. 法定继承基础的身份性

法定继承基础的身份性是指法定继承的发生也是以一定人身关系为基础和前提的。确定法定继承人的范围、继承顺序和遗产分配原则的基础是继承人与被继承人之间具有血缘关系、婚姻关系或收养关系。我国《继承法》规定的法定继承范围是死者的近亲属，包括死者配偶、子女、父母、兄弟姐妹、祖父母、外祖父母。而继承顺序是分为两个顺位的，其中配偶、子女以及父母为第一顺位继承人，兄弟姐妹、祖父母、外祖父母为第二顺位继承人。

二、法定继承的适用范围

法定继承的适用范围是指在什么情况下可以发生法定继承。法定继承的适用范围源于法定继承乃无遗嘱继承的内涵，“遗嘱在先原则”成为各国法定继承适用的通例。即继承开始后，应当首先适用遗嘱继承，不能适用遗嘱继承方式时，才按法定继承方式继承。我国《继承法》第 5 条规定：“继承开始后，按照法定继承办理；有遗嘱的，按照遗嘱继承或者遗赠办理；有遗赠扶养协议的，按照协议办理。”据此，被继承人死亡时，有遗赠扶养协议的，先要执行协议；没有遗赠扶养协议或者协议无效时，先适用遗嘱继承或遗赠，即按遗嘱继承办理；最后才能适用法定继承。在这一总的原则指导下，《继承法》第 27 条又专门规定了法定继承适用的具体情形。综合起来，以下六种情形可引起法定继承的适用：

(1)被继承人生前未同他人订立遗赠扶养协议，或订立的遗赠扶养协议失去法律效力。

(2)被继承人立有遗嘱，但遗嘱全部无效，或者部分无效。

(3)遗嘱继承人放弃继承或者受遗赠人放弃受遗赠。

(4)遗嘱继承人丧失继承权或受遗赠人丧失受遗赠权。

(5)遗嘱继承人、受遗赠人先于遗嘱人死亡。

(6)被继承人还有遗嘱未处分的遗产。

第二节　法定继承人的范围及顺序

一、法定继承人的范围

法定继承人是法律直接规定的可以依法继承被继承人遗产的人，其范围的确定，一般以法定的亲属范围为依据。我国《继承法》在法定继承人范围与《婚姻法》所调整的亲属范围基本一致。根据《继承法》第 10～12 条的规定，法定继承人包括：配偶、子女、父母、兄弟姐妹、祖父母、外祖父母，以及对公、婆或岳父、岳母尽了主要赡养义务的丧偶儿媳、女婿。

(一)配偶

配偶是指有效婚姻关系下确立夫妻关系的双方称谓，具体内容见本书第一、二章。我国《婚姻法》第 24 条规定，夫妻有相互继承遗产的权利。

配偶在继承遗产时需满足以下条件：(1)一方死亡时双方当事人存在有效的婚姻关系。在我国婚姻关系以婚姻登记制度为公示条件，男女双方从办理结婚登记、取得结婚证之日起，在登记离婚、取得离婚证或诉讼离婚的调解书、判决书生效之前，在法律上依旧存在有效的婚姻关系。(2)双方当事人具备合法的配偶身份，任何一方死亡，生存一方即应享有继承权。

另外，按照我国《婚姻法》男女平等原则的要求，配偶相互间享有平等的继承权，不因性别不同而在继承权上受到歧视或差别对待，丧偶妇女对亡夫遗产的继承权和“带产再婚”不受干涉。

而未办理结婚登记的男女双方以夫妻名义长期同居生活，依照《婚姻法解释(一)》的规定认定为非法同居，同居者之间不存在配偶继承权。并且一切婚外同居关系，如所谓的试婚、姘居、“纳妾”、“包二奶”和各种无效婚姻、重婚下的男女当事人之间都不存在法律承认和保护的婚姻关系，他们互相不具备配偶身份，因而不能作为法定继承人。但是，1950 年《婚姻法》颁布前已形成的一夫多妻或一妻多夫婚姻关系，不应按重婚论处，其婚姻关系应被确认为有效，有关当事人以配偶身份取得法定继承人资格。

(二)子女

子女是与被继承人具有最亲近关系的直系晚辈亲属。子女与父母生前有着极为密切的人身关系和财产关系。按照我国《继承法》第 10 条的规定，子女分为婚生子女、非婚生子女、养子女和有扶养关系的继子女。下面分开介绍不同子女类别。

1. 婚生子女

婚生子女是指具有合法婚姻关系的夫妻所生育的子女。婚生子女的继承权基于其与父母的血缘关系，不因父母婚姻关系的存续或破灭丧失继承权，因父母离婚而由一方抚养的子女，对其生父、生母都享有法定继承权。

2. 非婚生子女

即俗称“私生子”，非婚生子女乃有效婚姻关系之外的男女生育的子女，与生母的关系一般基于出生而确定无疑，但与生父的亲子女关系通常须经过验证或认领才能确定。我国《婚姻法》第 25 条第 1 款明确规定：“非婚生子女与婚生子女享有同等的权利，任何人不得加以危害和歧视。”正如上文所说，子女基于血缘关系发生法定继承，因而非婚生子女是其生母或生父遗产的法定继承人。

3. 养子女

养子女是指被继承人生前依据法律规定的条件和程序合法的因收养关系产生的拟制血亲关系。我国《婚姻法》第 26 条规定：“……养父母和养子女之间的权利和义务，适用本法对父母子女关系的有关规定。养子女和生父母间的权利和义务，因收养关系的成立而消除。”由此可见养子女对养父母的财产具有继承权，对生父母财产的继承权因收养关系而消除。但《继承法意见》第 19 条指出：“被收养人对养父母尽了赡养义务，同时又对生父母扶养较多的，除可依继承法第 10 条的规定继承养父母的遗产外，还可依继承法第 14 条的规定分得生父母的适当的遗产。”这表明，养子女虽不是生父母的法定继承人，但在一定条件下可以成为“酌情分得遗产人”。

4. 继子女

继子女是指妻与前夫或夫与前妻所生的子女。在我国婚姻法上，继子女的法律地位分为两类：(1)仅仅作为继父母的直系姻亲，彼此间未形成事实上的扶养关系和共同生活关系；(2)继子女与继父母在事实上形成了扶养关系，由直系姻亲转化为拟制血亲，从而产生法律拟制的父母子女间的权利义务关系。在第一种亲属地位下，继子女只能作为其亲生父母的法定继承人，不享有继父母遗产的法定继承权。在第二种亲属地位下，继子女则具有双重继承人资格，既是亲生父母的法定继承人，同时又是继父母的法定继承人。

(三)父母

父母是与被继承人最亲近的直系血亲，同子女一样，父母包括生父母、养父母和有扶养关系的继父母。生父母有权继承生子女的遗产，养父母有权继承养子女的遗产，有扶养关系的继父母有权继承继子女的遗产。其中，生父母是其婚生子女和非婚生子女的法定继承人，但是如果子女被他人收养，在收养关系有效存续期间生父母对被收养的生子女的遗产不享有法定继承权。非婚生子女只有在和其生父确定亲子关系之后才能被认定为其生父母的法定继承人。养父母具有双重法定继承人资格，在收养关系有效存续期间养父母是其养子女的法定继承人，同时也是自己生子女的法定继承人。继父母的法定继承权取决于是否和继子女形成事实上的扶养关系，若双方为形式上的姻亲，则互相不发生法定继承；若双方形成事实上的扶养关系，则继父母应为继子女的法定继承人，同时也是生子女的法定继承人。

(四)兄弟姐妹

兄弟姐妹是被继承人最亲近的旁系血亲亲属，兄弟姐妹互为继承人。我国《继承法》规定，兄弟姐妹包括同父同母、同父异母或同母异父的兄弟姐妹，养兄弟姐妹，有扶养关系的继兄弟姐妹。需要注意的是，养兄弟姐妹包括养子女和生子女之间，养子女和养子女之间的兄弟姐妹，但被收养人与其亲兄弟姐妹之间的兄弟姐妹关系因收养关系的发生而消灭。此外，继兄弟姐妹之间若有扶养关系则互为第二顺位财产继承人，若没有扶养关系则不互为法定继承人；继兄弟姐妹之间继承遗产不影响亲兄弟姐妹的遗产继承。

(五)祖父母、外祖父母

祖父母、外祖父母是孙子女、外孙子女的法定继承人。按照祖孙关系的现实状况，作为法定继承人的祖父母、外祖父母应包括有自然血缘关系的亲生祖父母、外祖父母，因养父母的收养关系而连带产生的养祖父母、养外祖父母，形成了事实上扶养关系的继祖父母、继外祖父母。在某些收养关系中，因收养人与被收养人年龄差距大，彼此按生活习俗以祖孙相称，从而构成所谓的“隔代收养”，这种名为养祖孙关系而实为养父母与养子女关系的情形，应按养父母与养子女之间的法定继承人身份定位。但我国《继承法》未把孙子女、外孙子女直接规定为祖父母、外祖父母的法定继承人，但在代位继承中，孙子女、外孙子女可以代替死亡的父或母继承祖父母、外祖父母的遗产。

(六)丧偶儿媳和丧偶女婿

儿媳与公婆，女婿与岳父母之间是姻亲关系，本没有继承遗产的权利。但基于现实生活的情形，许多丧偶的儿媳、女婿在丧偶甚至再婚后依然对公婆或岳父母尽有赡养义务，本着权利义务相一致的民法要求和弘扬敬老爱老的社会精神，我国《继承法》第 12 条规定："丧偶儿媳对公、婆，丧偶女婿对岳父、岳母尽了主要赡养义务的，作为第一顺序继承人。"丧偶女婿、儿媳在一定条件下才能依法取得法定继承人资格，享有法定继承权。首先配偶已经去世，并对公婆、岳父母尽到赡养义务，主要要求有：(1)生活上对老人进行照料，精神上、情感上给予抚慰；(2)经济上进行扶助和供养；(3)时间上表现出赡养的经常性、长期性和稳定性。《继承法意见》第30条明确提出："对被继承人生活提供了主要经济来源，或在劳务等方面给予了主要扶助的，应当认定其尽了主要赡养义务或主要扶养义务。"

丧偶儿媳、女婿依法成为公婆、岳父母的法定继承人的不影响其对配偶或生父母遗产的继承权利，也不排斥其子女对生父或生母作为被代位人的代位继承权。同时，还应注意我国《继承法》确认的丧偶儿媳、女婿的继承权是单向权利归属。

二、法定继承权的顺序

法定继承人的顺序，即法定继承人的顺位，是指法律直接规定的法定继承人参加继承、实际享有和行使继承权的先后次序。规定法定继承人顺序的原因是继承开始后，属于法定继承人范围的人若不分先后地同时进入继承会造成混乱，因而必须按照法律规定的顺位依先后次序介入继承关系中。我国《继承法》在界定法定继承人顺序时，主要从基于血缘或婚姻而形成的亲属关系的亲疏远近和《婚姻法》规定的扶养权利义务的强度和现实生活中可能发生扶养效果的程度来界定第一、二顺位的继承顺序。我国《继承法》第10～12条明确规定法定继承人的顺序为：

第一顺序：配偶、子女、父母、对公婆或岳父母尽了主要赡养义务的丧偶儿媳或女婿；

第二顺序：兄弟姐妹、祖父母、外祖父母。

当有前一顺序的继承人时，后一顺序的继承人则不能继承；只有在前一顺序的继承人发生无人继承、全部放弃或丧失继承权、部分丧失继承权、其他第一顺位继承人放弃继承的情况下，后一顺序的继承人才有机会行使其继承权。

第三节 法定继承的份额与酌分遗产

一、法定继承的份额

法定继承开始后，如由一名继承人单独继承就由其取得全部遗产，因而不存在划分继承份额的问题。若遗产由数人共同继承则产生同一顺序不同继承人之间如何分配遗产及清偿被继承人债务的份额问题。这一份额在法律上被称为"应继份"。

我国《继承法》第13条规定了确定应继份时所遵循的原则：(1)同一顺序的法定继承人的应继份应当均等。在同一顺序继承人生活物质条件、劳动能力和应尽义务份额大致相同时应按照人数均分遗产，各法定继承人的应继份额均等。(2)特殊情况下同一顺序法定继承人的应继份可以不均等。这里分为几种情况：生活有特殊困难，主要指没有独立经济来源或因年幼、年老、病残等情况缺乏劳动能力的人；对被继承人尽了主要扶养义务或者与被继承人共同生活的继承人可以多分；有扶养能力和扶养条件的继承人不尽扶养义务的，在分配遗产时应不分或少分。《继承法意见》第33条规定：“继承人有扶养能力和扶养条件，愿意尽扶养义务，但被继承人因有固定收入和劳动能力，明确表示不要求其扶养的，分配遗产时，一般不应因此而影响其继承份额。”(3)继承人协商同意的，可不均分遗产。同一顺序法定继承人经平等协商自愿达成遗产分配协议的可按照协议内容进行分配。这里的协商同意指全体继承人协商一致同意，并且不损害其他利害关系人的合法权益。

除此之外，我国《继承法》第15条还规定了遗产分配的一些原则，与第13条共同构成了我国继承制度中的继承基本原则，归纳如下：

1. 一般情况下均分遗产原则

这种情况下又必须符合几个条件：(1)必须位于同一继承顺序；(2)必须处在法定继承的实际继承顺序上；(3)各继承人的相关基本条件大致相同。如劳动能力基本接近，对被继承人所尽扶养义务无明显差别，扶养能力和扶养条件大致相同。

2. 特殊情况下遗产不均分原则

上文关于这一种情况已经进行过介绍。

3. 互相礼让和睦团结原则

这一原则体现在各继承人之间可以通过协商方式确定继承遗产的份额。继承人之间本身就是亲属关系，且多数情况下还是共同生活的成员，相互扶助、供养、抚慰不仅是道德上的要求也是法律上的规定。所以《继承法》第15条规定，继承人应当本着互谅互让、和睦团结的精神，协商处理继承问题。遗产分割的时间、办法和份额，由继承人协商确定。协商不成的，继承人可以向人民法院提起诉讼。

二、酌分遗产

酌分遗产是指除法定继承人以外，与被继承人生前形成一定的扶养关系的人可以依法适当分得财产的法律制度。酌分遗产在我国《继承法》第14条中进行了规定：“对继承人以外的依靠被继承人扶养的缺乏劳动能力又没有生活来源的人，或者继承人以外的对被继承人扶养较多的人，可以分给他们适当的遗产。”遗产酌给请求权人可以通过行使遗产酌给请求权分得遗产。从我国对酌分遗产的规定可看出酌分遗产具有以下几个特征：

1. 酌给遗产请求权人包括非法定继承人和不同顺序的法定继承人

根据《继承法》及其司法解释的规定，在由第一顺序法定继承人继承遗产时，第二顺序的法定继承人不能参加继承。但如第二顺序的法定继承人中具备酌给遗产法定条件的人，则其可以酌给遗产请求权人的资格请求酌给遗产。

其中，非法定继承人包括继承人以外的依靠被继承人扶养的缺乏劳动能力而又无生活来源的人和对被继承人扶养较多的人。缺乏劳动能力一般为年幼、年老或病残；无生活来源是指生活上没有独立的经济收入；在被继承人生前依靠被继承人扶养包括经济上的供养和生活上的劳务扶助。而继承人以外对被继承人扶养较多的情况应包括经济、生活和精神方面的扶养，如果只是暂时性帮助不能认定为扶养较多。

2. 酌给遗产请求权的取得前提是被继承人生前与酌给遗产请求权人形成了特定的扶养关系

酌给遗产请求权不以亲属关系的存在为前提发生条件。

3. 酌给遗产请求权的义务主体是继承人

继承开始后遗产的所有权转归参加继承的继承人。但是继承人并不以自己的财产对酌给遗产请求权人进行给付。继承人的义务限于根据请求权人的实际情况从遗产中分出一部分。

4. 酌给的财产份额不确定

遗产酌给与法定继承不相同，不存在遗产均分的情况，主要是依据遗产总额的多少和酌给遗产请求权人依靠被继承人扶养的程度或对被继承人扶养的程度来判断酌给份额，一般情况下酌给的份额应低于继承人的份额。

5. 酌给遗产请求权是一项独立的权利

《意见》第32条规定："依继承法第14条规定可以分给适当遗产的人，在其依法取得被继承人遗产的权利受到侵犯时，本人有权以独立的诉讼主体资格向人民法院提起诉讼。但在遗产分割时，明知而未提出请求的，一般不予受理；不知而未提出请求，在二年以内起诉的，应予受理。"酌给遗产请求权人可以自己行使权利，直接向遗产酌给义务人，即遗产继承人或遗产管理人请求给付，若义务人拒绝给付或双方就给付金额和方式不能达成协议时，也可以诉请人民法院裁决或请求基层调解组织调解。

第四节　代位继承与转继承

一、代位继承的概念和条件

(一)代位继承的概念

代位继承，是指被继承人的子女先于被继承人死亡时由被继承人子女的晚辈直系血亲代替先死亡的长辈直系血亲继承被继承人遗产的一项法定继承制度。代位继承是法定继承中的一种特殊方式，作为被继承的第一顺序的法定继承人来继承遗产，代位继承人的发生不妨碍其他法定继承人依法继承遗产。先于被继承人死亡的子女称为被代位继承人，代替被代位继承人取得遗产的晚辈直系血亲称为代位继承人。法律规定这一继承制度的原因是法定继承人在继承被继承人遗产时应以实际生存为前提，一旦法定继承人先于被继承人死亡便失去继承主体资格，为了维系晚辈直系血亲的物质生活利益便设定了这一法律制度。

(二)代位继承的条件

我国《继承法》第11条规定："被继承人的子女先于被继承人死亡的，由被继承人的子女的晚辈直系血亲代位继承。代位继承人一般只能继承他的父亲或者母亲有权继承的遗产份额。"由此可见，代位继承必须满足以下几个条件：

1. 代位继承的发生必须有被继承人子女先于被继承人死亡的事实存在

被继承人子女包括生子女、养子女、非婚生子女、有扶养关系的继子女。被继承人的其他法定继承人先于被继承人死亡均不发生代位继承的效果。被继承人死亡包括民法意义上的宣告死亡和自然死亡。

2. 代位继承人必须是被代位继承人的晚辈直系血亲

被代位继承人的旁系血亲或长辈直系血亲均无资格行使代位继承权，且晚辈直系血亲辈分不受限制。《继承法意见》第 25 条指出：“被继承人的孙子女、外孙子女、曾孙子女、外曾孙子女都可以代位继承。”第 26 条还明示：“被继承人的养子女、已形成扶养关系的继子女的生子女可代位继承；被继承人亲生子女的养子女可代位继承；被继承人养子女的养子女可代位继承；与被继承人已形成扶养关系的继子女的养子女也可以代位继承。”

3. 代位继承只发生在法定继承中

代位继承不适用于遗嘱继承的情况，只有代位继承人享有被代位继承人的法定继承权时才能发生代位继承。

4. 被代位继承人必须有法定继承权

如果被代位继承人本身丧失或放弃法定继承权则其晚辈直系血亲不得代位继承。《继承法意见》第 28 条规定：“继承人丧失继承权的，其晚辈直系血亲不得代位继承。如该代位继承人缺乏劳动能力又没有生活来源，或对被继承人尽赡养义务的，可适当分给遗产。”

5. 代位继承人只能取得被代为继承人所得的遗产份额

代位继承人在代替被代位继承人行使继承权的情况下只能取得被代位继承人可以取得的遗产。

二、转继承的概念

转继承是指继承人在继承开始后、遗产分割前死亡，其应当继承的遗产份额由他的法定继承人承受的一种连续继承制度。实际接受遗产的已死亡的继承人的合法继承人称为转继承人，死亡的继承人称为被转继承人。转继承又称再继承、连续继承。

转继承是继承遗产权利的转移，属于两个继承关系的正常连续运行，现实中经常发生的情况是继承开始后，继承人尚未取得或接受遗产就已去世，其应继承的遗产转归自己的继承人继承，完全适用一般继承法律规则。我国《继承法》未明确规定转继承制度，因此《继承法意见》第 52 条专门指出：“继承开始后，继承人没有表示放弃继承，并于遗产分割前死亡的，其继承遗产的权利转移给他的合法继承人。”

与转继承制度相近的制度还有转遗赠。转遗赠是指受遗赠人在继承开始后，遗产分割前死亡，其受赠的遗产份额由其继承人承受。《继承法意见》第 53 条规定：“继承开始后，受遗赠人表示接受遗赠，并于遗产分割前死亡的，其接受遗赠的权利转移给他的继承人。”

三、代位继承与转继承的区别

转继承与代位继承的共同点在于都存在两个死亡事实，都是由原享有法定继承权的继承人取得被继承人的遗产。为了区分两者，主要介绍以下两者的不同点：

(一) 继承性质不同

转继承是两个直接继承的连续，或者说是两个独立继承关系在时间链条上的连接。即先是继承人直接继承被继承人的遗产，然后又由转继承人间接继承前位继承人所继承的遗产。代位继承则是由代位继承人一次性地间接继承被继承人的遗产。

(二)发生事实依据不同

转继承基于继承开始以后继承人后于被继承人死亡的事实而发生。代位继承则是基于继承人先于被继承人死亡的事实。

(三)适用范围不同

代位继承只能适用法定继承，不适用于遗嘱继承的范围。而转继承既可以适用于法定继承又可以适用于遗嘱继承。

(四)继承人范围不同

代位继承中的代位继承人只能是被代位继承人的晚辈直系血亲，即子女、孙子女等。转继承中可以是被转继承人的晚辈直系血亲也可以是被转继承人的其他继承人，包括法定继承人和遗嘱继承人。

【思考题】

1. 唐某有甲、乙、丙成年子女三人，于 2002 年收养了孤儿丁，但未办理收养登记。甲生活条件较好但未对唐某尽赡养义务，乙丧失劳动能力又无其他生活来源，丙长期和甲共同生活。2004 年 5 月唐某死亡，因分配遗产发生纠纷。下列哪些说法是正确的？（2006 年国家司法考试真题）

A. 甲应当不分或者少分遗产

B. 乙应当多分遗产

C. 丙可以多分遗产

D. 丁可以分得适当的遗产

2. 李某死后留下一套房屋和数十万存款，生前未立遗嘱。李某有三个女儿，并收养了一子。大女儿中年病故，留下一子。养子收入丰厚，却拒绝赡养李某。在两个女儿办理丧事期间，小女儿因交通事故意外身亡，留下一女。下列哪些选项是正确的？（2007 年国家司法考试真题）

A. 二女儿和小女儿之女均是第一顺序继承人

B. 大女儿之子对李某遗产的继承属于代位继承

C. 小女儿之女属于转继承人

D. 分配遗产时，养子应当不分或少分

3. 郭大爷女儿五年前病故，留下一子甲。女婿乙一直与郭大爷共同生活，尽了主要赡养义务。郭大爷继子丙虽然与其无扶养关系，但也不时从外地回来探望。郭大爷还有一丧失劳动能力的养子丁。郭大爷病故，关于其遗产的继承，下列哪些选项是正确的？（2010 年国家司法考试真题）

A. 甲为第一顺序继承人

B. 乙在分配财产时，可多分

C. 丙无权继承遗产

D. 分配遗产时应该对丁予以照顾

第十二章 遗嘱继承

【本章学习重点提示】遗嘱的效力；遗嘱的撤销与变更。

第一节 遗嘱和遗嘱继承

一、遗嘱的概念和特征

(一)遗嘱的概念

词源上的遗嘱顾名思义，即死者所遗留下来的嘱咐，或曰死者在生前预留给后人的遗咐。其具体指向两个方面：一是实质意义，指人在生前或临死时用口头或书面形式嘱咐身后各事应如何处理和安排；二是形式意义，指反映意思表示内容，作为嘱咐之物质载体的言语或字据。在社会生活中，人们使用遗嘱这一概念，也多从这两个方面指称。由于其外延涵盖死者生前对于其死后一切事务预作的处置和安排，包括政治、身份、财产、情感、道德等所有方面，所以被称为广义上的遗嘱。

法律意义上的遗嘱，则是严格的狭义之遗嘱，专指自然人生前按照法律规定的方式，对其个人财产及与财产有关的其他事务进行预先的处分，并于其死后发生法律效力的一种民事法律行为。

作为法律意义上的遗嘱，其法律内涵有三层：

1. 在民法基本范畴体系中，遗嘱应归位于法律事实，是一种符合民法规范的、能够引起民事主体的民事权利义务关系产生、变更和消灭的客观事实

但遗嘱这一法律事实并不能独立产生法律实效，它必须与遗嘱人死亡之法律事实结合，形成一个完整的法律事实构成，才能按其内容产生相应的法律后果。没有遗嘱人死亡之事实同构，则遗嘱仅具事实意义，而无法律价值。

2. 在法律事实范畴中，遗嘱应归位于法律行为，是一种由遗嘱人意志所支配的、并能被认知、把握的表意行为

一方面，遗嘱人本着意志自由的原则，将其主观效果意思借助于一定的物质载体充分表达出来；另一方面，该意思表示必须符合民事法律规范，主要是继承法规范，具备法定的形式和实质条件，满足民事法律行为的要求。民法总则中有关法律行为的规则是遗嘱的抽象原理，遗嘱则是法律行为一般原理的具体化。

3. 遗嘱作为法律行为，其法律后果即在于以遗嘱人的财产为媒介而形成一种民事法律关系

该民事法律关系指向积极和消极两个方面：其消极方面就是改变甚至完全否定法定继

承关系，阻止法定继承的正常运行；其积极方面就是直接引起或确立遗嘱继承关系或遗赠关系，为遗嘱继承人或受遗赠人设定财产权利或相关附属义务。所以，遗赠既是遗嘱继承或遗赠的操作依据和效力来源，又是引起遗嘱继承或遗赠的特定法律事实。①

(二)遗嘱的特征

遗嘱既有民事法律行为的一般共性，又有不同于合同、团体设立等法律行为的独特之处。概括起来，遗嘱的法律特征可归为五点：

1. 遗嘱是一种单方法律行为

遗嘱只要求遗嘱人通过一定的物质载体单方作出真实合法的意思表示，不需要相对一方给予积极一致的意思表示即可有效成立，是一种典型的单方民事法律行为。其具体表现有四点：(1)遗嘱人作出遗嘱之意思表示不必以其他当事人知晓为成立条件，可保留一定的秘密性，所以不需要送达于特定的相对人，只要求遗嘱人按法定形式完成意思表示即可。(2)遗嘱人作出遗嘱，就完成了该法律行为的全部内容而有效成立，在其生效前无须征得其他任何人的同意。(3)正因为遗嘱是单方法律行为，所以遗嘱人在遗嘱生效前，可以根据自己的意志变更或撤回遗嘱。(4)遗嘱一旦成立，即得到法律的确认和保护，对遗嘱人之外的一切不特定人产生法律拘束力；虽然遗嘱能否最终如期产生实际法律效果还取决于遗嘱继承人能否接受继承或受遗赠人是否接受遗赠，但遗嘱继承人或受遗赠人的这种态度并不影响遗嘱的成立和效力。

2. 遗嘱是一种处分行为

现代继承制度已基本抛弃了祭祀继承，财产继承成为主导内容。遗嘱作为死者预先对其死后事务的安排，有关人格、身份上的内容不再存在，而主要表现为遗嘱人对其个人财产在死后作出处置，决定其财产的法律命运和归宿，为财产因所有人死亡而寻求新的物主。在此意义上，遗嘱是一种典型的个人财产的处分行为，它以遗嘱人的个人财产权利为基础，是遗嘱人行使处分权能的直接表现。非处分财产的遗嘱，在继承法上没有独立意义；但处分财产的遗嘱可以附带一些非财产事项或义务。

3. 遗嘱是死因法律行为

此特征包含四层意思：(1)遗嘱的成立与生效在时间上分离。遗嘱虽然在遗嘱人生前必须成立，但在成立的当时并不发生法律效力；只有遗嘱人死亡，遗嘱才能生效，遗嘱的法律效力只能从遗嘱人死亡时开始。简而言之，遗嘱是生前成立，死后生效的法律行为。(2)死亡作为遗嘱的生效条件是一种法定的期限，而非约定或遗嘱人制定的期限，且不以任何人的意志为转移。(3)判断遗嘱是否合乎法律规定的条件，能否生效，一般应在遗嘱人死亡、遗嘱生效时进行。(4)在遗嘱人死亡前，遗嘱继承人或受遗赠人只存在依遗嘱取得财产权利的可能性，属于一种期待权，且遗嘱人得随时变更或撤回遗嘱。只有在遗嘱人死亡时，遗嘱继承人或受遗赠人才能享受既得的现实财产权利，作出接受或拒绝等行使权利的表示。

4. 遗嘱是不得代理的法律行为

遗嘱作为遗嘱人对自己的财产所作出的最终处分，具有严格的人身专属性质，只能由

---

① 孟宁志、曹诗权、麻昌华主编：《婚姻家庭与继承法》，北京大学出版社2006年版，第18页。

遗嘱人独立自主地对遗嘱内容作出意思表示，不允许由他人的意思来辅助或代理。民法上的代理在遗嘱行为中不得适用，凡发生代理遗嘱的归于无效。对此，在理解上要把握四点：(1)任何形式的遗嘱都应当是遗嘱人亲自进行意思表示，代书遗嘱也只能是遗嘱人意思表示的客观记载，而不能反映代书人的意思。(2)遗嘱人不得对他人的财产设立遗嘱，也不得授权他人为自己订立遗嘱。(3)遗嘱内容必须是遗嘱人真实自愿的表示，而不是他人意志的强加。(4)无行为能力人、限制行为能力人不存在遗嘱，不论是法定代理人，还是指定代理人或委托代理人，都没有代理遗嘱的权限。

5. 遗嘱是一种要式法律行为

由于遗嘱不仅决定着遗嘱人的财产的命运，关系到多个不同情况的继承人的利益和家庭、社会生活秩序的稳定，而且在遗嘱成立与生效之间存在或长或短的时间距离，遗嘱人死亡才能发生实际效果，时过境迁，死者的真实意思只能通过遗嘱体现，因此，为确保遗嘱的稳定性、真实性和可靠性，充分尊重遗嘱人的本意，维护当事人的合法权益，世界各国对遗嘱形式均有明确规定，我国继承法也将遗嘱纳入要式法律行为规范中。按法律所指明的操作方式设立的遗嘱，才能得到法律上的确认，产生相应的法律后果。这种法定要式在我国现行继承法上分为普通遗嘱形式和特殊遗嘱形式两类。前者指在通常情况下订立遗嘱的形式，包括自书遗嘱、代书遗嘱、公证遗嘱和录音遗嘱；后者指在紧急情况下订立遗嘱的形式，即口头遗嘱。①

二、遗嘱继承的概念和特征

(一)遗嘱继承的概念

所谓遗嘱继承，是指按照被继承人生前所立的合法有效的遗嘱来确定继承人并继承其遗产的一种继承方式。其基本内涵应从三个角度来把握：

1. 从继承角度看，遗嘱继承是法定继承的对称，被称为“指定继承”

它与法定继承并行而形成两种继承方式，并在同一继承关系中，既直接排斥法定继承，又同时吸纳法定继承。换言之，法定继承是遗嘱继承的潜在基础，而遗嘱继承的效力又优位于法定继承。

2. 从遗嘱角度看，遗嘱继承又是遗赠的对称

它与遗赠并行而构成遗嘱处分的两种方式，是遗嘱的适用和效力表现。在实际运作中，被继承人选择遗嘱处分，或是指向遗嘱继承，或者两者兼而并行。正因为此，学者们在概述遗赠时，避不开遗嘱继承，而在分析遗嘱继承时，不得不详述遗赠。所以尤须注意，切莫将遗赠等同于遗嘱继承。

3. 从意志角度看，遗嘱继承是国家意志和个人意志的双重体现

它不仅是遗嘱人处分财产的意志自由的个人行为，而且是一项由法律加以规范和确认的社会制度。没有个人的意志自由和遗嘱行为，遗嘱继承空有其名；没有国家意志的认可，遗嘱继承则难以保障其法律效力。在遗嘱继承中，这两种意志缺一不可。

---

① 孟宁志、曹诗权、麻昌华主编：《婚姻家庭与继承法》，北京大学出版社 2006 年版，第 28 页。

（二）遗嘱继承的特征

遗嘱继承作为现代各国继承法所普遍确认的一种继承方式，相对于法定继承，具有如下法律特征：

1. 遗嘱继承以被继承人死亡和立有遗嘱为发生根据

凡是两种或两种以上的客观事实的结合引起一个民事法律关系，即为法律事实构成。引起遗嘱继承的法律事实必须有两个：一是事件或自然事实，即被继承人死亡；二是法律行为，即被继承人订立有合法有效的遗嘱。缺少两者中的任何一个，都不能引起遗嘱继承。

2. 遗嘱继承的财产性较强，身份性偏弱

现代继承以财产继承为要旨，继承法在本质上属于身份财产法，具有身份法或财产法的双重特性。在法定继承和遗嘱继承两种继承方式中，身份性和财产性的表现侧重不同。法定继承严格建立在身份关系的基础上，特定身份关系是法定继承赖以运作的出发点。养亲、有扶养关系的继亲、对公婆尽了主要赡养义务的丧偶儿媳、对岳父母尽了主要赡养义务的丧偶女婿，他们之所以能成为法定继承人，就在于他们与死者生前有扶养、赡养关系，并且几乎都是共同生活在一个家庭中的成员。法定继承中的代位继承更是代位人、被代位人、被继承人三方主体间特定身份关系的直接反映。与此不同的是，遗嘱继承没有如此强烈的身份色彩，除了法定继承人从总体范围上构成对遗嘱继承人的基本限定，使遗嘱继承间接受制于法定继承人的身份影响之外，遗嘱继承并不受身份关系的直接牵制；亲属身份关系的具体运行态势不构成为遗嘱继承的前提或决定性依据。在此意义上，我们可以说遗嘱继承就是一种财产处分行为，具有鲜明的财产性，而身份性明显淡弱，也正因为此，遗嘱继承不能发生代位。

3. 遗嘱继承直接体现被继承人的意志

前已述及，遗嘱是遗嘱人预先处分财产的单方法律行为。只要遗嘱人的意思表示真实自愿，即可产生遗嘱继承的法律效力，遗嘱继承自始至终贯彻着意志自由的精神，直接体现着被继承人的意志。与遗嘱继承的这一特点不同，法定继承则是对被继承人意志的一种法律推定。即由于死者没有遗嘱，立法者推定被继承人愿意把自己的遗产给予自己关系最密切的人——所有的法定继承人来共同继承。

4. 遗嘱继承在效力上排斥或优位于法定继承

“遗嘱继承的法律效果，在于它能仅凭被继承人生前个人的意愿，在法律允许的条件下，改变法定继承人的继承顺序，改变法定继承人继承遗产的份额，甚至取消法定继承人继承其遗产的资格。”基于此，在同一被继承人的遗产继承关系中，遗嘱继承在效力上排斥或优先于法定继承。其具体表现有四：一是遗嘱继承优先于法定继承，在继承开始后，有遗嘱的，先要按照遗嘱进行继承；只有在被继承人没有遗嘱或遗嘱无效的情况下才能适用法定继承。二是遗嘱继承在继承人的总体范围上受法定继承的限定，但在继承人的具体人选上具有灵活性。它可以指定法定继承中的一个或数人为继承人，而使同一顺序上的其他人排斥在继承人之外，从而缩小继承人的范围。三是遗嘱继承排斥法定继承人的先后顺序的定位，不仅可以直接使第二顺序的法定继承人成为唯一的继承人，且可以打破法定顺序的限制，用遗嘱重新设置继承人的顺序，指定前位继承人和后位继承人。四是遗嘱继承不受法定继承应继份的影响，可以直接指定继承人的继承份额或遗产分配原则。

三、遗嘱继承的适用

遗嘱继承的适用条件，是指在何种情形下才适用遗嘱继承。根据我国《继承法》的规定，在被继承人死亡后，只有具备以下条件时，才可具体适用遗嘱继承：

（一）被继承人立有遗嘱，并且遗嘱合法有效

被继承人生前设立遗嘱，是遗嘱继承的事实前提；而遗嘱合法有效，能够产生法律效力，则是遗嘱继承的法律判断和效力要求。只有有效的遗嘱才能被执行，从而产生遗嘱继承的实效，无效的遗嘱不能成为遗嘱继承的根据。因此，被继承人未立遗嘱，不能适用遗嘱继承；被继承人所立的遗嘱无效，也同样不能适用遗嘱继承。

（二）遗嘱继承人没有丧失继承权，也未放弃继承权

丧失继承权是法律的强制性规范，既适用于法定继承，也适用于遗嘱继承。它直接决定着法定继承人或遗嘱继承人的实际继承资格。遗嘱继承人因存在法律规定的丧失继承权的法定事由，即应承担丧失继承权的法律后果。虽然遗嘱中指定其为继承人，也会因丧失继承权而导致遗嘱继承不予适用，有关遗产只能纳入法定继承中处理。

与法定继承人一样，遗嘱继承人既有权选择接受继承，也有权选择放弃继承。当遗嘱继承人明确表示放弃继承时，其遗嘱继承权消灭。对于遗嘱继承人放弃继承所指向的遗产，只能按照法定继承处理。但须注意，遗嘱继承人放弃继承必须符合两项要求：一是只能在继承开始后，遗产分割前作出放弃的意思表示，继承开始前的放弃不具有法律效力，遗产分割后的放弃则是其对财产权的处置，属于遗嘱继承已被适用后的法律行为，不是继承权的放弃。二是放弃必须具有明示形式，遗嘱继承人虽有放弃之意图，但未明确表示的，只能视为接受继承。

（三）遗嘱继承人后于遗嘱人死亡的情形

在现实生活中，遗嘱人与遗嘱继承人的死亡顺序及其与遗嘱的关系有四种情况：一是遗嘱人先于遗嘱继承人死亡，遗嘱继承得以正常适用。二是遗嘱继承人在遗嘱人死亡之后，遗产分割前死亡，遗嘱继承按转继承而适用。三是遗嘱继承人先于遗嘱人死亡，而遗嘱未被撤销或变更。对于第四种情况，我国《继承法》第 27 条规定："有下列情形之一的，遗产中的有关部分按照法定继承办理：……（三）遗嘱继承人、受遗赠人先于遗嘱人死亡的……"据此，当发生此类情形时，遗嘱继承已不予适用。换言之，只有遗嘱继承人后于遗嘱人死亡时，才能适用遗嘱继承。

（四）没有遗赠扶养协议

遗赠扶养协议在效力上优位于遗嘱继承。如果有遗赠扶养协议，则应该优先执行遗赠扶养协议，不能按遗嘱来继承。

遗嘱继承的法律意义在于被继承人可以按照自己的意愿，在法律允许的条件下，决定自己遗产的命运，直接指定遗嘱继承人，从而改变法定继承人的继承顺序和继承份额。如果遗嘱人在遗嘱中指明候补继承人，或者用新的遗嘱确定了新的继承人，仍然属于遗嘱继承。在遗嘱继承人先于遗嘱人死亡的情况下，既不能笼统地得出归法定继承人继承的结论，也不能笼统地得出由遗嘱继承人的子女代位继承的结论。正确的做法是应全面地分析被继承人立遗嘱时的有关因素，得出他未来得及表示出来的意愿，然后再对该份遗嘱进行处理。特定条件下，在遗嘱继承制度中，也可以适用代位继承，只有这样做才能真正体现遗嘱人的意愿。

四、遗嘱自由原则

遗嘱是公民按照法律规定的方式处分自己的遗产及其他事务并于其死亡时发生法律效力的一种法律行为。遗嘱是一种单方法律行为，只要有遗嘱人自己的意思表示即可成立。我国《继承法》也确认了遗嘱自由原则，主要体现在《继承法》第三章的有关规定上，具体内容为遗嘱内容的确定自由、遗嘱方式的选择自由以及遗嘱变更、撤销的自由。

根据我国《继承法》的有关规定，我国遗嘱自由的内容包括：

(一)确定遗嘱内容的公民在立遗嘱时，有确定其遗嘱内容的自由

我国规定公民对于遗嘱的受领人、遗嘱内容、遗嘱是否需要执行人等都可以自由决定。不难看出，公民都有权选择通过遗嘱这种单方面的处分行为，自由地处分自己的财产而不受其他任何人的干扰和限制。

(二)选择遗嘱方式的自由

我国《继承法》承认的遗嘱方式有公证遗嘱、自书遗嘱、代书遗嘱、录音遗嘱和口头遗嘱等，立遗嘱人可以根据情况自由选择遗嘱方式。

(三)变更、撤销遗嘱的自由

遗嘱的撤销是指遗嘱人废止原来所立的遗嘱。遗嘱的变更是指遗嘱人对遗嘱的部分内容作出修改。自遗嘱成立后至其发生效力时，其间可能相隔很久，各种情况都有可能发生变化，如果让遗嘱人仍受最初所为意思表示的拘束，未免过于苛刻，有违遗嘱的本质。因此，遗嘱在遗嘱人死亡前，尚未发生效力，为尊重遗嘱人的最终意思，法律允许遗嘱人随时撤回其遗嘱。针对每一种遗嘱方式的撤销也不尽相同。

我国的《继承法》关于遗嘱自由的范围规定虽然很宽，但我国继承法所允许的遗嘱自由也是有限制的。从宏观角度而言，遗嘱自由必须受宪法、婚姻法、继承法等法律的约束，不得与之抵触，并不得违背社会道德准则即不得违背“公序良俗”。然而，具体的限制遗嘱自由的立法只表现为《继承法》第 19 条的规定，即遗嘱应当对缺乏劳动能力又没有生活来源的继承人保留必要的遗产份额。《继承法意见》第 37 条规定：“遗嘱人未保留缺乏劳动能力又没有生活来源的继承人的遗产份额，遗产处理时，应当为该继承人留下必要的遗产，所剩余的部分，才可参照遗嘱确定的分配原则处理。”

第二节　遗嘱的成立

一、遗嘱人必须有遗嘱能力

遗嘱能力是遗嘱人生前依法享有的订立遗嘱、独立自由地处分自己财产的资格。如前文所述，遗嘱是一种处分行为，决定着遗嘱人财产的法律命运或权属关系。遗嘱人作出这

种处分，必须有足够的认识水平，能够意识到其行为的性质，把握行为的后果。而遗嘱人要达到这种意识和认识水平，则必须具备一定的年龄和正常的精神智力状态。由此，民法上以自然人的年龄和智力状态为标准所确认的行为能力即转化为遗嘱能力。这种能力既是遗嘱人的主体资格要件，也是遗嘱的有效条件。缺少这种能力，遗嘱即因主体不适格而归于无效。理解和适用遗嘱能力，要注意把握如下几点：

(1)在民事主体制度中，自然人的行为能力被划分为三种类型，即无行为能力、限制行为能力和完全行为能力，但法律意义上的遗嘱能力却只存在两类，即有遗嘱能力和没有遗嘱能力，而不存在所谓的限制遗嘱能力。

(2)由于遗嘱能力只有两种，于是产生遗嘱能力是否应与行为能力相一致的问题。对此在世界各国立法上形成两种体例：一是规定遗嘱能力与民事行为能力不完全一致，限制民事行为能力人在一定的条件下也可以有遗嘱能力。二是在法律上认定遗嘱能力必须与民事行为能力相一致，不具有完全民事行为能力的人也就不具有遗嘱能力。我国《继承法》第22条第1款规定："无行为能力人或者限制行为能力人所立的遗嘱无效。"这表明我国法律采遗嘱能力与民事行为能力相一致的模式。

(3)生理有残疾的病人，不存在遗嘱能力的障碍。患有聋、哑、盲等疾病的人，仅是一种生理障碍，并不影响其智力和意识能力，在民法上不因此而丧失行为能力。近代民法一般都承认聋、哑、盲人有遗嘱能力，但往往对其设立遗嘱的方式做相应的特别规定。我国现行《继承法》没有专门对此类问题进行规范，在实践中理应把握三点：①仅患聋、哑、盲等生理疾病的成年人，如果没有其他影响其意识能力的情况，应为完全民事行为能力的人，当然具有遗嘱能力，不得剥夺其遗嘱权。②本着保护残疾人合法权益的原则，对生理残疾者订立遗嘱应给予方便性的灵活处理，如公证机关或人民法院可专门开设特殊服务，为这些人设立遗嘱提供便利条件，确保其遗嘱内容的真实性和可靠性。③在遗嘱形式上对这些疾病患者应有相应的限制。即这部分人设立的遗嘱不仅要依法定形式做成，而且应当从设计方式能否真实表达遗嘱人的意思上判别和把握遗嘱的真伪。如聋哑人当然不得设立口头遗嘱或录音遗嘱；聋哑人属于文盲，则不得请不会哑语的人作代书人、见证人制作代书遗嘱。④认定遗嘱能力的时间。由于各种原因，一个成年人的行为能力往往处于动态变化之中，或从无行为能力、限制行为能力变为完全行为能力，或从完全行为能力转为无行为能力、限制行为能力。由此就产生了确定遗嘱人是否具有遗嘱能力，是以遗嘱人设立遗嘱时为准，还是以遗嘱发生效力，即遗嘱人死亡时为准的问题。对此，有的国家如日本民法作了明确规定，有的国家法律则未置明文，但其通行态度都是以遗嘱人订立遗嘱时为依据。我国《继承法》亦持此主张。《继承法意见》第41条更明确指出："遗嘱人立遗嘱时必须有行为能力。无行为能力人所立遗嘱，即使其本人后来有了行为能力，仍属无效遗嘱。遗嘱人立遗嘱时有行为能力，后来丧失了行为能力，不影响遗嘱的效力。"⑤无遗嘱能力之遗嘱的效力。遗嘱能力作为遗嘱的必备有效条件，是判断遗嘱效力的依据。遗嘱人在立遗嘱时没有遗嘱能力，其遗嘱当然无效。如遗嘱人后来具有遗嘱能力，对其无遗嘱能力时所作遗嘱予以追认，其遗嘱也只能从追认时开始认定效力，而不能溯及无遗嘱能力之时。

二、遗嘱的意思表示必须真实

意思表示是指主体向外部表明其意欲发生一定民事法律关系效果之意思的行为，是遗嘱等一切民事法律行为不可缺少的构成要素。在常态下，一个法律行为的意思表示内含三个环节：一是基于一定的动机形成某种效果意思，即行为人的主观期待或愿望；二是行为人有表达这种效果意思或意愿的现实要求，即要表示意思；三是行为人通过表示行为或某种语言媒介将效果意思呈示于外部，使外界能够认知和确信，从而完成意思表示。按此运行机制，遗嘱之意思表示就是遗嘱人将其死后处分财产和安排其他事务的预期愿望借助于法定的遗嘱形式表达出来的行为。

由于意思表示不仅是法律行为的构成要素，而且是一个民事行为能否成为法律行为，从而产生法律效力的实质性有效条件，所以，法律必然要求民事主体的意思表示同行为人的真实意思相吻合，亦即意思表示必须真实。所谓意思表示真实，是指行为人在意志自由、能准确认识到自己的意思表示之法律效果的前提下，内心意图与外部表达相一致的状态。遗嘱之意思表示真实，就是遗嘱人在完全自由并确知遗嘱的法律后果的前提下，其关于预先处分死后财产或安排死后其他事务的主观愿望与遗嘱形式记载和反映的内容相互一致和吻合。换言之，遗嘱人主观期望的即遗嘱所反映的，而遗嘱中所记载的就是遗嘱人自己要求的，两者不存在矛盾和冲突，即为意思表示真实。

认定遗嘱之意思表示真实，应从四个方面把握：(1)遗嘱人立遗嘱时必须处于意志自由状态，没有受到身体上、精神上和情感上的任何外来强制和胁迫。(2)遗嘱人立遗嘱时必须神志清楚，对自己的主观期求和实施的行为及其会产生的后果有独立自主的意识和认知能力，不存在盲目、糊涂、昏乱等智力障碍。(3)遗嘱人立遗嘱时必须神志清楚，对自己的真实意图制作遗嘱，心甘情愿地期待遗嘱后果的发生。(4)遗嘱人在遗嘱中所表达的意思必须是清晰的和可以确定的。只有符合这四个方面的遗嘱才能被认定表里如一，意思表示真实，达到了遗嘱人内心意欲发生法律上效果的意思与其口头、书面或录音遗嘱中的表示内容的相互一致，也只有这样的遗嘱才能被认定有效，使遗嘱人之意思表示产生相应的法律效力。

与意思表示真实相对应，就是遗嘱之意思表示不真实，即遗嘱中记载和反映的意思表示并非遗嘱人的内在真意，表示上的效果意思与遗嘱人内心的效果意思不符。

意思表示不真实的民事行为，不成其为民事法律行为，只能属于无效民事行为。《民事通则》第58条规定，凡以欺诈、胁迫的手段或乘人之危，使行为人在违背真实意思的情况下所为的民事行为，是无效民事行为。《继承法》第22条规定："……受胁迫、欺骗所立的遗嘱无效。伪造的遗嘱无效。遗嘱被篡改的，篡改的内容无效。"由此可见，对于由外在原因即他人的行为所造成的遗嘱之意思表示不真实，应作如下把握：

1. 遗嘱人受胁迫所立的遗嘱无效

民法上的胁迫是指一方当事人以恐吓、威胁、逼迫等手段预示要对另一方当事人或者其亲属的生命、健康、财产的安全或名誉等施加某种现实的或将来的危害，使对方当事人发生恐惧心理，陷入意志不自由状态，从而作出违背自己真实意志的意思表示。受胁迫所立的遗嘱，就是指遗嘱人在他人的胁迫下，基于恐惧担忧等迫不得已的心理而设立违背自己真实意志的遗嘱。其基本构成要件有三：一是必须确实存在遗嘱人之外的人实施了恐吓、威胁等胁迫行为；二是遗嘱人作出了遗嘱意思表示；三是遗嘱人的意思表示在被胁迫的恐惧心理下非自愿地作出。亦即他人的胁迫行为与遗嘱人的意思表示存在因果关系，没有胁迫就不会发生该遗嘱。虽有胁迫行为，但遗嘱人的意思表示与胁迫无关，而是遗嘱人真实自愿的意思表示，则不能认定为受胁迫所立遗嘱。

2. 遗嘱人受欺骗所立的遗嘱无效

在民法上，一方当事人故意告知对方虚假情况，或者故意隐瞒真实情况，诱使对方当事人作出错误意思表示的，可以认定为欺骗或欺诈行为。受欺骗所立的遗嘱，是指遗嘱人因受他人故意歪曲或隐瞒的虚假言词或者行为的错误导向而产生错误的认识，作出了与自己的真实意愿不相符合的遗嘱意思表示。其构成要件有四：一是须有他人的欺骗行为，包括隐瞒真实情况、捏造虚假事实、歪曲事实真相等。二是他人的欺骗行为只能是故意的。因为他人非故意提供了不正确的情况而导致遗嘱人作出遗嘱意思的，不成其为欺骗，只能构成错误。三是遗嘱人因受欺骗而陷入错误认识或判断，即欺骗对遗嘱人产生了直接的、现实的误导作用。四是遗嘱人基于错误判断而为遗嘱之意思表示。概言之，受欺骗所立遗嘱内含两个因果关系，一是欺骗行为与错误判断之间有因果关系，二是错误判断与意思表示之间有因果关系。缺少任何一个环节，即不能认定为受欺骗之遗嘱。

3. 伪造的遗嘱无效

伪造的遗嘱，亦即假遗嘱，是指并非遗嘱人亲自行为，而是由他人假借遗嘱人的名义所立的根本不能代表遗嘱人之意思表示的遗嘱。这种遗嘱，不论伪造者是谁或基于什么动机，也不论遗嘱的内容和效果如何，因其根本就不是遗嘱人本人的意思表示，所以一律认定无效。如果是继承人伪造遗嘱情节严重的，依《继承法》第 7 条的规定，不仅伪造的遗嘱无效，而且该继承人还要承担丧失继承权的法律后果。

4. 被篡改的遗嘱内容无效

被篡改的遗嘱，是指遗嘱人所立遗嘱的内容被他人做了修改、删减或补充，从而与遗嘱人原本之意思表示不完全一致的遗嘱。篡改只能是遗嘱人以外的人对真正遗嘱人的遗嘱的变更，而非遗嘱人自己的变更，篡改的结果是使遗嘱的部分内容变动，如对遗嘱的全部内容予以更改，则不是篡改遗嘱，而是伪造遗嘱。被篡改的遗嘱，遗嘱的内容已经不是遗嘱人的意思表示，而是篡改人的意思，所以法律规定，遗嘱被篡改的，篡改的内容无效；但遗嘱并不能因篡改而全部无效，遗嘱中未被篡改的内容仍然是遗嘱人的真实意思表示，应该认定有效。根据《继承法》第 7 条的规定，继承人篡改遗嘱情节严重的，依法丧失继承权。

5. 乘人之危所立的遗嘱应属无效

乘人之危的民事行为是指利用行为人处于危难之际的某种迫切需要，使其接受某种明显的不公平的条件，作出违背自己真实的意思表示。这种行为多发生于双方民事行为中，在遗嘱中亦有可能存在。即遗嘱人以外的人利用遗嘱人的某种现实危难或紧迫需要，变相施加压力使遗嘱人不得不违背自己的真实意愿而作出遗嘱之意思表示。依《民法通则》的规定，乘人之危的民事行为应属无效，但《继承法》对乘人之危的遗嘱未作规定，法学界也没有对此加以阐释。我们认为，本着遗嘱应为遗嘱人真实意思表示的法律精神，对乘人之危的遗嘱，可依《民法通则》第58条的规定，直接认定为无效。

上述五种无效遗嘱只是外在原因即他人的行为所导致的遗嘱意思表示不真实的效力认定。而对于因遗嘱人主观原因所发生的意思表示不真实，如何解决，在我国法律上没有明确的态度，这是现行《继承法》的一大疏漏。我们认为，由于遗嘱成立时间与生效时间不一致，遗嘱生效时遗嘱人已经死亡，其本人对表意不真实的遗嘱已无法给予补救或提出撤销。因此，在遗嘱生效时，如有确凿证据证明遗嘱是遗嘱人在真意保留或重大误解下所进行的非真实意思表示，则应依法认定该遗嘱无效。

三、遗嘱的内容必须合法

遗嘱内容是遗嘱人在遗嘱中表达出来并希望于其死后得到执行和实现的具体事项，是遗嘱得以被法律确认和保护并最终产生法律效力，转变为具有法律拘束力的民事权利义务关系的实体所在。遗嘱内容涉及财产处分、遗嘱继承人或受遗赠人及其他相关民事主体的权利义务等多个方面，并与家庭乃至社会生活秩序和公共利益紧密联系，因此，遗嘱是否有效，必须对遗嘱内容进行严格审定和把握；只有内容合法的遗嘱，才具备有效条件，才能得到法律的确认和保护。反之，遗嘱将因内容违法而归于无效。遗嘱内容合法，是一个内涵极为丰富的概称。如具体把握，至少应包括以下几方面：

(一)遗嘱的内容必须能够确定，并有实现的可能

遗嘱的内容必须能够确定或者通过解释确定，而且遗嘱内容在客观上具有实现的可能性。只有内容可以实现的遗嘱，才能成立并生效。如果遗嘱内容根本不可能实现，则该遗嘱毫无意义，法律也没有必要赋予其效力。但须注意，遗嘱内容有无实现可能，要根据实际具体情况的变化来把握，只有内容自始不能、全部不能和永久不能的为不可能实现，则属于遗嘱不生效而并非遗嘱无效；如遗嘱中的内容部分能实现、部分不可能实现，则有可能实现的部分仍应认定有效；如遗嘱成立时其内容没有可能，但在遗嘱生效时已发展为现实可能，则不应影响遗嘱的效力。

(二)遗嘱内容不得违反国家法律的强制性规定

公民之所以能以遗嘱形式预先处分死后的财产和安排其他事务，使他人承受遗嘱的法律后果，是因为法律赋予公民的遗嘱自由权利，并通过法律强制力保障遗嘱得到实现。但遗嘱人行使这一权利，须以严格遵守法律规定为前提，遗嘱内容不得违反国家法律的强制性规范。这里所说的法律不仅仅指《继承法》，而是指现行法律体系中的所有法律、法规。如果遗嘱内容直接与法律、法规的禁止性规定相抵触，或者指示他人从事违法犯罪活动，或者遗嘱中所附条件或负担存在违法情节，该遗嘱均应被认定为内容违法而归于无效。

(三)遗嘱内容只能处分遗嘱人的个人合法财产

预先处分财产是遗嘱的主要内容，遗嘱内容的关键也在于遗嘱人处分财产是否合法，其核心要求就是遗嘱人只能处分个人合法财产。这一要求的法律意义具体包括两点：(1)遗嘱人所处分的财产必须是其个人生前享有处分权的财产，即遗嘱人依法享有所有权的财产，以及自己的物权、债权、知识产权、股权、继承权等，而不是国家、集体或其他公民所有的财产。(2)遗嘱预先处分的财产既可以是遗嘱成立时已经取得或所有的财产，也可以是遗嘱人确信将来可能取得的财产。如果遗嘱成立时所有的财产后来因为一定法律事实

而丧失所有权，或遗嘱人在遗嘱中确信将来可能取得的财产后来未能如愿取得，则并不影响遗嘱的效力，只能导致该部分内容的无效。但遗嘱人明知根本不可能实现取得的财产仍以遗嘱处分之，则应构成虚假遗嘱，也是内容从一开始就不可能实现的遗嘱，只能认定为无效。凡遗嘱内容是处分属于国家、集体和他人的财产，或遗嘱人违法犯罪行为所得财产，则应认定内容违法而无效。(3)遗嘱内容不得违反社会公序良俗。公序良俗乃公共秩序与善良风俗的合称，是现代民法的一项重要法律概念和法律原则，具有维护国家社会一般利益及一般道德观念的重要功能，被称为现代民法至高无上的基本原则。遗嘱的内容表面上是一种财产处分，在深层次则直接影响着社会经济秩序、生活秩序、婚姻家庭关系和男女平等、人口生育、养老育幼等社会公共利益，以及家庭稳定、亲属身份关系。在保护遗嘱自由的同时，应充分肯定公序良俗原则的适用，要求遗嘱内容不得违背公共秩序和善良风俗，否则，遗嘱归于无效。(4)遗嘱应当对缺乏劳动能力又没有生活来源的继承人保留必要的遗产份额。

四、遗嘱的形式必须符合法律规定

遗嘱是要式法律行为。遗嘱人设立遗嘱，必须遵行《继承法》规定的形式，这是从形式上保证遗嘱出于遗嘱人的真实的意思表示，从而认定遗嘱有效的基本手段，具有证明遗嘱真实合法的直接的程序效果。我国《继承法》第 17 条规定的 5 种形式中，前 4 种是供遗嘱人选择的一般形式，第 5 种则只能在特殊情况下采用。遗嘱人必须在此法定范围内选择遗嘱形式。否则，即使遗嘱具备了实质要件，也可能因形式上的瑕疵而归于无效。但须注意，遗嘱是否符合法定的形式，应以遗嘱设立时法律规定的标准为准。《继承法意见》第 35 条指出："继承法实施前订立的，形式上稍有欠缺的遗嘱，如内容合法，又有充分证据证明确为遗嘱人真实意思表示的，可以认定遗嘱有效。"这里所指的形式上稍有欠缺，是指与遗嘱中规定的形式要求对应有一定缺失，但符合遗嘱设立当时的有关规定。据此，在《继承法》实施后所设立的遗嘱如在形式上有欠缺，则应认定无效。

第三节　遗嘱的效力

一、遗嘱的生效

遗嘱的生效，是指遗嘱完全按照遗嘱人的愿望或预设后果产生法律效力，亦即遗嘱人的意思表示转化为现实的法律关系，形成为实际的遗嘱法律秩序。遗嘱的生效既是遗嘱人追求目标的达到，又是法律确认的保护遗嘱的效力归宿，直接反映了遗嘱由主观向客观的转变，构成一个有效的遗嘱在常态下运作的必要环节。

遗嘱的生效不能由遗嘱人在遗嘱成立时就能准确地预知和绝对把握，遗嘱人只能按法律的操作要求将自己的意思表达出来，完成遗嘱的有效成立，但其意思能否最终得到实现得听凭客观事实的发展。当然，遗嘱人可以通过变更或撤回遗嘱的行为阻却遗嘱的生效，但这属于遗嘱动态运作的另一个法律问题，而非遗嘱生效之所指。

综合分析遗嘱从成立走向生效的各种情况，可以看出遗嘱生效必须具备如下条件：

(1)遗嘱人死亡时遗嘱生效的基本法律事实。任何形式的遗嘱，不论其存续时间的长短，在遗嘱人生存时，均不产生法律效力，只有遗嘱人死亡，遗嘱才开始生效。遗嘱人死亡既是引起遗嘱生效的必不可少的法律事实，也是决定遗嘱正式生效的起点。

(2)遗嘱的有效，是遗嘱生效的先决前提。只有有效的遗嘱才有可能生效，如果遗嘱不具备有效条件，就不可能在遗嘱人死后实际发生法律效力。

(3)遗嘱的生效，必须是遗嘱内容在法律上和事实上均具有实现的条件。

二、遗嘱的不生效

遗嘱的不生效，是指符合法律规定的有效条件的遗嘱，因客观上的原因而导致遗嘱不产生法律效力，不能实现遗嘱人预期的法律效果。根据我国《继承法》的规定和遗嘱运行中可能遇到的各种情况，遗嘱不生效通常有下列几种表现：

(1)在遗嘱人死亡、继承关系开始时，作为遗嘱的客体的财产已经不存在或者权利主体变更，已不属于遗产。

(2)遗嘱所指定的继承人、受遗赠人先于遗嘱人死亡或被宣告死亡。

(3)遗嘱继承人、受遗赠人在遗嘱成立后，由于某种不法行为或不道德行为而构成法定丧失继承权、受遗赠权，则依法不能享受遗嘱所给予的权利，从而导致遗嘱不生效。

(4)附有解除条件的遗嘱，如果在遗嘱人死亡之前条件已经成就，遗嘱的法律效力归于消灭，遗嘱人死亡时遗嘱不再生效。

(5)附有延缓条件的遗嘱，一方面遗嘱继承人、受遗赠人在条件成就以前已经死亡，条件成就丧失法律意义，则遗嘱不生效；另一方面，在遗嘱成立后，所附条件因客观情况的变化已没有成就的可能，遗嘱亦不能生效。

(6)附义务或负担的遗嘱，遗嘱继承人、受遗赠人不愿接受负担、履行义务的，遗嘱不生效。

(7)遗嘱中没有给缺乏劳动能力又无生活来源的继承人保留必要的遗产份额，或者未给胎儿的应继份予以留存的，则遗嘱不生效或部分不生效。

(8)遗嘱已被遗嘱人生前撤销。

由上述可知，遗嘱不生效是有效遗嘱的一种结果。它与无效遗嘱一样，意味着不能按照遗嘱的内容发生效力。但不能因此将遗嘱无效与遗嘱不生效混为一谈。要注意两者实质上的区别：

(1)无效遗嘱是根本不具备法定有效条件的遗嘱，包括遗嘱人设立遗嘱时没有遗嘱能力，遗嘱人在受胁迫、欺骗下所为非真实意思表示的遗嘱，伪造或篡改的遗嘱，内容或形式不合法的遗嘱，等等；而不生效遗嘱则是已具备有效条件的遗嘱。如果遗嘱本身无效则根本不存在生效与否的问题。

(2)无效遗嘱，除了篡改的遗嘱以外，都应当自始至终无效；而不生效遗嘱，并不否定遗嘱设立时的效力，只是认定在遗嘱人死亡时其效力不能如愿实现。

(3)无效遗嘱之原因事实，在遗嘱设立时业已发生或存在；而不生效遗嘱之原因事实，发生或存在于遗嘱设立之后。

(4)无效遗嘱之发生多出于主观上原因，即基于遗嘱人、遗嘱继承人、受遗赠人或其他利害关系人的不当行为或非法行为所造成，是遗嘱之不合法的法律后果；而不生效遗嘱多出于客观上原因，是遗嘱在法律上或事实上遇到客观障碍而阻止其效力继续运行的反映。

(5)对于无效遗嘱，遗嘱人自己可施以补救，消除无效原因；而不生效遗嘱在遗嘱人死亡后才能确定，遗嘱人不可能进行补正。

第四节 遗嘱的变更、撤销和执行

一、遗嘱的变更和撤销的概念

根据遗嘱自由的原则精神，自然人不仅可以自由地订立遗嘱，预先处分自己死后的财产，而且可以依法随时随意变更或撤销已设立的遗嘱，从而更充分完整地适时表现自己的遗嘱意思。我国《继承法》第 20 条第 1 款规定：“遗嘱人可以撤销、变更自己所立的遗嘱。”这是法律对遗嘱人撤销、变更遗嘱的权利的确认，但遗嘱人如何行使这一权利，需要从理论上和实践上加以正确掌握。

遗嘱的变更，是指遗嘱人在遗嘱设立后对遗嘱内容的部分修改或变动，即遗嘱人依法改变其原来所立遗嘱的部分内容，并赋予修改后的遗嘱将因遗嘱人死亡而发生法律效力的单方法律行为。

遗嘱的撤销，又称遗嘱的撤回，是指遗嘱人在设立遗嘱后又取消原来所立的遗嘱，即遗嘱人将自己原来所立遗嘱的全部内容予以废弃，使之不发生法律效力的单方法律行为。“我国《继承法》第20条所说的‘撤销’，实质上应为撤回。所谓撤回，是指在法律行为发生效力之前，由表意人单方面收回其意思表示，使其不发生法律效力。”①史尚宽先生指出：“兹所谓撤销系在遗嘱发生效力以前，防止其效力发生，实质上是撤回。此点与契约要约之撤回、悬赏广告之撤销相似，然仍有不同，盖遗嘱人得随时行使此撤销权，不受期间上之限制，而在要约受有拘束，悬赏广告则须于行为完成之前为之。在德国民法此时称为遗嘱之废止或撤回以与撤销区别。奥地利民法、瑞士民法亦称撤回，韩国民法称为撤回，法国民法则称为撤销。”②无论是遗嘱的变更，还是遗嘱的撤销，都必须是遗嘱人对依法成立而具备有效条件的遗嘱所为，即以有效遗嘱的存在为前提。

遗嘱撤销或变更的效力主要表现在使原遗嘱的内容不能产生实际效果，即遗嘱人死亡时，已被变更或撤销的遗嘱内容不得生效。遗嘱变更的，应以变更后的遗嘱内容为遗嘱人的真实意思表示，按变更后的遗嘱来确定遗嘱的有效或无效，依变更后的遗嘱执行。原遗嘱被撤销而未设立新的遗嘱的，则认定遗嘱人没有遗嘱，按法定继承处理。

二、遗嘱变更与撤销的要件

遗嘱的变更或撤销只有符合以下条件，才能发生效力，否则遗嘱的变更或者撤销不生

① 张玉敏著：《继承法律制度研究》，法律出版社 2016 年版，第 290 页。

② 史尚宽著：《继承法论》，中国政法大学出版社 2002 年版，第 431 页。

效力：

（一）遗嘱人须有遗嘱能力

遗嘱人于变更或者撤销遗嘱时必须有遗嘱能力。遗嘱人在设立遗嘱后丧失行为能力的，于丧失行为能力后对遗嘱的变更、撤销不发生效力，原遗嘱仍有效。

（二）遗嘱的变更、撤销须为遗嘱人的真实意思表示

因受胁迫、欺骗而变更、撤销遗嘱的，不发生变更、撤销的效力。

（三）遗嘱的变更、撤销须依法定方式由遗嘱人亲自为之

遗嘱的变更、撤销也不适用代理，只能由遗嘱人亲自实施。遗嘱的变更、撤销可以采用明示方式和推定方式。

遗嘱变更、撤销的明示方式，是指遗嘱人以明确的意思表示变更、撤销遗嘱。遗嘱人变更、撤销遗嘱的形式，须具备遗嘱的法定形式，并且现行法规定"自书、代书、录音、口头遗嘱，不得撤销、变更公正遗嘱"。公正遗嘱的变更、撤销须采用公证的方式为之。

遗嘱变更、撤销的推定方式，是指遗嘱人未以明确的意思表示变更、撤销遗嘱。而是法律规定从遗嘱人的行为推定其变更、撤销遗嘱的意思。推定遗嘱变更、撤销的，具有以下情形：

（1）遗嘱人立有数份遗嘱，且内容相抵触的，推定变更、撤销遗嘱。我国《继承法》第20条第2款规定："立有数份遗嘱，内容相抵触的，以最后的遗嘱为准。"

（2）遗嘱人生前的行为与遗嘱内容相抵触的，推定遗嘱变更、撤销。《继承法意见》第39条规定："遗嘱人生前的行为与遗嘱的意思表示相反，而使遗嘱处分的财产在继承开始前灭失，部分灭失或所有权转移、部分转移的，遗嘱视为被撤销或部分被撤销。"

（3）遗嘱人故意销毁遗嘱的，推定遗嘱人撤销原遗嘱。

三、遗嘱的执行

（一）遗嘱的执行概念

遗嘱的执行，是指于遗嘱生效后，遗嘱执行人实现遗嘱的内容。遗嘱执行不仅是实现遗嘱人遗愿的必要程序，而且对于保护继承人与利害关系人的利益也有重要意义。

遗嘱的执行也是一种民事行为，执行人应有民事行为能力。无民事行为能力人、限制民事行为能力人不具备成为遗嘱执行人的资格。

遗嘱人在遗嘱中指定了遗嘱执行人的，由被指定的遗嘱执行人执行遗嘱。遗嘱中没有指定遗嘱执行人或者被指定的执行人不能执行遗嘱的，应由有能力的继承人为遗嘱执行人；继承人也不能执行遗嘱的，由遗嘱人生前所在单位或者继承开始地点的居民委员会、村民委员会作为遗嘱执行人。

（二）遗嘱执行人的性质或地位

关于遗嘱执行人的性质或地位，有固有权说和代理权说。固有权说认为，遗嘱执行人执行遗嘱是基于自己固有的权利。该说又有机关说，即认为遗嘱执行人为被继承人在法律上所承认的利益的机关；限制物权说，即认为遗嘱执行人为遗嘱人的限制包括继承人或者受托人，于遗产上享有限制的物权；任务说，即认为遗嘱执行人如同破产管理人一样基于其他任务有法律上的独立地位。代理权说分为被继承人代理说、继承人代理说及遗产代理说。被继承人代理说认为遗嘱执行人为遗嘱人的代理人或代表人；继承人代理说认为遗嘱执行人为继承人的代理人，是代继承人实施行为的；遗产代理说认为遗嘱执行人为遗产的代理人。从遗嘱执行人承担的任务上说，其既不是遗嘱人的代理人，也不是继承人的代理人。遗嘱执行人既要忠实地实现遗嘱人的遗愿，也要保护继承人和其他遗嘱受益人的合法权益。因此，遗嘱执行人应全面地、真实地执行遗嘱。继承开始后，遗嘱执行人应首先审查遗嘱是否合法真实，明确遗嘱人的真实意思；其后应当清理和管理遗产；最后应当按照《继承法》的规定和遗嘱的内容处置遗产。①

遗嘱执行人执行遗嘱的权利受法律保护，任何人不得非法干涉或妨碍。遗嘱执行人的费用可以从遗产中扣除。遗嘱执行人因过错而给继承人或者受遗赠人造成损害的，应负赔偿责任。遗嘱执行人不能忠实履行职责的，有关人员可以请求法院撤换遗嘱执行人。

【思考题】

1. 甲有一子一女，两人请了保姆乙照顾甲。甲为感谢乙，自书遗嘱，表示其三间房屋由两个子女平分，所有现金都赠与乙。后甲又立下书面遗嘱将其全部现金分给两个子女。不久甲去世。下列哪些选项是错误的？（2007 年国家司法考试真题）

A. 甲的前一遗嘱无效

B. 甲的后一遗嘱无效

C. 所有现金应归甲的两个子女所有

D. 所有现金应归乙所有

2. 甲立下一份公证遗嘱，将大部分财产留给儿子乙，少部分的存款留给女儿丙。后乙因盗窃而被判刑，甲伤心至极，在病榻上当着众亲友的面将遗嘱烧毁，不久去世。乙出狱后要求按照遗嘱的内容继承遗产。对此，下列哪一选项是正确的？（2008 年国家司法考试真题）

A. 乙有权依据遗嘱的内容继承遗产

B. 乙只能依据法定继承的规定继承遗产

C. 乙无权继承任何遗产

D. 可以分给乙适当的遗产

3. 甲有乙、丙和丁三个女儿。甲于 2013 年 1 月 1 日亲笔书写一份遗嘱，写明其全部遗产由乙继承，并签名和注明年月日。同年 3 月 2 日，甲又请张律师代书一份遗嘱，写明其全部遗产由丁继承，在场的赵医生和李护士见证。甲病好转后出院休养，未立新遗嘱。如甲死亡，下列哪一选项是甲遗产的继承权人？（2014 年国家司法考试真题）

A. 乙　　B. 丙　　C. 丁　　D. 乙、丙、丁

---

① 魏振瀛主编：《民法》，北京大学出版社 2010 年版，第 601 页。

第十三章　遗赠和遗赠扶养协议

【本章学习重点提示】遗赠扶养协议的效力。

第一节　遗　　赠

一、遗赠的概念和特征

遗赠，是指自然人以遗赠的方式将其个人财产赠与国家、集体或者法定继承人以外的人，而于其死亡后发生效力的民事行为。立遗嘱的自然人称为遗赠人，遗嘱中指定受赠与的人为受遗赠人，指定赠与的财产为遗赠财产或遗赠物。

遗赠自罗马法上就有规定，现代各国继承法也均承认这一制度。我国《继承法》第 16 条第 3 款规定："公民可以立遗嘱将个人财产赠给国家、集体或者法定继承人以外的人。"依我国法规定，遗赠具有以下法律特征：

第一，遗赠是一种单方民事行为。

遗赠是遗赠人设立遗嘱，在遗嘱中指定将某财产赠与他人，因遗嘱是一种单方民事行为，遗赠自然也为单方民事行为，只要有遗赠人一方的意思表示即可成立。因此，遗赠的成立不以相对方的同意为前提，遗赠人在遗嘱生效前可随时改变自己赠与的意思。这是遗赠与赠与的区别之一，赠与是一种双方民事行为，赠与人于赠与成立后不得随意改变其赠与的意思表示。

第二，遗赠是于遗赠人死亡后发生效力的死后行为。

遗赠虽是遗赠人生前作出的意思表示，但于遗赠人死亡后才能发生效力。只有在遗赠人死亡后，受遗赠人才可行使受遗赠的权利。遗赠虽于遗赠人死亡后生效，但其不同于死因赠与，死因赠与是以赠与人死亡为停止条件的附条件的双方民事行为。

第三，受遗赠人是法定继承人以外的人。

遗赠人可以将其财产赠与国家、集体，也可以赠与法定继承人以外的人，而不能赠与法定继承人范围内的人。立遗嘱人在遗嘱中指定将某一财产给予某一法定继承人的（不论该继承人为第一顺序还是为第二顺序的法定继承人），属于遗嘱继承问题，而不属于遗赠。

第四，遗赠时无偿给予受遗赠人财产利益的行为。

遗赠人给予受遗赠人的财产只能是积极财产（财产权利），而不能是消极财产（财产义务)。① 遗赠是无偿给予他人财产的无偿行为。遗赠的无偿性是遗赠与遗赠扶养协议的重要区别。当然，遗赠有单纯遗赠和附负担遗赠之分。附负担遗赠是遗赠人就遗赠附加某种义务或条件的遗赠，但遗赠中所附的负担不是受遗赠人接受遗赠的对价。

在附负担的遗赠中，受遗赠人于遗赠生效后应当履行所附的负担。《继承法意见》第43条规定："附义务的遗嘱继承或遗赠，如义务能够履行，而继承人、受遗赠人无正当理由不履行，经受益人或其他继承人请求，人民法院可以取消他接受附义务那部分遗产的权利，由提出请求的继承人或受益人负责按遗嘱人的意愿履行义务，接受遗产。"

第五，遗赠是只能由受遗赠人接受的行为。

遗赠是以特定的受遗赠人为受益人的，受遗赠人的受遗赠权只能由受遗赠人自己享有，而不得转让。若受遗赠人于遗赠生效时已死亡，或者受遗赠人未作出接受遗赠的意思表示就死亡的，则不能发生遗赠的效力。受遗赠人虽须为接受遗赠时的生存之人，但于遗赠人死亡时已受孕的胎儿可作为受遗赠人。

二、遗赠与遗嘱继承的区别

遗赠与遗嘱继承，都是被继承人以遗赠处分个人财产的方式，都须具备遗嘱的有效条件才能生效。这是两者的基本相同点。但依我国《继承法》的规定，遗赠与遗嘱继承有以下主要区别：

第一，受遗赠人与遗嘱继承人的主体范围不同。受遗赠人可以是法定继承人以外的任何自然人，也可以是国家或者集体，但不能是法定继承人范围以内的人；遗嘱继承人只能是法定继承人范围之内的人，而不能是法定继承人以外的人，也不能是国家或集体。

第二，受遗赠权和遗嘱继承权的客体范围不同。受遗赠权的客体只能是遗产中的财产权利，而不能是财产义务；遗嘱继承权的客体是遗产，既包括财产权利也包括财产义务。因此，受遗赠人与遗嘱继承人承担的义务也就不同。受遗赠人不承受遗产中的债务，而遗嘱继承人不仅享有取得遗产的权利，也负有承担被继承人债务的义务。

第三，受遗赠权与遗嘱继承权的行使方式不同。受遗赠人接受遗赠的，须于法定期间内作出接受的明示的意思表示。我国《继承法》第25条第2款规定："受遗赠人应当在知道受遗赠后两个月内，作出接受或者放弃受遗赠的表示。到期没有表示的，视为放弃受遗赠。"遗嘱继承人接受继承的，无须作出明示的意思表示。自继承开始后遗产分割前，遗嘱继承人未表示放弃继承的，视为接受继承。

第四，受遗赠人与遗嘱继承人取得遗产的方式不同。受遗赠人不能直接参与遗产的分配，而是从遗嘱执行人处取得受遗赠的财产；而遗嘱继承人可直接参与遗产分配而取得遗产。

第五，在遗赠中，遗赠人不能于指定受遗赠人后再指定；而在遗嘱继承中，遗嘱人可以于遗嘱中指定候补继承人。例如，遗嘱人在遗嘱中指定某项财产由甲继承，同时又指定

① 有的国家规定的遗赠包括概括遗赠，概括遗赠是指遗赠人将其全部财产权利义务一并遗赠给受遗赠人，概括遗赠的受遗赠人具有继承人的地位。但我国法上的遗赠仅为特定遗赠，不包括概括遗赠。特定遗赠的遗赠人是将特定的积极财产遗赠给受遗赠人，而不能将财产义务一并遗赠。

若甲不能继承，则由乙继承，乙即为候补继承人或者称补充继承人。也有学者认为，遗赠中可以再指定受遗赠人。①

第二节　遗赠扶养协议

一、遗赠扶养协议概述

遗赠扶养协议，是指自然人（遗赠人、受扶养人）与扶养人之间关于扶养人扶养受扶养人，受扶养人将财产遗赠给扶养人的扶养协议。我国《继承法》第31条规定："公民可以与扶养人签订遗赠扶养协议。按照协议，扶养人承担该公民生老死葬的义务，享有受遗赠的权利。公民可以与集体所有制组织签订遗赠扶养协议。按照协议，集体所有制组织承担该公民生老死葬的义务，享有受遗赠的权利。"

遗赠扶养协议具有以下法律特征：

第一，遗赠扶养协议是双方的民事行为。

遗赠扶养协议是扶养人与受扶养人之间的双方的民事行为，须由双方的意思表示一致才能成立。遗赠扶养协议既是双方民事行为，其订立就应依合同的订立程序，双方之间为一种合同关系。

第二，遗赠扶养协议是诺成性、要式民事行为。

遗赠扶养协议自双方意思表示一致即成立，不以标的物的给付为成立生效要件，故为诺成性行为。但遗赠扶养协议须采书面形式，为要式行为。

第三，遗赠扶养协议是双务、有偿行为。

按照遗赠扶养协议，当事人双方都负有相互对待给付的义务，任何一方享受权利都是以履行相应的义务为代价的，任何一方都不能无偿地取得他方的财产。

第四，遗赠扶养协议内容的实现有阶段性。

扶养人的义务自遗赠扶养协议生效时起即生效，亦即从协议生效时起扶养人就应履行扶养受扶养人的义务，而关于遗赠的内容只能于受扶养人死后实现。

第五，遗赠扶养协议不因受扶养人的死亡而终止。

遗赠扶养协议也是自然人生前对其死后遗赠财产的一种处置方式，不因受扶养人的死亡而终止，却因受扶养人死亡使遗赠部分的内容生效。

第六，遗赠扶养协议中的扶养人须无法定扶养义务。

遗赠扶养协议的受扶养人只能是自然人；扶养人可以是自然人，也可以是集体所有制组织，但不能是对受扶养人有法定扶养义务的法定继承人。

二、遗赠扶养协议的效力

遗赠扶养协议一经签订即发生效力。遗赠扶养协议的效力可分为对当事人双方的内部效力和对其他人的外部效力。

---

① 魏振瀛主编：《民法》，北京大学出版社2010年版，第602页。

（一）遗赠扶养协议的内部效力

遗赠扶养协议是一种双务合同关系，当事人双方都享有权利和负担义务，且双方的权利义务具有对应性。

1. 扶养人的义务

扶养人的义务就是在受扶养人生前扶养受扶养人，在受扶养人死后安葬受扶养人。扶养人不认真履行扶养义务的，受扶养人有权请求解除遗赠扶养协议。受扶养人未解除协议的，对不尽扶养义务或者以非法手段谋夺遗赠人财产的扶养人，经遗赠人的亲属或有关单位的请求人民法院可以剥夺扶养人的受遗赠权；对不认真履行扶养义务，致使受扶养人经常处于生活缺乏照料状况的扶养人，人民法院也可以酌情对扶养人受遗赠的财产数额予以限制。

2. 受扶养人的义务

受扶养人的义务是将其财产遗赠给扶养人。受扶养人对在遗赠扶养协议中指定遗赠给扶养人的财产，在其生前可以占有、使用、收益，但不得处分。受扶养人擅自处分财产，致使扶养人无法实现受遗赠权利的，扶养人有权解除遗赠扶养协议，并得要求受扶养人补偿其已经付出的供养费用。

（二）遗赠扶养协议的外部效力

遗赠扶养协议的对外效力，表现为遗赠扶养协议是遗产处理的依据，在遗产处理时排斥遗嘱继承和法定继承。我国《继承法》第5条规定："继承开始后，按照法定继承办理；有遗嘱的，按照遗嘱继承或者遗赠办理；有遗赠扶养协议的，按照协议办理。"集体组织对"五保户"施行"五保"时，双方有扶养协议的，按协议处理；没有扶养协议，死者有遗嘱继承人或者法定继承人要求继承的，按遗嘱继承或者法定继承处理，但集体组织有权要求扣回"五保"费用。①

【思考题】

甲与乙签订协议，约定甲将其房屋赠与乙，乙承担甲生养死葬的义务。后乙拒绝抚养甲，并将房屋擅自用作经营活动，甲遂诉至法院要求乙返还房屋。下列哪一选项是正确的？（2007年国家司法考试真题）

A. 该协议是附条件的赠与合同

B. 该协议在甲死亡后发生法律效力

C. 法院应判决乙向甲返还房屋

D. 法院应判决乙取得房屋所有权

---

① 魏振瀛主编：《民法》，北京大学出版社2010年版，第604页。

第十四章　遗产的处理

【本章学习重点提示】遗产的放弃和接受；遗产的分割；被继承人债务的清偿。

第一节　遗产的接受和放弃

一、遗产的接受

遗产就是被继承人生前所合法拥有的，死亡后能够转移给他人的全部合法财产的总和。当民事主体死亡时，其权利能力终止，其所有的财产也就成为遗产，成为继承、遗赠等财产继受取得方式的对象。

我国继承法并没有明确遗产的法律地位，但通常认为，在被继承人死亡时继承即行开始，但从继承开始到遗产分割之前往往会存在一个时间差，在此时间差内，所有的继承人对遗产共同共有，只有在遗产开始被分割之后，各继承人才对遗产享有独立的所有权。① 当然，如果只存在着一个继承人或者其他继承人放弃继承权或继承权被剥夺的，在继承开始后到遗产处理之前，遗产都只归该继承人所有。

继承是取得遗产的主要方式，它包括法定继承和遗嘱继承。不管是法定继承还是遗嘱继承，继承人无论选择接受或者放弃都取决于继承人的意思自由和利益选择，这是由于继承权只涉及继承人自己的利益，不会牵涉第三人的利益，其所体现的是民法意思自治的原则。继承的接受是指继承开始之后，继承人接受被继承人的遗产并作出相应的意思表示。继承人是否接受被继承人的遗产所反映的都是各继承人的意思表示，接受继承是一种单方的法律行为，只要继承人本人或其代理人作出接受继承的意思表示，就能够发生法律上的效力，不需要其他任何人作出相对应的意思表示。

二、遗产的放弃

遗产的放弃是指继承人在继承开始后的特定时间内，表示其放弃继承，不愿意接受被继承人遗产的意思表示。遗产的放弃同样是单方法律行为，只需根据继承人的意思表示就可以产生放弃继承的法律效果，无须其他相应的意思表示或者条件即可以成立。

遗产的接受和放弃与继承权的接受和放弃并不相同，不能将两者混为一谈。第一，对于是否接受遗产而言，其权利的客体是财产；而对于继承权的是否接受，所涉及的权利客

① 陈苇、宋豫主编：《中国大陆与港、澳、台继承法比较研究》，群众出版社 2007 年版，第 194 页。

体则是继承权。第二，继承人放弃继承权意味着继承人放弃参与和继承相关的法律关系，而继承人放弃遗产则意味着继承人放弃了针对遗产的权利。第三，继承人不放弃继承权就视为接受继承，但是继承权的接受并不需要以对继承权的放弃为前提；因而遗产的接受是以对遗产的放弃为前提的，只有先接受遗产才能谈及对遗产的放弃。这是因为权利和财产是不同的，对于财产所有人所享有的权利而言，必须要先拥有该财产，才可能存在对该财产放弃的情况；但犹如选举权无须以权利的拥有为放弃对该权利的行使一般，继承权这样的法定权利的放弃行使同样无须以接受过该权利为前提条件。第四，继承人放弃继承权的表示应当在继承开始之后，遗产处理前作出；而放弃遗产则应当在对遗产进行处理分割时作出。第五，继承人放弃继承权的效力将溯及继承开始之时；而继承权对遗产的放弃则没有溯及力，法律效力停留于放弃遗产的意思表示发生时。

三、遗产的接受或放弃的具体要求

(一)接受遗产的方式

我国《继承法》第 25 条规定："继承开始后，继承人放弃继承的，应当在遗产处理前，作出放弃继承的表示。没有表示的，视为接受继承。受遗赠人应当在知道受遗赠后两个月内，作出接受或者放弃受遗赠的表示。到期没有表示的，视为放弃受遗赠。"可以看出，我国立法对继承的接受、放弃以及对受遗赠的接受、放弃规定了不同的方式和期间。对于继承的接受有以下两种方式：一是明示方式，二是默示方式。明示方式指的是继承人用书面或口头方式作出接受继承的意思表示，即用书面语言或口头语言主动地将接受遗产继承的内心想法外化表示出来；默示方式指的是继承人虽然没有公开、明确地表示接受继承的意思，即从继承人的行为外观上无法判断出其是否有接受遗产继承的意思想法，但法律对继承人这样的消极行为推定为其愿意接受继承人的遗产，只要继承人没有作出放弃继承的明示的意思表示，都视为继承人愿意接受继承。关于默示接受继承的规定可以说是法律对遗产继承人的保护，使其不会由于其怠于作出明示接受继承的行为或不清楚法律有关于明示接受继承的必要，而错失了本该得到的遗产，这也能更好地尊重被继承人的意愿并充分实现法定继承的效力。

同时，接受继承的意思表示不能附加任何条件，附条件的接受继承的意思表示应视为拒绝接受继承。这是因为，接受继承的意思表示必须及于遗产的全部，即继承人不能只接受遗产中的财产性权利，而不接受遗产中的财产性义务，如若接受继承必须全面接受财产性的正负利益，否则继承人接受继承的意思表示即无效。

(二)接受遗产的期限

遗产的接受应该在财产分割处理时作出，另外关于继承权的接受而言，根据《继承法》第 25 条对遗产放弃的时间期限规定来看，接受遗产的意思表示必须在继承开始之后、遗产分割之前以明示或默示的方式作出。在此之前，继承尚未开始，继承人只对遗产的继承享有期待权，继承人对这种期待利益的接受并不发生法律效力。如果某继承人在被继承人死亡之前曾向其他法定继承人作出过放弃继承的意思表示，但在继承人死亡之后，也即真正开始遗产分割时，却未再以明示或默示的意思表示方式重申过放弃继承的意思，应当视该继承人愿意接受被继承人的遗产。在遗产分割之后，继承人该得的遗产份额已成为继承人自己所有的财产，因而也无须再作出任何接受与否的意思表示。

（三）放弃遗产的方式

《继承法意见》第47条规定："继承人放弃继承应当以书面形式向其他继承人表示。用口头方式表示放弃继承，本人承认，或有其他充分证据证明的，也应当认定其有效。"因而，继承人放弃继承遗产的内心意思，只有通过明示表示的方式来外化表达出来才具有法律效力，具体包括书面和口头这两种表达形式。同时，根据该条司法解释可以看出，书面形式的放弃继承的意思表达在证明力上强于简单的口头表达，口头方式的放弃继承的意思表达想要获得相应的法律效果，还需要诸如继承人本人承认等证据作为补充佐证。另外，《继承法意见》第48条规定："在诉讼中，继承人向人民法院以口头方式表示放弃继承的，要制作笔录，由放弃继承的人签名。"也可以看出，法律对于赋予口头方式放弃遗嘱继承以相应的法律效力十分慎重。这是由于，言辞证据具有不稳定性、难以取证性以及不直观等固有特点，故而其证明力要弱于书面证据。同时，法律一向主张当事人对于民事权利的行使要清晰明了，才能更好地维护个人权利，因而对于合同、放弃继承等易于引发一系列权利义务关系的民事行为而言，法律都引导当事人在事前选择表达更为准确、存在更为稳定的书面表达方式，并对某些特定条款进行了示例性规范，以指导当事人如何尽可能地消除后患。

同时，《继承法意见》第8条规定："法定代理人一般不能代理被代理人放弃继承权、受遗赠权。明显损害被代理人利益的，应认定其代理行为无效。"这也是意思自治的体现，具有行为能力的个人应该自行决定是否接受遗产并自行作出完整的意思表示；对于限制行为能力人或无行为能力人，法定代理人不能代替被代理人作出放弃继承的意思表示，一般都应代替代理人作出接受遗产的意思表示，并管理好被代理人所分割得到的财产；如若作出放弃继承的意思表示，也应该是完全从被代理人本人的利益出发所作出的，否则视该放弃继承的意思表示为无效的代理行为，被代理人仍然具有继承权利，可以获得该得的遗产份额。另外，如果继承人放弃继承权，致使其不能履行法定义务的，则继承人放弃继承权的行为无效。这样的规定是为了保护继承人的债权人，而对继承人自由处分其继承权所作出的限制，以免继承人任意处分其继承权而损害到继承人的债权人权利。

有学者认为在实践中，继承人放弃遗产主要有以下三种方式：第一，继承人表示接受遗产，但并不参加遗产分配。在这种情况下，其法律后果就是继承人将自己的遗产份额分给了其他继承人。第二，继承人表示接受遗产，并且将自己的继承份额转移给指定的继承人或继承人之外的其他人，其法律后果就是继承人将自己的遗产份额赠与指定的继承人或继承人以外的人。第三，继承人表示接受继承，并且在继承遗产之后再放弃遗产，其法律后果就是该遗产成为无主物，归国家所有。①

（四）放弃遗产的期限

遗产的放弃也应该在遗产处理分割之时作出，而对于继承权的放弃而言，根据《继承法》第25条规定的"继承开始后，继承人放弃继承的，应当在遗产处理前，作出放弃继承的表示。没有表示的，视为接受继承"来看，继承的放弃与接受相同，都应该在继承开始

---

① 参见陈苇主编：《婚姻家庭继承法学》，群众出版社2005年版，第347~348页。

后、遗产分割前作出，只有在这段时间内作出的针对遗产继承的意思表示才真正具有法律效力。继承开始之前，由于继承权的实现条件还未满足，所有继承人只对继承财产享有期待权，继承人对这种期待利益的放弃并不发生效力。继承开始前作出放弃继承遗产的意思表示，但在继承开始后又作出接受继承遗产的意思表示或者默示着不作出任何表示，那么在这两种情况下，继承人都视为表示接受遗产继承。《继承法意见》第 49 条规定："遗产分割后表示放弃的不再是继承权，而是所有权。"也就是说，只有在遗产分割前作出放弃继承的明示的意思表示才具有相应的法律效力，若在遗产分割之后，被继承人遗留下的财产已成为各继承人私人所有的财产，此时既无放弃继承的可能，也无放弃继承的必要。

四、遗产的接受或放弃之效力

（一）接受遗产的效力

由于接受继承属于单方民事法律行为，继承人的意思表示一经作出即发生法律效力，原则上不得撤销该意思表示。接受继承的效力溯及继承开始之时，继承人接受遗产的，有保管遗产的权利和义务，并有权要求分割遗产，在遗产分割以后，取得继承人所应继承财产份额的所有权。

（二）放弃继承的效力

放弃继承同样属于单方民事法律行为，继承人的意思表示一经作出即发生法律效力，并且该意思表示具有追溯力，追溯到继承开始之时。同时，原则上不得撤销放弃继承的意思表示，但《继承法意见》第 50 条规定："遗产处理前或在诉讼进行中，继承人对放弃继承翻悔的，由人民法院根据其提出的具体理由，决定是否承认。遗产处理后，继承人对放弃继承翻悔的，不予承认。"因而在例外情况下，仍然可以主张其之前放弃继承的主张是因欺诈、胁迫、重大误解等而作出的放弃继承的表示，若法院认可了继承人撤回其放弃继承的主张的话，之前放弃继承的行为即行无效，继承人仍然可以参与遗产的分配。但继承人撤回放弃继承的意思表示也必须在遗产分割前或遗产诉讼进行中进行，否则木已成舟，即使存在欺诈而放弃继承等情形已不可再请求追回，这体现了民事行为责任自负的原则。

第二节　遗产的分割

一、遗产分割概述

遗产的分割是指在继承开始后，将处于共有状态的遗产按照各继承人所应获得的遗产份额在共同继承人之间进行分配的法律行为，从而使遗产实际转归各继承人所有的法律行为。被继承人死亡后，若继承人仅有一人，则遗产全部归其所有，不发生遗产分割的问题；只有在继承人有两人以上的情况下，才存在遗产的分割问题。在遗产存在需要分割的情况下，当遗产被分割之前，遗产由共同继承人共同共有，各共同继承人对遗产整体都尚且处于享有潜在的、不确定的期待利益的状态中，此时包括遗产的管理者在内的每一个人都不能擅自处分组成遗产的各项具体的财产。但是遗产的共有状态只是暂时的，遗产一经分割即结束了遗产的共有状态，各共同继承人即实际取得了自己的遗产份额，遗产上的权利义务即归属于各个继承人来自行享有和承担。

关于遗产分割，主要存在以下两种不同的立法例：(1)遗产先归诸遗产管理人。依据此种继承方式，继承开始时，遗产并不直接移转与继承人，而必须先选任遗产管理人，并将遗产委托该管理人。管理人制作遗产目录，清算遗产债务之后，才将所受领的遗产按应继份额分配给继承人。这种立法方式以英国为代表。(2)遗产直接归属于继承人。依据此种继承方式，继承开始后遗产直接归属于继承人，但必须等遗产分割以后各共同继承人才能按其应继份额取得相应财产的所有权。采取此种立法方式的有德国、日本等。

当然，遗产共同共有和普通共同共有在财产的分割上有所不同：(1)二者的依据和分割目的不同。遗产共有的分割依据是共同继承，分割目的是遗产归各继承人单独所有；普通共有的依据为共有关系，分割目的则是共有关系的终结。(2)二者的分割效力不同。遗产的分割效力可溯及继承开始之时，也即从继承开始时就视为财产已专属于继承人所有；普通共有的财产分割从分割时起即发生财产的归属相互转移的效力。

(一)遗产分割的原则

1. 尊重被继承人意愿原则

《继承法》第16条规定："公民可以依照本法规定立遗嘱处分个人财产，并可以指定遗嘱执行人。公民可以立遗嘱将个人财产指定由法定继承人的一人或者数人继承。公民可以立遗嘱将个人财产赠给国家、集体或者法定继承人以外的人。"这同样是民法意思自治原则的体现，被继承人对于其生前合法拥有的财产，自然有权利依法按照自己的意愿安排各项财产在成为遗产后如何分配，这是财产所有权中处分权的体现，因而在遗产分割时自然要遵照死者有效的遗嘱来分配各项遗产。同时如果遗嘱中规定有分割遗产的方法，或者在遗嘱中委托他人为遗嘱执行人的，只要是遗嘱人真实有效的意思表示即应予以尊重和遵从。

2. 遗产分割自由原则

遗产分割自由原则是指共同继承人可以随时行使遗产分割请求权，其他任何继承人不得拒绝分割遗产，否则请求分割遗产的继承人可以通过诉讼程序请求分割遗产。很多国家都规定了此原则，法律作出这样的规定是因为遗产共有只是一种暂时性的状态，它以遗产分割为终局目的和结果，而不追求共有状态的持续性和长久性，所以随时请求分割遗产是其必然要求。遗产分割请求权在性质上属于形成权，继承人可以随时行使，不因时效而消灭。为了更好地满足继承人生产生活的需要，应允许继承人可以随时请求分割遗产。

3. 均等原则和适当照顾原则

《继承法》第13条第1款规定："同一顺序继承人继承遗产的份额，一般应当均等。"此法律规定意味着对于同一顺序的继承人，一般情况下应该份额均等地平分被继承人的遗产，这是因为处于同一继承顺序中的各继承人与被继承人的亲疏关系大致相同，在被继承人没有拟定遗嘱，各继承人也没有其他相关协定的情况下，法律为了简便操作也为了公平起见就规定同一顺序的继承人所应分得的财产份额应该大致相同。既然遗产份额都可以放弃，那么在继承人自愿的情况下当然也可以经协商同意后不均等地分配遗产。

另外，《继承法》第13条还对需要适当照顾，相对其他同一顺序继承人而言应多分得遗产份额的特殊继承人予以规定，主要包括以下几类：(1)对生活有特殊困难的缺乏劳动能力的继承人；(2)对被继承人尽了主要扶养义务或者与被继承人共同生活的继承人。其中对于前一类继承人，法律规定应该予以照顾；对于后一类则为可以予以照顾。这是因为前一类继承人比后一类继承人更加迫切地需要分得的遗产来支持其生活，故而法律从以人为本出发，对此也作出了不同的规定。

另外，对于继承人以外的依靠被继承人扶养的缺乏劳动能力又没有生活来源的人，或者继承人以外的对被继承人扶养较多的人，法律规定也可以分给他们适当的遗产。这种酌情适当分得遗产的权利是受法律保护的，若该请求权受到侵害，则相关的权利主体可以依法维护自己的合法权利。

4. 保留胎儿的继承份额原则

在分割遗产时，如果被继承人的胎儿尚未出生，应该保留胎儿的继承份额。如德国、瑞士等国甚至为了保护胎儿的利益，规定在胎儿出生前不得分割遗产，我国继承法未做此类规定。我国《继承法》第 28 条规定："遗产分割时，应当保留胎儿的继承份额。胎儿出生时是死体的，保留的份额按照法定继承办理。"有关《继承法意见》也对此法条做了进一步细致的规定，总结起来，在遗产分割时应注意以下几点：(1)无论是在法定继承时还是遗嘱继承的情况下，在分割遗产时，继承人都应当为胎儿保留其将能继承的遗产份额，该遗产份额则按照法定遗产时被继承人子女所应得到的遗产份额来计算。(2)如果在分割遗产时，没有保留胎儿的应继承的份额，则应当从其他继承人所继承的遗产中扣回。在多胞胎的情况下，如果只保留了一份预留份额，也应从其他继承人所继承的遗产中扣回其他胎儿的继承份额。(3)为胎儿所保留的继承份额，如果胎儿出生为活体时，该份额由婴儿母亲或其他法定代理人代为保管；胎儿出生后又死亡的，则为胎儿所保留的遗产份额成为婴儿的遗产，由该婴儿的法定继承人依法继承；如果胎儿在出生之前即已经死亡的，则为胎儿所保留的遗产份额仍属于原本被继承人的遗产，由被继承人的继承人重新分割。

5. 互谅互让、协商分割原则

《继承法》第 15 条规定："继承人应当本着互谅互让、和睦团结的精神，协商处理继承问题。遗产分割的时间、办法和份额，由继承人协商确定。协商不成的，可以由人民调解委员会调解或者向人民法院提起诉讼。"这一倡导性的条款要求继承人在分割遗产时要相互关心、相互照顾，对遗产的分割时间、分割办法、分割份额等各继承人都应该互相商量，在协商一致后再作出处理，这也是和谐社会建设所提倡的和谐友爱的社会风气。

6. 物尽其用原则

在遗产分割时，应依照物尽其用的分割原则，作出有利于生产生活的遗产分割，注意充分发挥遗产的实际效用。我国《继承法》第 29 条规定："遗产分割应当有利于生产和生活需要，不损害遗产的效用。不宜分割的遗产，可以采取折价、适当补偿或者共有等方法处理。"尤其对于类似房屋、汽车、车床机械等这样一些如若强行分割将丧失使用价值的实物而言，应依据有利于发挥其使用效益和继承人的实际情况来处理其归属问题；而对于某些特定职业所需要的财产，比如私人牙科医生的医疗设备等，则应该兼顾各继承人的实际需要和利益进行处理。

（二）遗产分割的自由和限制

遗产分割的自由是遗产分割自由原则的体现，是指一般情况下在继承开始后，共同继承人有权随时请求分割遗产，当其中一个继承人请求分割时其他继承人有协同分割的义务。也就是说，每个共同继承人都享有遗产分割请求权，可以随时请求分割遗产。遗产分割请求权的性质是形成权，因而在共同继承人中只要有人请求分割遗产，其他继承人便负有协同分割的义务，从而开始分割遗产。

关于遗产分割前是否需要先清除遗产债务的问题，不同的国家和地区的具体规定有所不同。如德国、瑞士规定遗产分割前须清除债务；而法国、日本和我国台湾地区则规定无须以债务的清偿作为遗产分割的前提。主要来说，关于遗产分割的限制主要包括以下几方面：(1)非经遗产债务清偿，不得分割遗产；(2)遗嘱禁止在一定时间内分割的，不得分割遗产；(3)继承人协议在一定期间内不得分割的，不得分割遗产；(4)胎儿利益保护与遗产分割自由；(5)遗产分割的暂缓。但是，我国现行继承法没有规定对遗产分割自由原则的限制，这不能不说是一个漏洞。

（三）遗产分割的时间

我国《继承法》只规定了继承开始的时间为被继承人死亡时，但却未规定遗产分割的开始时间，实际上遗产分割的时间可以是继承开始后的任何时间，只要各继承人达成一致就可以，是相对自由的一个时间点或时间段。可以看出，遗产分割的时间和继承开始的时间有本质区别。具体来说，主要体现在以下几方面：(1)遗产分割的时间是通过继承人之间约定所具体确定的，它可以是继承开始后的任何时间；而继承开始的时间则是法定的，它只能是被继承人死亡的时间，不受继承人或其他任何人的人为改动。(2)遗产分割的时间可能是一个时间点，也可能是一个时间段；而继承开始的时间则只会是一个具体的时间点。(3)在遗产分割的时间内，继承人能实际取得所继承遗产的所有权并可以随意处分这些财产；而继承开始之后，继承人只能取得遗产继承的期待利益，继承人可以行使继承权，但对遗产尚且未取得所有权，也不能随意处分。

（四）遗产分割的依据和方法

遗产分割应以各继承人的应继份额为标准，但继承人对遗产所享有的具体权利义务以及分割时的具体安排，都涉及遗产分割的依据和方法。

1. 遗产分割的依据

遗产分割的依据是确定遗产分割方法的重要前提，如果被继承人留有遗嘱，并在遗嘱中指定了分割的方法就应该按照遗嘱指定的方法分割遗产；如果遗嘱中没有指定遗产分割的方法或被继承人没有留下遗嘱，那么可由继承人协议决定分割遗产的具体方法；如果继承人协商不成的，可以通过诉讼的形式，由人民法院决定遗产的分割方法。

在依被继承人的遗嘱分割的情况中，被继承人所指定的遗产的分割方法必须以遗嘱的形式作出，并不得违反法律关于胎儿特留份的规定。所指定的分割方法可以针对部分继承人的应继份额，也可以针对全部继承人的应继份额。

在依共同继承人的协议分割的情况中，分割遗产的协议是各共同继承人之间就遗产分割所订立的合同，因此必须经过全体继承人的同意方可生效。继承人中有无行为能力或限制行为能力的人，其法定代理人可以代为作出意思表示，但不得侵害该行为能力欠缺人的利益。

各共同继承人不能以协议决定分割方法时，可以提出诉讼请求法院予以分割。共同继承人向法院提起诉讼请求的，属于必要共同诉讼，须以其他共同继承人为共同被告。

2. 遗产分割的方法

遗产分割的方法是指继承人取得遗产应继份额的方法，是继承人取得应继份额的具体途径。遗产分割的方法主要包括以下几种：(1)实物分割。适用实物分割方法的遗产应是可分物；对于不可分物，依据物尽其用原则一般不能以实物分割的方法进行分割。(2)变价分割，是指如果某项遗产不宜进行实物分割，或者继承人都不愿取得该项遗产时，可以将该项遗产变卖换取价金后，各继承人按自己的应继份额对价金进行分割。(3)补偿分割，是指对于那些不适宜进行实物分割的遗产，如果继承人中有人愿意取得该遗产，则由该继承人获得该遗产的所有权，并将超出其应继份额的价金分别补偿给其他继承人。(4)保留共有。在遗产不适宜进行实物分割时，继承人又都想要取得该项遗产所有权或者继承人为了某种目的愿意保持该项遗产的共有状态的，可以采用遗产保留共有的分割方式。此时，继承人之间不再是原来的遗产共有关系，而是普通的财产按份共有的关系，继承人之间按应继份额对该项财产按比例享有所有权。

二、遗产分割的效力

遗产分割的效力是指遗产的分割在法律上产生什么样的法律后果。共同共有的遗产分割后，各共同继承人就其分别分割所得的财产享有单独的所有权，并在遗产分割后继承人之间所产生的相应权利义务关系。总的来说，遗产分割的效力主要包括遗产分割的溯及力，共同继承人之间的瑕疵担保责任以及连带债务的免除等内容。

(一)遗产分割的溯及力

遗产分割的溯及力指的是遗产分割的效力究竟自何时开始，是否能溯及继承开始时的一系列法律规定。对此各国有不同的立法例，主要存在以下两种不同的立法例：(1)宣告主义认为，因遗产分割而分配给继承人的财产，视为继承开始时就已归属于各继承人单独所有，遗产分割不过是宣告已有的状态而已。故而，遗产分割的效力具有溯及力，溯及至继承开始之时。此种立法例以法国、日本等国为代表。(2)移转主义认为，遗产分割为一种交换，各继承人在分割之后相互让与对方应有的部分，因而取得了自己所应分配得到的那部分财产的所有权。这种立法例认为遗产分割具有转移或创设所有权的效力，但并不具有溯及力。此种立法例以德国、瑞士等国为代表。

我国现行继承法相关法律法规对于遗产分割的效力没有作出明文规定，学者中有不同的看法。一种观点认为应采取移转主义，认为遗产一经分割，共有物转归各个继承人支配，各继承人的共有权也成为个人的共有权。① 另一种观点认为应该采纳宣告主义，遗产分割的效力具有溯及力。但应该作出诸如溯及力仅限于对现物的分割，各继承人相互负有担保责任等限制，以保护债权人的利益。② 总的来说，我国学者中持宣告主义观点的居

① 李静堂、李成文著：《继承法的理论与实践》，武汉大学出版社 2000 年版，第 161 页。

② 马俊驹、余延满著：《民法原论》(下册)，法律出版社 2005 年版，第 977 页。

多，其理由在于：(1)有利于简化取得遗产所有权的手续。在采取宣告主义时，因为继承人是直接继承到被继承人的财产，故而继承人可以无须进行登记就直接取得不动产，无须对债务人通知就直接成为债权所有人。(2)有利于保护善意的继承人。在采取宣告主义时，继承人将继承被继承人遗产的瑕疵，不能适用善意取得原则，故而更有利于保护善意继承人。

(二)遗产分割瑕疵担保责任

遗产分割瑕疵担保责任是指共同继承人之间，对分得的遗产瑕疵的一种相互担保的责任。依转移主义，继承人之间是在分割之后才相互让与对方应有部分的，故而共同继承人间当然应该负相互担保责任；依宣告主义，由于继承人是从被继承人那里直接取得遗产的，所有继承人之间相互不承担担保责任。为了保证遗产分割的公平公正，采取宣告主义的国家也对遗产分割的溯及力进行了限制，规定共同继承人之间需要相互承担担保责任。

遗产的瑕疵担保责任应该包括继承人分得实物的瑕疵担保责任和分得债权的瑕疵担保责任两类。前一类担保责任包括对物和权利的瑕疵担保，对标的物的担保是指担保标的物的价值、效用、品质无瑕疵；对权利的担保是指保证标的物不会被第三人主张任何权利。后一类担保责任是指在继承人分得债权时，其他继承人有担保债权实现的责任。继承人的瑕疵担保责任与出卖人的瑕疵担保责任相同，但在实施过程中有所差异，继承人的瑕疵担保责任的实现可以采用重新分割遗产或请求补偿的方式，但出卖人的担保责任一般而言只有补偿一种方式。

继承人之间就遗产债务对外承担的是连带责任，但继承人之间则只承担按份责任，即按照所得遗产的比例来承担责任。当然，继承人之间还可以在自行各自承担的瑕疵担保责任的范围内，约定加重、限制或免除担保责任的情况。同时，被继承人为排除瑕疵担保责任，必须以遗嘱形式表达这样的意思表示，而且不得违反特留份的相关规定；否则该意思表示无效或者由特留份权利人行使扣减权。①

(三)对被继承人债务的连带责任

由于共同继承人对遗产的债务负有连带责任，故而被继承人的债权人有权向共同继承人全体或共同继承人中的一个或数个请求在其所接受的遗产价值范围内，清偿全部遗产债务，任何继承人不得拒绝。即使在遗产分割后，各共同继承人仍然要对被继承人的债权人负连带责任。但如果债权人同意免除共同继承人的连带责任的，法律也应尊重当事人的选择，承认其效力。

第三节 被继承人债务的清偿

一、被继承人债务的确定

被继承人的债务是指被继承人生前所欠下的，死亡时遗留的应由被继承人清偿的财产性义务。关于被继承人债务的范围，各国继承法的规定有所不同。法国、瑞士、日

① 陈琪炎、黄宗乐、郭振恭著：《民法继承新论》，台湾三民书局2009年版，第201页。

本等国的民法典规定被继承人的债务仅限于被继承人生前所欠的债务；捷克等国的民法典规定，被继承人的债务除了其生前所欠债务以外，还包括因被继承人而产生的丧葬费用；德国、匈牙利等国的民法典规定被继承人的债务包括其生前所负债务，以及丧葬费和因继承纠纷所引起的诉讼费用等。根据我国《继承法》的规定，被继承人的债务主要包括以下几类：

(一)用于被继承人个人消费的债务

这部分债务是与家庭共同生活无关的债务，以个人名义完全用于其个人消费所欠下的，既非赡老抚幼所负的债务又非为偿还家庭共同债务所负的债务。

(二)依法应由被继承人承担的债务

这部分债务主要指：(1)被继承人依照税收法的规定应当缴纳的税款；(2)被继承人因侵权行为而承担的损害赔偿的债务；(3)被继承人因不当得利而承担的返还不当得利的债务；(4)被继承人因无因管理而承担的需要补偿给管理人的必要费用的债务；(5)共同债务中属于被继承人应承担的债务，如合伙债务等。其中税收债务涉及国家利益，具有强制性、无偿性和固定性的特征，应优先清偿；其他债务属于普通债务，涉及债权人利益和经济秩序，也应由继承人按继承份额偿付相应债务；同时，由于劳务债务一般都具有较强的人身属性，故而一般可折算为普通债务来进行偿付。

应该注意的是，被继承人的个人债务与家庭共同债务不同。家庭共同债务是因维持家庭成员的共同生活所负的债务，即使是以个人名义欠下的也不应完全视为被继承人个人的遗产，而应该由家庭共同财产偿还，最终只将应由被继承人负担的那部分家庭共同债务纳入被继承人的个人债务范围内。另外，依据我国道德习俗，继承人中的扶养义务人为被继承人殉葬是其应尽的义务，因而丧葬费用应属于继承人的个人债务，由继承人以个人财产偿还。

二、清偿被继承人债务的原则

(一)有限清偿原则

该原则是指继承人所承担的清偿被继承人生前所欠的税款和债务的义务，仅以其继承遗产的实际价值为限。《继承法》第33条第1款规定：“继承遗产应当清偿被继承人依法应当缴纳的税款和债务，缴纳税款和清偿债务以他的遗产实际价值为限。超过遗产实际价值部分，继承人自愿偿还的不在此限。”因而，超过遗产实际价值的部分，继承人不负清偿的义务；当然，如果继承人自愿承担偿还义务，法律也并不禁止，但是，继承人不得以自己不知道只应承担有限清偿义务为由而要求债权人返还超过遗产实际价值的那部分。

(二)以接受继承为前提的原则

《继承法》第33条第2款规定：“继承人放弃继承的，对被继承人依法应当缴纳的税款和债务可以不负偿还责任。”因而只有在接受继承时，继承人才依法承担被继承人的债务，这是权利义务相一致的具体表现。如果继承人放弃继承，则自然也无须负担清偿被继承人债务的义务。

（三）保留特定继承人遗产份额的原则

《继承法意见》第 61 条规定："继承人中有缺乏劳动能力又没有生活来源的人，即使遗产不足清偿债务，也应为其保留适当遗产，然后再按继承法第 33 条和民事诉讼法第 180 条的规定清偿债务。"这一法条体现出养老育幼的道德习俗，在清偿被继承人债务时，即使遗产的实际价值不足以清偿债务，也应当为需要特殊照顾的缺乏劳动能力又没有生活来源的继承人保留适当的遗产份额，以满足其基本生活需要。

（四）清偿债务优先于执行遗赠的原则

我国《继承法》第 34 条规定："执行遗赠不得妨碍清偿遗赠人依法应当缴纳的税款和债务。"因而，在执行遗赠和被继承人债务清偿的顺序上，债务的清偿应优先于遗赠的执行，如果在清偿完全部的债务后，如果没有遗产可供执行遗赠的话，则不进行遗赠执行。法律做这样的规定，主要是为了保障国家和债权人的利益不受侵犯，以免公民利用遗赠的形式来转移财产。但是，这一原则只适用于遗嘱中的遗赠执行，而不适用于遗赠扶养协议中的遗赠。

（五）法定继承人先行清偿

在遗产已经被分割至各继承人所有而未清偿债务时，如果有法定继承人和遗嘱继承人以及受遗赠人的，首先应由法定继承人用其所得遗产来清偿债务；不足清偿时再由遗嘱继承人和受遗赠人按比例用所得遗产偿还；如果只有遗嘱继承和受遗赠的，由遗嘱继承人和受遗赠人按比例用所得遗产偿还。也就是，在偿还被继承人债务时，法定继承人先行于遗嘱继承人和受遗赠人进行偿付，同一顺序的继承人则按所得遗产的比例进行偿付，承担相应的清偿债务的原则。

三、清偿被继承人债务的方法

在共同继承中，关于清偿被继承人债务的方法，主要存在以下两种立法例：(1) 先偿付被继承人的债务后再分割其遗产，这种立法例以德国为代表；(2) 先分割遗产后，再在继承人之间按照继承人各自所得遗产的比例分担遗产债务，这种立法例以法国为代表。

我国《继承法》未明文规定清偿被继承人债务的方法，司法实践中的一般做法主要有以下几种：

(1) 继承开始后，共同继承人在遗产分割之前，应首先用被继承人遗留下来的财产来清偿被继承人的遗产债务，最后所剩余的财产才能作为实际存在的遗产按照遗嘱或法定继承来进行分割。这又可以称为总体清偿法、一次性清偿法，债权人的债权得以完整地实现。

(2) 在继承开始以后，共同继承人先根据遗嘱或法定顺序来对遗产进行分割，然后按照各自所继承到的份额比例，按比例来对被继承人的债务进行偿付，并以遗产实际价值为限对债权人承担连带清偿责任。这又可以称为个体清偿、个人清偿法，继承人间相互承担连带责任可以防止各继承人相互推诿清偿责任，但债权人的债权的实现则是分散的。

这两种对被继承人遗留债务的清偿方法是两种基本的方式，具体在实践中适用哪种清偿法则应视债的种类而定。如果债的标的物是特定物时，采用整体清偿的方法较为简便；如果债的标的物是种类物或用其他财物也可以偿付的话，也可以选择采用个体清偿法。这两种清偿方法在针对某一被继承人的债务时，既可以单独使用也可以联合使用。但对下列性质特殊的债务而言，可以用其他特别的清偿方法来解决：

(1)对附条件、附期限的债务的清偿，虽然法律未予以明文规定，但在司法实践中当事人可以协商解决此类债务，协商不成的可以由有关部门调解或诉请人民法院加以解决。为防止债权人的利益受到损害，对附条件、附期限的债务，即使条件尚未成就、期限未届满，法院也认为应视此类债务为应当偿付的债务，并为这项债务的清偿保留与其他债务价值相等的遗产份额，这对保护债权人的利益具有积极意义。

(2)变卖遗产才可偿付的债务，是指在遗产中现金不足以清偿金钱债务时，可以将遗产中的物品通过估价或变卖的方式来清偿债务。在通常情况下，债的标的物是物的，应以物清偿；债的标的物是现金的，则应以现金清偿。在对遗产中的物品继承估价或变卖时，应本着公平原则进行，不得借机损害任何一方的利益；同时应允许债权人或其他利害关系人到现场监督，或者由无利害关系的人到场作证，从而保证估价和变卖公平合法，避免纠纷。

四、清偿被继承人债务的顺序

债务清偿的顺序是指依据债权的性质所确定的偿还被继承人债务的先后顺序。当债权人仅为一人，或者债权人虽为数人但被继承人的遗产足够清偿全部债务时，清偿债务的顺序并不重要；但在债权人为数人，被继承人的遗产不足以清偿全部债务时，债务清偿的顺序才显得尤为重要。只有明确的遗产债务清偿顺序才能防止债权人的利益受到损害，并使债务的清偿更为公平合理。另外，对被继承人债务的清偿，通常应在对被继承人生前的全部债务完全确认，并确无遗漏时方可进行。对需要进行公告的债务的清偿，一般要在公告期限届满，并对债权人报明的债权的真实性确认无误后才能对被继承人的债权进行清偿。

按照我国相关的法律规定，在遗产不足以清偿债务时，一般应按下列顺序进行清偿：

(1)在遗产上享有担保物权的债权，其中担保物权包括抵押权和留置权。对于被继承人享有抵押权或留置权的债权人，在抵押物价值的限额范围内，可以比其他债权人享有优先受偿权。但对于债权价值超过抵押物或留置物价值的部分，应列入普通债权范围内，不再享有优先受偿权。

(2)为保全和分配遗产而发生的债权。主要是指为避免遗产减少、毁损等所应支付的费用，如遗产的保管、保养等所支出的费用，这是为全体债权人的利益而发生的支付，故应优先拨付，以保障债权人的利益。

(3)工资和生活费等债权。这是指应当由被继承人支付的工资和抚养费、赡养费等费用，但被继承人生前没有支付，故而应从其遗产中优先拨付，来保障其他公民或受扶养人的基本生活需要。

(4)其他普通债权，即为上述债权以外的普通债权，遗产在清偿前述三项债权后如果还有剩余，可以用于清偿其他普通债权。如果支付完前三项债权后，所剩余的遗产不足以支付所有的普通债权，应当对所有普通债权按比例偿付，以保证普通债权人能够普通受偿。

第四节 无人承受遗产和“五保户”遗产的处理

一、无人承受遗产的处理

(一)无人承受遗产的概念和成因

无人继承的遗产也就是无人继承又无人接收遗赠的遗产，民间俗称为“绝产”。它是指死亡公民既没有法定继承人，也没有遗嘱继承人或者遗赠受领人的；或者在继承开始后的法定期限内，被继承人的法定继承人、遗嘱继承人放弃继承，遗赠受领人放弃受领遗赠，其所遗留的财产成为无人继承的财产。这里的法定继承，对于继承来说，始于继承开始，终于遗产处理完毕；对于受遗赠而言，是在继承开始后，受遗赠人得知自己受遗赠之后的两个月内。

无人承受的遗产与无主财产不同。无主财产是指依法不属于任何人的财产，这类财产没有所有权人或所有权人下落不明。而对于无人承受的遗产，其所有人是确定存在的，只是在所有人死亡以后，无人承受所有人遗留下来的遗产。另外，无主财产通常需要经过人民法院依据特别程序加以确认，才能够确定其无主财产的性质；而无人承受的遗产则无须经过法院审理确认，直接根据我国继承法的相关规定即可以确认其无人承受的性质。

无人承受的遗产和无人承认的遗产也不相同。无人承认的遗产是指在继承开始之后，有无继承人不明确的遗产。对于无人承认的遗产，应经过司法程序确认是否存在继承人和受遗赠人，然后再确定遗产的分割和归属。无人承受的遗产则是有无继承人和受遗赠人已明确的情况，并且遗产归属的确认也可以直接根据明确的法律规定来界定即可。

总的来说，遗产发生无人承受的情况主要有以下几种：

(1)死者没有法定继承人、遗嘱继承人和受遗赠人。无法定继承人是指被继承人死亡后，其配偶、父母、子女、兄弟姐妹、祖父母、外祖父母等法定继承人均已确认死亡，若其法定继承人仍生存但生死不明或去向不定时，不应视为无人继承。无遗嘱继承人或受遗赠人是指被继承人生前未将遗产在死后转移给继承人或继承人之外的其他人以及集体组织、国家的遗嘱。

(2)全体继承人放弃继承或者全体受遗赠人放弃受领遗赠。继承开始后，继承人或受遗赠人享有选择是否接受遗产的权利和自由。继承人可以在继承开始之后，遗产分割之前以明示的方式表示对遗产的放弃；受遗赠人可以在知道受遗赠后两个月内表示放弃受领遗赠，也可以不做任何表示而被视为对赠与遗产的放弃接受。在这些情况下，既不发生法定继承、遗赠继承，也不发生遗赠，而对遗产按照无人继承有无人接受遗赠的情形处理。

(3)所有的继承人丧失继承权，又没有其他遗产承受人。继承人只要有以下四种情形之一的，就确认其丧失继承权：故意杀害被继承人；为争夺遗产而杀害其他继承人；遗弃被继承或者虐待被继承人情节严重；伪造、篡改或者销毁遗嘱，情节严重。此时如果没有其他仍拥有继承权的继承人或受遗赠人，则被继承人的遗产将按照无人继承又无人接受遗赠的情形来处理。

(4)被继承人用遗嘱方式取消了所有继承人的继承权。无论被继承人出于什么原因，只要其用遗嘱方式取消了被继承人的继承权又没有指定该遗产的受遗赠人，那么该被继承人所遗留下来的遗产就成为了无人承受的遗产。

(5)如果被继承人在处分其财产时，只用遗嘱以遗赠的方式处分了部分财产；而对于剩下的未处分过的财产，如果被继承人没有法定继承人的，那么这些未处分的财产就是无人承受的遗产。

(二)无人承受遗产的确认

由于遗产无人承受的状态将产生一系列重要的法律后果，因而必须通过法律程序予以确认。对遗产无人承受状态进行确认的法律程序又被称为搜寻继承人。所谓搜寻继承人是指由主管机关依公示催告程序，催告继承人接受继承的法律程序。如果在公示催告的期限内有人主张权利并且其主张有证据可以证明，则应当将遗产交由继承人继承；如果公示催告期限届满却无人主张继承，或者主张者提交的证据不能有效证明其继承权，则应依法确认该遗产无人继承，对其应按照无人继承的财产处理。我国没有搜寻继承人的相关制度，在司法实践中一般按照认定无主财产的程序来进行处理。

1. 无人承受遗产的处理

对于无人承受的遗产的处理，主要有两种立法体例：(1)国家优先主义，该主义认为国家以优先于个人的权利先占取得无人继承的遗产。(2)国家法定继承主义，该主义认为国家是作为无人承受遗产的法定继承人而取得其遗产的所有权的。我国通过区分被继承人生前的身份来确定其遗产的归属，如果该被继承人生前属于农村或城镇集体所有制组织成员，则该无人承受的遗产归其生前所在的集体所有制组织所有；如果被继承人为集体所有制组织以外的人员的话，则该无人承受的遗产归国家所有。

无人承受的遗产仍然需要及时分割处理，以稳定社会的财产关系。我国《继承法》第32条规定：“无人继承又无人受遗赠的遗产，归国家所有；死者生前是集体所有制组织成员的，归所在集体所有制组织所有。”参照此法条，在处理无人承受的遗产时，一般按照以下顺序来处理无人承受的遗产：首先应以遗产为死者支付必要的丧葬费用，并且在遗产的实际价值范围内清偿被继承人生前所欠的债务和税款；其次对继承人以外的依靠死者生前扶养的缺乏劳动能力又没有生活来源的人，或者对继承人以外对死者生前提供较多扶养的人，法院可以根据他们的请求而酌情分给他们适当份额的遗产；最后的剩余遗产，由于没有继承人、受遗赠人可以承受，因而根据被继承人生前的身份收归国家或集体组织所有。

需要注意的是，对于无人承受的遗产，无论是收归国家所有还是收归集体所有，都不是按照遗产继承的程序来完成的，而是按照我国《民事诉讼法》有关无主财产的程序进行的，具体来说包括以下程序：首先，应当由公民、法人或其他组织向遗产所在地的基层人民法院提出申请并提出书面申请书，在申请书上写明财产的种类、数量以及要求认定该遗产为无人承受状态的法律依据。其次，人民法院受理后对该申请审查核实后公布认领公告，公告满1年后无人申请继承和接受遗赠的，即确认该遗产为无人受领遗产。当然，这种法律上的认定仍然可能与现实不符。如果法院认定某人的遗产为无人承受的遗产并处理后，合法继承人或受遗赠人出现并在诉讼时效内对该遗产主张权利，法院经查证属实后应当撤销原判决，作出新判决，将该项遗产判归合法继承人或受遗赠人所有。

2. 我国无人承受遗产制度之不足及其完善方式

相比较而言，我国无人承受遗产制度仍然存在以下几点不足：(1)缺乏搜索继承人等遗产利害关系人的公告程序；(2)缺乏无人承受遗产的清算制度；(3)无人承受遗产的归属和酌情分配规定不足；(4)被宣告失踪人的财产处理方式单一；(5)缺乏系统的无人承受遗产管理制度。对此，为了完善我国的无人承受遗产制度，需要对该制度增补以下几方面的内容：(1)建立遗产管理人制度来对无人承受的遗产进行管理；(2)建立搜索继承人和遗产债权人等的公告程序及遗产债务清偿制度；(3)完善无人承受遗产的分配以及对宣告失踪人的继承制度。

二、"五保户"遗产的处理

(一)"五保户"制度概述

"五保户"是指我国《农村五保供养工作条例》中的"五保"供养对象，是在我国社会主义制度之下，在农村广泛施行的对老、弱、孤、寡、残疾的人施行的保吃、保穿、保医、保住、保葬(孤儿为保教)的社会保障制度。现行适用的《农村五保供养工作条例》是在2006年重新修订通过的，新条例根据我国农村经济社会改革发展的新形势，对传统农村五保供养制度进行了全面改革，将五保供养对象纳入了公共财政的保障范围，完善了相关的管理监督体系，将社会保障真正落到实处，惠及百姓。可以看出，"五保户"制度是社会对丧失劳动能力又无生活来源的农民们的集体福利，体现了我国法律保护老人和儿童的一贯原则，是人道主义的具体体现。

对"五保户"的供养内容主要包括以下几类：(1)生活必需品，如服装、被褥、基本住房等；(2)基本的医疗条件；(3)办理丧葬事宜；(4)保障未成年人能够正常接受义务教育。农村五保供养资金，在地方人民政府财政预算中安排。有农村集体经营等收入的地方，可以从农村集体经营等收入中安排资金，用于补助和改善农村五保供养对象的生活。农村五保供养标准不得低于当地村民的平均生活水平，并根据当地村民平均生活水平的提高适时调整。

(二)"五保户"遗产的处理

"五保户"遗产是指享受"五保"的公民死亡后所遗留的财产。处理"五保户"的遗产时，集体组织与"五保户"双方有扶养协议的，按协议处理；没有扶养协议，死者有遗嘱继承人或法定继承人要求继承的，按遗嘱继承或法定继承处理，但集体组织有权要求扣回"五保"费用。此外，如果"五保户"的亲友或邻居对其生前生活有过一定程度的照顾，符合《继承法》第14条规定的，也可分得适当遗产。

【思考题】

一、单项选择题

徐某死后留有遗产100万元。徐某立有遗嘱，将价值50万元的房产留给女儿，将价值10万元的汽车留给侄子。遗嘱未处分的剩余40万元存款由妻子刘某与女儿按照法定继承各分得一半。遗产处理完毕后，张某通知刘某等人，徐某死亡前1年向其借款，本息累计70万元至今未还。经查，张某所言属实，此借款系徐某个人债务。女儿应向张某偿还

多少钱？(　　)(2008 年国家司法考试延考区真题)

A. 20 万元　　B. 40 万元　　C. 49 万元　　D. 50 万元

二、多项选择题

1. 何某死后留下一间价值 6 万元的房屋和 4 万元现金。何某立有遗嘱，4 万元现金由四个子女平分，房屋的归属未作处理。何某女儿主动提出放弃对房屋的继承权，于是三个儿子将房屋变卖，每人分得 2 万元。现债权人主张何某生前曾向其借款 12 万元，并有借据为证。下列哪些说法是错误的？(　　)(2009 年国家司法考试真题)

A. 何某已死，债权债务关系消灭

B. 四个子女平均分担，每人偿还 3 万元

C. 四个子女各自以继承所得用于清偿债务，剩下 2 万元由四人平均分担

D. 四个子女各自以继承所得用于清偿债务，剩下 2 万元四人可以不予清偿

2. 唐某有甲、乙、丙成年子女三人，于 2002 年收养了孤儿丁，但未办理收养登记。甲生活条件较好但未对唐某尽赡养义务，乙丧失劳动能力又无其他生活来源，丙长期和甲共同生活。2004 年 5 月唐某死亡，因分配遗产发生纠纷。下列哪些说法是正确的？(　　)(2006 年国家司法考试真题)

A. 甲应当不分或者少分遗产

B. 乙应当多分遗产

C. 丙可以多分遗产

D. 丁可以分得适当的遗产

3. 甲、乙因离婚诉至法院，要求分割实为共同财产而以甲的名义对丙合伙企业的投资。诉讼中，甲、乙经协商，甲同意将其在丙合伙企业中的财产份额转让给乙。法院对此作出处理，下列哪些选项是正确的？(　　)(2010 年国家司法考试真题)

A. 其他三分之二以上合伙人同意转让的，乙取得合伙人地位

B. 其他合伙人不同意转让，在同等条件下行使优先受让权的，可对转让所得的财产进行分割

C. 其他合伙人不同意转让，也不行使优先受让权，但同意甲退伙或退还其财产份额的，可对退伙财产进行分割

D. 其他合伙人对转让、退伙、退还财产均不同意，也不行使优先受让权的，视为全体合伙人同意转让，乙依法取得合伙人地位

三、不定项选择题

张某一家共 4 口人：张某夫妇、两岁的儿子及张父。张某自 1992 年外出打工，1993 年春节托人捎给其妻王某一封信和 6000 元钱，其后音信皆无。1998 年 2 月，对张某的归来不抱希望的王某向法院申请宣告张某死亡，法院依法于 1999 年 10 月宣告张某死亡。张某和王某共有面积相同的房屋 6 间，现金 6000 元。2000 年 5 月，王某将儿子送与李某收养。之后，王某与刘某结婚，但 1 年后刘某即病故。根据上述事实，请回答 1～3 题。(2008 年国家司法考试延考区真题)

1. 张某被宣告死亡后，对上述 6 间房屋和 6000 元现金的正确处理是：(　　)。

A. 应由王某、其子、张父平均继承

B. 王某应分得 4 间房屋和 4000 元现金

C. 应全部由张父继承

D. 应全部由其子继承

2. 如果张父于 2001 年去世，遗产有 3 间房屋和 4000 元现金，且王某对张父尽了主要赡养义务，关于其遗产处理，下列选项正确的是：(　　)。

A. 王某有权继承，王某之子无权继承

B. 王某无权继承，王某之子有权继承

C. 王某和其子均有权继承

D. 王某和其子均无权继承

3. 如张某生还并申请法院撤销死亡宣告，下列选项正确的是：(　　)。

A. 张某在被宣告死亡期间所实施的民事法律行为并不因此而无效

B. 张某与王某的夫妻关系不能自行恢复

C. 张某可与李某协议解除王某之子与李某之间的收养关系

D. 若张某和王某共有的房屋已被第三人合法取得，第三人可不予返还

参考文献

著作类：

1. 马忆南主编．婚姻家庭继承法学(修订2版)．北京：北京大学出版社，2006.

2. 曹诗权，孟令志，麻昌华著．婚姻家庭与继承法．北京：北京大学出版社，2006.

3. 马克思恩格斯选集．北京：人民出版社，1995.

4. 巫昌祯主编．婚姻与继承法学(修订4版)．北京：中国政法大学出版社，2007.

5. 王洪著．婚姻家庭法．北京：法律出版社，2009.

6. 梁彗星著．民法总论(修订4版)．北京：法律出版社，2011.

7. 奚晓明主编．最高人民法院婚姻法解释(三)理解与适用．北京：人民法院出版社，2011.

8. 何勤华，殷啸虎主编．罗马法．北京：中国方正出版社，2004.

9. 杨大文主编．婚姻家庭法．北京：中国人民大学出版社，2015.

10. 陈苇主编．婚姻家庭继承法学．北京：高等教育出版社，2014.

11. 杨大文、马忆南主编. 婚姻家庭法学. 北京：北京大学出版社，2004.

12. 李俊主编. 婚姻家庭继承法. 北京：中国政法大学出版社，2010.

13. 陶毅主编. 婚姻家庭法. 北京：高等教育出版社，2006.

14. 王歌雅主编. 婚姻家庭继承法学. 北京：中国人民大学出版社，2009.

15. 陈苇主编. 婚姻家庭继承法学. 北京：法律出版社，2002.

16. 王丽萍主编. 婚姻家庭继承法学. 北京：北京大学出版社，2004.

17. 陶毅主编. 新编婚姻家庭法. 北京：高等教育出版社，2002.

18. 陈苇主编. 婚姻家庭继承法学. 北京：群众出版社，2012.

19. 孙勇主编. 婚姻与继承法学. 北京：经济科学出版社，2008.

20. 李霞主编. 婚姻家庭继承法学. 济南：山东大学出版社，2006.

21. 房绍坤，范李瑛，张洪波编著. 婚姻家庭与继承法(第三版). 北京：中国人民大学出版社，2012.

22. 杨大文主编. 婚姻家庭法(第5版). 北京：中国人民大学出版社，2012.

23. 杨立新主编. 婚姻家庭继承法. 北京：北京师范大学出版社，2010.

24. 陈苇主编. 婚姻家庭继承法学. 北京：群众出版社，2012.

25. 王国全著. 婚姻家庭法原理与实务. 银川：宁夏人民教育出版社，2014.

26. 范李瑛. 婚姻家庭继承法案例教程. 北京：北京大学出版社，2004.

27. 卓冬青，刘冰等编. 婚姻家庭法. 广州：中山大学出版社，2005.

28. 马忆南主编. 婚姻家庭继承法学. 北京：北京大学出版社，2007.

29. 曹诗权，孟令志，麻昌华等主编. 婚姻家庭继承法. 北京：中国政法大学出版社，2006.

30. 巫昌祯等主编. 婚姻法教程. 北京：中国政法大学出版社，2007.

31. 杨大文主编. 婚姻家庭法学. 上海：复旦大学出版社，2002.

32. 韩文强编著. 婚姻家庭法学. 北京：北京工业大学出版社，2014.

33. 麻昌华等主编. 婚姻家庭与继承法. 北京：北京大学出版社，2012.

34. 叶英萍著. 婚姻法学新探. 北京：法律出版社，2004.

35. 马忆南著. 婚姻家庭法新论. 北京：北京大学出版社，2002.

36. 王洪著. 婚姻家庭法. 北京：法律出版社，2003.

37. 张玉敏著. 继承法律制度研究. 北京：法律出版社，1999.

38. 史尚宽著. 亲属法论. 北京：中国政法大学出版社，2000.

39. 巫昌祯主编. 婚姻与继承法学. 北京：中国政法大学出版社，2001.

40. 恩格斯. 家庭、私有制和国家的起源. 见：中共中央马克思恩格斯列宁斯大林著作编译局编. 马克思恩格斯全集(第1卷). 北京：人民出版社，1965.

41. 陈顾远著. 中国婚姻史. 台北：台湾商务印书馆，1997.

42. 郑冲，贾红梅译. 法国民法典. 北京：法律出版社，1999.

43. 罗结珍译. 德国民法典. 北京：中国法制出版社，1999.

44. 郭丽红主编. 冲突与平衡：婚姻法实践性问题的研究. 北京：人民法院出版社，2004.

45. 张贤钰主编. 外国婚姻家庭法资料选编. 上海：复旦大学出版社，1991.

46. 法学教材编辑部. 婚姻立法资料选编. 北京：法律出版社，1984.

47. 陈鹏. 中国婚姻史稿. 北京：中华书局，1994.

48. 巫昌祯主编. 婚姻与继承法学. 北京：中国政法大学出版社，2011.

49. 陈棋炎，黄宗乐，郭振恭著. 民法亲属新论. 台北：台湾三民书局，1987.

50. [意]彼得罗·彭梵得著. 罗马法教科书. 黄风，译. 北京：中国政法大学出版社，1992.

51. 杨立新著. 亲属法专论. 北京：高等教育出版社，2005.

52. 李志敏著. 比较家庭法. 北京：北京大学出版社，1988.

53. 王丽萍著. 亲子法研究. 北京：法律出版社，2004.

54. 曹诗权著. 未成年人监护制度研究. 北京：中国政法大学出版社，2007.

55. 王竹青，杨科著. 监护制度比较研究. 北京：知识产权出版社，2010.

56. 杨大文主编. 亲属法. 北京：法律出版社，2000.

57. 蒋新苗著. 国际收养法律制度研究. 北京：法律出版社，1999.

58. 马忆南主编. 婚姻家庭继承法学(修订2版). 北京：北京大学出版社，2011.

59. 夏吟兰主编. 婚姻家庭继承法. 北京：高等教育出版社，2010.

60. 梁慧星主编. 民商法论丛(第33卷). 北京：法律出版社，2003.

61. 梁慧星著. 民法总论(修订4版). 北京：法律出版社，2011.

62. 史尚宽著. 继承法论. 北京：中国政法大学出版社，2000.

63. [美]斯蒂芬妮·库次著．婚姻简史．秦传安，译．北京：中国编译出版社，2009.

64. [美]哈里·D. 格劳斯，大卫·D. 梅耶著．美国家庭法精要．陈苇，等译．北京：中国政法大学出版社，2010.

65. [德]迪特尔·施瓦布著德国家庭法．王葆莳，译．北京：法律出版社，2010.

66. 马克思恩格斯选集．北京：人民出版社，1995.

67. 何勤华，殷啸虎主编．罗马法．北京：中国方正出版社，2004.

68. 杨大文主编．婚姻家庭法．北京：中国人民大学出版社，2015.

69. 刘茂林主编．中国民法学·财产继承．北京：人民法院出版社，2008.

70. 王作堂，朱启超著．遗嘱继承的几个问题初探．法学研究，1983(6).

71. 梁慧星．市场经济与公序良俗原则，载梁慧星主编．民商法论丛.（第1卷）．北京：法律出版社，1997.

72. 魏振瀛主编．民法．北京：北京大学出版社，2010.

73. 郭明瑞，房绍坤著．继承法．北京：法律出版社，2004.

74. 许莉主编．婚姻家庭继承法学．北京：北京大学出版社，2012.

75. 孟令志主编．婚姻家庭与继承法．北京：北京大学出版社，2012.

76. 杨立新，朱呈义著．继承法专论．北京：高等教育出版社，2006.

77. 韩文强编著．婚姻家庭法学．北京：北京工业大学出版社，2014.

论文类：

1. 马芸．新中国婚姻法的制定与修正：[学位论文]．山东：山东大学，2005.

2. 付云燕．新民主主义革命时期中国共产党婚姻立法和妇女社会地位变迁：[学位论文]．武汉：华中师范大学，2008.

3. 夏亭亭．土地革命时期婚姻家庭立法问题研究——以《中华苏维埃共和国婚姻法》为中心：[学位论文]．郑州：郑州大学，2013.

4. 陈苇，冉启玉．构建和谐的婚姻家庭关系——中国婚姻家庭法制建设六十年．河北法学，2009(8).

5. 承燕华．论回应的社会正义价值：[学位论文]．合肥：安徽大学，2013.

6. 赵玺．新中国婚姻法变迁之社会性别分析——以女性权利为视角：[学位论文]．重庆：西南政法大学，2009.

7. 易丽容．论我国现行夫妻财产制——以《婚姻的》司法解释三为视角：[学位论文]．厦门：厦门大学，2012.

8. 胡洁庭．从婚姻法的发展看中国妇女家庭、社会地位的变迁．知识经济，2012(24).

9. 罗惠兰．析中华苏维埃共和国妇女婚姻自主权的立法保障．求实，2007(3).